铃木 （日）	丰田（日）	日产（日）	三菱(日)	本田（日）
雷克萨斯（日）	英菲尼迪（日）	斯巴鲁（日）	马自达（日）	劳斯莱斯（德）
宝马（德）	奔驰（德）	大众（德）	奥迪（德）	保时捷（德）
欧宝（德）	雷诺（法）	雪铁龙（法）	标志（法）	宾利（英）
莲花（英）	捷豹（英）	路虎（英）	名爵（英）	TESLA MOTORS 特斯拉（美）
通用（美）	别克（美）	雪佛兰（美）	福特（美）	克莱斯勒（美）

吉普（美）　凯迪拉克（美）　林肯（美）　长城（中）　一汽（中）

中华（中）　金杯（中）　长安（中）　比亚迪（中）　沃尔沃（中）

奇瑞（中）　五菱（中）　江淮（中）　荣威（中）　大通（中）

斯柯达（中）　东风（中）　吉利（中）　广本（中）　大宇（韩）

现代　（韩）　起亚　（韩）　菲亚特（意）　法拉利（意）　兰博基尼（意）

玛莎拉蒂（意）

1+X 职业技术·职业资格培训教材

SHANGPINYINGYEYUAN

商品营业员

（汽车配件）

五级

主编 吕 璟

编者 姚顺昌 陈瑞舜 许 玲 季新艳

主审 徐 蓓

审稿 王本照

中国劳动社会保障出版社

图书在版编目（CIP）数据

商品营业员．汽车配件．五级/人力资源和社会保障部教材办公室等组织编写．—北京：中国劳动社会保障出版社，2016

1+X职业技术·职业资格培训教材

ISBN 978-7-5167-2788-1

Ⅰ.①商…　Ⅱ.①人…　Ⅲ.①汽车-配件-销售-技术培训-教材　Ⅳ.①F718

中国版本图书馆CIP数据核字（2016）第266772号

中国劳动社会保障出版社出版发行

（北京市惠新东街1号　邮政编码：100029）

*

三河市华骏印务包装有限公司印刷装订　　新华书店经销

787毫米×1092毫米　16开本　18.5印张　1彩插页　343千字

2016年11月第1版　　2016年11月第1次印刷

定价：43.00元

读者服务部电话：（010）64929211/64921644/84626437

营销部电话：（010）64961894

出版社网址：http://www.class.com.cn

内容简介

本教材由人力资源和社会保障部教材办公室、中国就业培训技术指导中心上海分中心、上海市职业技能鉴定中心依据上海 1+X 商品营业员（汽车配件）（五级）职业技能鉴定细目组织编写。教材从强化培养操作技能，掌握实用技术的角度出发，较好地体现了当前最新的实用知识与操作技术，对于提高从业人员基本素质，掌握商品营业员（汽车配件）的核心知识与技能有直接的帮助和指导作用。

本教材在编写中根据本职业的工作特点，以能力培养为根本出发点，采用模块化的编写方式。全书共分为 7 章，主要内容包括：汽车配件销售基础知识、汽车零配件的识别、汽车配件销售技能、售后服务、日常进货、汽车配件的保管、电子商务和网店销售等。

本教材可作为商品营业员（汽车配件）（五级）职业技能培训与鉴定考核教材，也可供全国中、高等职业技术院校相关专业师生参考使用，以及本职业从业人员培训使用。

前　言

职业培训制度的积极推进，尤其是职业资格证书制度的推行，为广大劳动者系统地学习相关职业的知识和技能，提高就业能力、工作能力和职业转换能力提供了可能，同时也为企业选择适应生产需要的合格劳动者提供了依据。

随着我国科学技术的飞速发展和产业结构的不断调整，各种新兴职业应运而生，传统职业中也愈来愈多、愈来愈快地融进了各种新知识、新技术和新工艺。因此，加快培养合格的、适应现代化建设要求的高技能人才就显得尤为迫切。近年来，上海市在加快高技能人才建设方面进行了有益的探索，积累了丰富而宝贵的经验。为优化人力资源结构，加快高技能人才队伍建设，上海市人力资源和社会保障局在提升职业标准、完善技能鉴定方面做了积极的探索和尝试，推出了1＋X培训与鉴定模式。1＋X中的1代表国家职业标准，X是为适应经济发展的需要，对职业的部分知识和技能要求进行的扩充和更新。随着经济发展和技术进步，X将不断被赋予新的内涵，不断得到深化和提升。

上海市1＋X培训与鉴定模式，得到了国家人力资源和社会保障部的支持和肯定。为配合1＋X培训与鉴定的需要，人力资源和社会保障部教材办公室、中国就业培训技术指导中心上海分中心、上海市职业技能鉴定中心联合组织有关方面的专家、技术人员共同编写了职业技术·职业资格培训系列教材。

职业技术·职业资格培训教材严格按照1＋X鉴定考核细目进行编写，教材内容充分反映了当前从事职业活动所需要的核心知识与技能，较好地体现了适用性、先进性与前瞻性。聘请编写1＋X鉴定考核细目的专家，以及相关行业的专家参与教材的编审工作，保证了教材内容的科学性及与鉴定考核细目以及题库的紧密衔接。

职业技术·职业资格培训教材突出了适应职业技能培训的特色，使读者通过学习与培训，不仅有助于通过鉴定考核，而且能够有针对性地进行系统学习，真正掌握本职业的核心技术与操作技能，从而实现从懂得了什么到会做什么的飞跃。

职业技术·职业资格培训教材立足于国家职业标准，也可为全国其他省市开展新职业、新技术职业培训和鉴定考核，以及高技能人才培养提供借鉴或参考。

新教材的编写是一项探索性工作，由于时间紧迫，不足之处在所难免，欢迎各使用单位及个人对教材提出宝贵意见和建议，以便教材修订时补充更正。

人力资源和社会保障部教材办公室
中国就业培训技术指导中心上海分中心
上海市职业技能鉴定中心

目　录

1

第 1 章

汽车配件销售基础知识

第 1 节　价值观与职业道德

学习目标

了解职业道德的含义

掌握社会主义核心价值观的基本内容

掌握汽车配件销售员的职业道德

知识要求

价值观就像经济学家亚当·斯密说的“看不见的手”，它在不知不觉中就决定了人们选择以什么样的方式度过一生。人们的行为就是自身价值观的流露。一个人如果拥有正确的价值观，那么，越是有经天纬地的才华，对社会的贡献也就越大；反之，如果一个人的价值观是扭曲的、邪恶的，那么，造诣越深，对社会的危害也就越大。所以，要树立正确的价值观，只要找到了自己的人生定位并为之付出努力，每个人都可以对社会的发展做出应有的贡献。每个人不必成为世人眼中的伟人，但是至少要成为自己所从事的工作中公认的最棒的人。

一、社会主义核心价值观

1. 社会主义核心价值观的基本内容

中国共产党的十八大提出要积极培育和践行社会主义核心价值观。

（1）富强、民主、文明、和谐是国家层面的价值目标。它是我国社会主义现代化国家的建设目标。

（2）自由、平等、公正、法治是社会层面的价值取向。它是对美好社会的生动表述。

（3）爱国、敬业、诚信、友善是公民个人层面的价值准则。它是评价公民道德行为选择的基本价值标准。

2. 培育和践行社会主义核心价值观要坚持的原则

培育和践行社会主义核心价值观要坚持以人为本，促进人的全面发展；坚持以理想信念为核心，抓住世界观、人生观、价值观这个总开关，在全社会牢固树立共同理想，着力铸牢人们的精神支柱；坚持联系实际，找准与人们思想的共鸣点、与群众利益的交汇点，做到贴近性、对象化、接地气；搭建群众便于参与的平台，开辟群众乐于参与的渠道。

3. 培育和践行社会主义核心价值观的落实

培育和践行社会主义核心价值观要从小抓起、从学校抓起。把社会主义核心价值观纳入国民教育总体规划，贯串于基础教育、高等教育、职业技术教育、成人教育各领域，落实到教育教学和管理服务各环节，覆盖到所有学校和受教育者，形成课堂教学、社会实践、校园文化多位一体的育人平台。

国家在确立经济发展目标和发展规划，出台经济社会政策和重大改革措施，开展各项生产经营活动，要求做到讲社会责任、讲社会效益、讲守法经营、讲公平竞争、讲诚信守约，形成有利于弘扬社会主义核心价值观的良好政策导向、利益机制和社会环境。

国家把社会主义核心价值观相关要求上升为具体法律规定，用法律的权威来增强人们培育和践行社会主义核心价值观的自觉性。

4. 开展涵养社会主义核心价值观的实践活动

广泛开展道德实践活动。以诚信建设为重点，加强社会公德、职业道德、家庭美德、个人品德教育，形成修身律己、崇德向善、礼让宽容的道德风尚。诚信建设包括政务诚信、商务诚信、社会诚信和司法公信建设。诚实守信是做人的基本规范。完善企业和个人信用记录，健全覆盖全社会的征信系统，加大对失信行为的约束和惩戒力度，在全社会广泛形成守信光荣、失信可耻的氛围。

二、职业道德

1. 职业道德是从业人员的必备知识

职业道德是所有从业人员在职业活动中应该遵循的行为规范的总合，涵盖了从业人员与服务对象、职业与职工、职业与职业之间的关系。职业道德不仅是从业人员在职业活动中的行为标准和要求，而且是本行业对社会所承担的道德责任和义务。人们无论从事什么职业，都应努力全面掌握所在行业的基本从业知识，职业道德是必须掌握的基本知识之一。

(1) 在人的一生中，大部分时间是在从事某种职业活动，而道德品质主要是在职业活动的实践中成熟和发展的。因此，接受职业道德教育几乎是一种终身教育。

(2) 职业道德与社会生活关系最密切。职业道德的水平对社会生产和社会发展有直接的影响，它关系到社会稳定和人际关系的和谐，对社会精神文明建设有极大的促进作用。

加强职业道德建设，反对和纠正带有行业特点的不正之风，就要树立“我为人人，人人为我”的思想，努力提高服务质量，改善服务态度。

(3) 职业道德的核心是全心全意为人民服务，职业道德的基本原则是集体主义。当今，要大力倡导“爱岗敬业、诚实守信、办事公道、服务群众、奉献社会”的社会主义职业道德的基本规范。

2. 职业道德与市场经济

市场经济的一个显著特征就是要求人人都有竞争意识，通过竞争优胜劣汰。但竞争应该在平等的基础上进行，大家应该遵守市场的“游戏规则”，这样才能保证社会经济秩序的稳定。

市场经济迫使企业必须注意提高产品质量和服务质量，讲究信誉。高质量的产品与服务源于高素质的职工队伍，源于这个队伍的每位成员都有良好的技术业务素质和职业道德。

职业道德在调节人们利益过程中，并不排斥个人合法利益的获取。良好的职业道德，可以在企业创造良好的经济效益的同时也有力地保障个人的合法利益。个人利益的获取要建立在首先为他人和社会服务的基础之上。“顾客是企业衣食父母”的说法就是这个含义。想要获取更多的个人合法利益，就必须要讲职业道德。

3. 汽车配件销售员的职业道德

在汽车配件销售企业中，销售人员包括门市营业员、推销员、进货员、售后服务人员、仓库保管员、市场预测和调研等岗位的从事汽车配件营销业务的人员。关于汽车配件销售员的职业道德在不同的教材中有多种阐述方法，但其实质内容都是一致的。汽车配件销售员的职业道德如下：

（1）守法。各行各业的从业人员都必须在遵守国家制定的法律、法规的前提下行使职权、履行义务。任何违法活动必将受到法律的制裁。汽车配件销售员在职业活动中经常涉及的法律有《中华人民共和国消费者权益保护法》（以下简称《消费者权益保护法》）、《中华人民共和国反不正当竞争法》《中华人民共和国合同法》（以下简称《合同法》）、《中华人民共和国产品质量法》（以下简称《产品质量法》）、《中华人民共和国票据法》等。

（2）公平。公平与公道、公正，含义大致相同，意指坚持原则，按照一定的社会标准实事求是地待人处事。公平在企业活动中常体现在以下方面：

1）市场经济中的平等互利原则，主要有商品的价格必须公平、合理；同行之间要遵守公平竞争、公平买卖的市场规则；侵犯竞争对手商业秘密、低价倾销、诋毁竞争对手信誉等不正当竞争手段虽然可能暂时对己有利，但最终也会使自己受损。

2）接待顾客不以貌取人，无论是对那些衣着华贵的人还是对那些衣着普通的人；对不同国籍、不同肤色、不同民族的顾客能一视同仁，同样热情服务。无论是对那些一次购买上万元商品的顾客，还是对一次只买几元钱小商品的人，都要接待周到。

3）在企业经营管理过程中，各级主管在处理管理者之间、管理者和被管理者之间、从业人员之间、部门之间关系时都要公平公道。否则，不但威信扫地，而且容易“后院起火”。

（3）诚信。发达国家的市场经济表明，竞争越是激烈，企业便越重视对自己的“品牌”和“诚信度”的塑造，越是会规范化运作市场。

（4）敬业。爱岗敬业是企业内每个员工必须遵循的基本道德规范。敬业就是要敬重珍惜自己的工作，要知道付出，要懂得付出越多，才可能收获越多。吃苦耐劳、严于律己，工作认真负责、不懈怠、不懒散是敬业的具体表现。

（5）服务。汽车售后市场的竞争除技术、价格之外，将围绕销售服务质量展开。

1）做到热情服务、微笑服务、真诚服务。谈吐文明礼貌，举止适度，主动周到，从善如流。

2）强化“一切以消费者利益为出发点，想顾客所想、急顾客所急，最大限度地满足消费者需求”的服务意识。要结合市场变化的新特点，不断扩大售后服务内容并完善售后服务体系，切实落实“三包”政策。

第 2 节　汽配销售活动涉及的主要法律

在汽车配件销售员初级的培训中，重点学习《合同法》《产品质量法》和《消费者权益保护法》。

由于教材具有滞后性，在学习和运用法律知识的时候一定要关注与其有关的司法解释或者法律本身的修改。

学习单元 1　《合同法》基础

学习目标

了解合同的概念及基本原则

掌握合同的形式和内容

掌握合同的成立与效力

知识要求

一、合同的概念和《合同法》

1999 年 3 月 15 日第九届全国人民代表大会第二次会议通过的，同年 10 月 1 日起施行的《合同法》是我国第一部适应市场经济发展和国际经济交往需要的比较完备的合同法。为了更好地适应社会和经济发展的需要，《合同法》施行后，最高人民法院在司法实践中又对其做出了多次司法解释。

《合同法》所称的合同是指平等主体的自然人、法人、其他组织之间，设立、变更、终止民事权利义务关系的协议。婚姻、收养、监护、劳动等关系的协议由其他法律调整。

二、《合同法》的基本原则

《合同法》需要依据以下基本原则善意地开展合同行为：

1. 平等原则

合同当事人在合同关系中相互间的地位都是平等的。依法平等地享有权利、履行义务，平等地受法律保护，不得以大欺小、恃强凌弱。

2. 自愿原则

合同是当事人在意思表示一致的前提下，自愿订立的，不受任何干涉。自愿原则体现了市场经济法则赋予市场主体依法意思自治、自由交易的权利。

3. 公平原则

在合同中，当事人各方应当遵循公平原则来设定各方的权利和义务，不得利用自身优势或者对方情势急迫，订立有失公平的合同；不得约定免除人身伤害的责任、故意或者重大过失的责任、其他法律禁止免除的责任。

例如：顾客因紧急需要，委托卖车公司在 12 h 内完成异地上牌事宜，卖车公司同意代办并提出在合同中约定“在任何情况下不承担车损责任”。卖车公司的做法违背了《合同法》“公平”的基本原则。

4. 诚实信用原则

当事人行使权利、履行义务应当遵循诚实信用原则，在缔结、履行合同过程中和合同终止后不得有恶意或者违约行为；不得有欺骗隐瞒、瑕疵履行、滥用权利、规避法规、弄虚作假、侵犯商业机密等违法行为。

例如：为竞标，甲、乙两公司订立信息调查委托合同。双方约定乙公司应在一周内收集到甲公司投标标书所需的社会调查项目，甲公司在订立合同时预付 10 万元调查费，提交调查报告时再付 10 万元。一周后乙公司按约定完成委托，甲公司拒绝支付 10 万元余款，甲公司违背了《合同法》“诚实信用”的基本原则。

5. 守法重德原则

遵守法律和尊重社会公德原则是对合同自愿和自由的必要限制。如汽车配件的质量关乎人身和交通安全，经营者应当尽到更充分地注意义务和守法责任。

例如：甲、乙两公司订立了机油供货合同，甲公司在交货时，临时缺了一箱货，便用一箱过期的机油顶上。甲公司违背了《合同法》“守法重德”的基本原则。

6. 约束原则

依法成立的合同对当事人具有法律约束力，合同权利受法律保护。当事人应当依照约定全面履行合同义务，不得擅自变更或者解除，合同就是当事人之间的法律，如有违反就应受到法律追究。

三、合同的主体

《合同法》第九条规定：“当事人订立合同，应当具有相应的民事权利能力和民事行为能力。当事人依法可以委托代理人订立合同。”

1. 当事人必须具有民事权利能力

在缔约阶段适时审核主体的资格是十分必要的，如汽车配件经营企业就不能超越经营范围，通过订立贷款合同放贷收息。

2. 当事人必须具有民事行为能力

即自然人订立合同必须具有年龄、认知等方面的能力。

不满 18 周岁（满 16 周岁，以自己的劳动收入为主要收入来源除外）或者不能完全辨认自己行为的精神病人（包括痴呆症人）是限制行为能力人；不满 10 周岁的未成年人和不能辨认自己行为的精神病人（包括痴呆症人）是无行为能力人。而法人、其他组织在其营业执照等法定证照有效期间才具有缔约、履约、责任、诉讼等各方面的合同行为能力。

3. 当事人的委托代理人和法定代理人可以代当事人订立合同，所发生的权利义务由被代理人承受。

四、合同的形式和内容

1. 合同的形式

《合同法》规定，当事人订立合同，可以采用书面形式、口头形式和其他形式。

当事人可以通过合同书、信件、数据电文（包括电报、传真、电子数据交换和电子邮件）等书面形式来确立合同关系。书面形式最大的优点是有据可查，责任明确，举证容易。如果法律、行政法规规定必须采用书面形式的，或当事人约定采用书面形式的，应当采用书面形式。

当前网络交易迅猛发展，平台服务、第三方支付、物流快递、服务外包等销售配套服务日益繁复深化，但有关法规和管理措施相对滞后，所以一定要在事先订立完备的书面合同、事中生成交易凭证、事后汇总确认交易信息，构建通畅的信息反馈渠道和售后服务机制，防止产生纠纷。

口头形式是当事人用语言进行意思表示，来订立合同的合同形式。口头形式的优点是便捷易行，常用于简单的经济交往。但其缺点是，一旦发生合同纠纷，往往各执一词、责任难定，无据可查、举证不易。因此，除了即时结清、钱货两讫的交易以外，不宜采用口头形式。

其他形式有推定形式、公证形式、见证形式、默示形式等。随着经济和科技的日益发展进步，特别是电商的发展，合同的形式也会发展变化，应及时关注法规和交易习惯的发展动态，适时优化合同行为。

2. 合同的内容

合同的内容是当事人设定的权利和义务。一般应包括以下条款：

（1）当事人的名称或者姓名、住所。

（2）标的。标的是合同权利义务指向的对象（如某型号的车用雨刷、车灯等），没有标的，权利义务就失去了目标，合同也就无从存在。标的必须确定，符合有关法律规定，不允许以违法产品或者国家禁止流通的物品或者服务作为合同标的，否则就要承担法律责任。

（3）数量。应确定双方约定的计量单位、计量方法及合理的误差、毛重、净重等事项。

（4）质量。质量条款由当事人约定，但应明确采用哪种质量标准，如国家标准、行业标准等。在质量条款中必须具体约定质量检验的时间、人员、方法、退换、保修等内容。

（5）价款或者报酬。对于国家没有定价或指导价格的，当事人可以根据市场中同类商品的价格或同类服务的酬金来确定合理的价款或报酬。付款方式、时间、地点等同样是约定价款或者报酬不可缺少的内容。

（6）履行的期限、地点、方式。这是合同当事人按合同的约定全面完成合同义务的时间界限、地点（直接关系到验收地点、运费的负担、诉讼的管辖等问题）和方法（标的交付运输方式、安装结算方式等）。

（7）违约责任。当事人既约定违约金，又约定定金的，一方违约时，对方可以选择适用违约金或者定金条款。如果是给付定金的一方违约，则无权要求返还定金；收受定金的一方违约则应双倍返还定金。

（8）解决争议的方式。当事人可以约定发生合同争议时采取调解、仲裁或者诉讼来解决纠纷。

五、合同订立的程序

合同的订立一般包括要约和承诺两个阶段。

1. 要约

要约指当事人希望和他人订立合同的意思表示。

2. 承诺

承诺是受要约人同意要约的意思表示。承诺必须是在要约的有效期限内做出。如果承诺超过了要约规定的期限，这种承诺对要约人就没有约束力。

六、合同的成立、效力与终止

1. 合同的成立

（1）合同一旦成立，当事人之间便产生了权利义务关系。当事人应当按照约定履行自己的义务，不得擅自变更或者解除合同，否则对方就可以主张其违约责任或者寻求法律保护。

（2）合同成立的时间。采用合同书形式订立合同的，自双方当事人签字或者盖章之时起合同成立。当事人也可以约定，在某种条件成就时生效，如收到定金时生效。

（3）合同成立的推定

1）法律、行政法规规定或者当事人约定采用书面形式订立合同，当事人未采用书面形式但一方已经履行主要义务，对方接受的，该合同成立。

2）采用合同书形式订立合同，在签字或者盖章之前，当事人一方已经履行主要义务，对方接受的，该合同成立。

例如：买卖双方议定合同条款后约定 6 月 4 日签订购销合同，但是卖方在 5 月 28 日就送货上门，买方也验收了货物，此时该合同成立。

2. 合同的效力

根据合同的主体是否合格、内容是否合法、意思表示是否真实，可以把合同分为有效合同和欠缺效力要件的合同。欠缺效力要件的合同有无效合同、可变更或撤销的合同、效力待定的合同。

3. 合同的终止

合同终止后，当事人应当遵循诚实信用原则，根据交易习惯履行通知、协助、保密等义务，即后合同义务。

学习单元 2 《产品质量法》

学习目标

了解产品质量和《产品质量法》的概念

掌握生产者、销售者的产品质量责任和义务

掌握违反《产品质量法》的法律责任

知识要求

一、产品质量和《产品质量法》的概念

《产品质量法》的立法目的是加强对产品质量的监督管理，提高产品质量水平，明确产品质量责任，保护消费者的合法权益，维护社会经济秩序。

《产品质量法》所称产品，是指经过加工、制作，用于销售的产品。建设工程不适用本法规定。这一规定明确了《产品质量法》不适用于初级农产品和未经加工、制作的产品及商品房等不动产。

产品质量有内在质量和外在质量之分。概括起来，可以将产品质量的基本要求表述为产品的适用性、安全性、可用性、可靠性、经济性、环保性等。

二、生产者、销售者的产品质量责任和义务

1. 生产者的产品质量责任和义务

（1）生产者的产品或包装上的标识必须真实，并符合下列要求：

1）有产品质量检验合格证明。

2）有中文标明的产品名称、生产厂厂名和厂址。

3）根据产品的特点和使用要求，需要标明产品规格、等级、所含主要成分的名称和含量的，用中文相应予以标明。

例如：汽车润滑油的制造商在产品包装上必须标明产品规格、等级、主要成分。汽车轮胎的制造商在产品上必须标明产品规格。

4）限期使用的产品，应当在显著位置清晰地标明生产日期和安全使用期或者失效

日期。

5）使用不当，容易造成产品本身损坏或者可能危及人身、财产安全的产品，应当有警示标志或者中文警示说明。

（2）对产品生产的禁止性、限制性要求

1）生产者不得生产国家明令淘汰的产品。

2）生产者不得伪造产地，不得伪造或者冒用他人的厂名、厂址。

3）生产者不得伪造或者冒用认证标志等质量标志。

4）生产者生产产品，不得掺杂、掺假，不得以假充真、以次充好，不得以不合格产品冒充合格产品。

2. 销售者的产品质量责任和义务

（1）销售者应执行进货检查验收制度，验明产品合格证明和其他标识。

（2）销售者应当采取措施，保证销售产品的质量。

（3）销售者不得销售国家明令淘汰并停止销售的产品和失效、变质的产品。

（4）销售者销售的产品标识要求与生产者的产品标识要求相同。

（5）销售者不得伪造产地，不得伪造或者冒用他人的厂名、厂址。

（6）销售者不得伪造或者冒用认证标志等质量标志。

（7）销售者销售产品，不得掺杂、掺假，不得以假充真、以次充好，不得以不合格产品冒充合格产品。

注意：建立商品试用制度不是销售者的质量责任和义务。

三、产品质量的监督管理

1. 我国产品质量的监督管理体制

国务院产品质量监督管理部门负责全国产品质量监督管理工作。

近年来，消费者的质量意识和维权意识日趋成熟，消费者监督成为我国产品质量监督的重要组成部分。《产品质量法》规定，任何单位和个人有权对违反本法规定的行为，向产品质量监督部门或者其他有关部门检举。

2. 产品质量标准及其管理

汽车配件产品品种繁多，质量良莠不齐，行业竞争激烈，汽车配件销售人员要熟练掌握有关质量标准、标志的专业知识，不得弄虚作假、以次充好、冒用质量标志。

（1）产品质量必须检验合格，不得以不合格的产品冒充合格产品。例如，对于某种关系到乘客人身安全的车用新产品，目前还没有制定国家和行业质量标准的，生产厂应当确保产品质量符合公认的保障人体健康、人身与财产安全的标准。

（2）企业质量体系认证制度。企业质量体系认证实行自愿的原则，由企业自愿申请认证。我国执行的是《质量管理体系　基础和术语》GB/T 19000—2008 国家标准。认证机构进行认证主要依据国际标准化组织的 ISO 9000 系列国际标准，此标准已被公认是走向国际市场的通行证，是产品竞争力的重要体现。

（3）产品质量认证制度。国家参照国际先进的产品标准和技术要素，由国务院产品质量监督管理部门或者其授权部门认可的认证机构对企业自愿申请认证的产品进行检测、评定，经认证合格的，由认证机构颁发产品质量认证证书，并允许企业在该产品或包装上使用认证标志。我国现有产品安全认证和合格认证两种认证。

3. 产品质量监督检查规定

（1）产品质量监督抽查制度。

（2）产品质量监督检验制度。国家根据监督抽查的需要，可以对产品进行检验，但不得向企业收取检验费用。生产者、销售者对抽查检验结果有异议的，可以自收到检验结果之日起 15 日内向抽验部门或者其上级部门申请复验。

（3）消费者、保护消费者权益的社会组织对产品质量的监督保护。

为方便解决质量纠纷，部分行业协会还在仲裁委员会和技术质量监督部门支持下设立了本行业的产品消费争议仲裁中心和快速解决本行业的产品消费质量纠纷专家鉴定站（如上海汽车配件用品流通行业协会）。它们对于监督、保护、处理产品质量争议事务有着专业、简便、及时、近距、低费用等特点，是处理产品质量纠纷的良好形式。

四、违反《产品质量法》的法律责任

我国对违反《产品质量法》的行为采取追究民事责任、行政责任和刑事责任相结合的制裁方式。无论违法行为给消费者是否造成损失，只要存在违法行为，国家均可予以惩罚。

1. 违反《产品质量法》的主要民事责任

依照《产品质量法》的规定，生产者、销售者应承担的民事责任有：

（1）销售者应当承担修理、更换、退货、赔偿损失等责任。

（2）因产品存在缺陷造成人身、缺陷产品以外的其他财产（以下简称他人财产）损害的，生产者应当承担赔偿责任。

（3）由于销售者的过错使产品存在缺陷，造成人身、他人财产损害的，销售者应当承担赔偿责任。销售者不能指明缺陷产品的生产者也不能指明缺陷产品的供货者的，销售者应当承担赔偿责任。

（4）因产品缺陷造成人身、他人财产损失的，受害人可以向产品的生产者要求赔偿，也可以向产品的销售者要求赔偿。产品的生产者或者销售者先行赔偿后，根据责任原则向另一方追偿。

2. 违反《产品质量法》的主要行政责任和刑事责任

（1）罚款。

（2）没收违法所得。

（3）吊销营业执照。

（4）构成犯罪的，依法追究刑事责任。

学习单元 3 《消费者权益保护法》

学习目标

了解《消费者权益保护法》的主要内容

掌握《消费者权益保护法》消费争议的解决和法律责任

知识要求

一、《消费者权益保护法》和消费者

消费者权益，是指消费者在有偿获得商品或接受服务时所应得到的正当权利。消费者的权益是消费者利益在法律上的体现，受到国家保护。

1983 年国际消费者联盟（成立于 1960 年）确定 3 月 15 日为国际消费者权益日。1987 年 9 月在国际消联 12 届大会上我国被接纳为正式会员。

1993 年 10 月 31 日，第八届全国人民代表大会常务委员会第四次会议通过了《消费者权益保护法》这是我国制定的第一部保护消费者权益的专门法律。（《消费者权益保护法》）于 2009 年和 2013 年进行了两次修正以适应经济和社会的发展需要。

二、《消费者权益保护法》的主要内容

国家倡导文明、健康、节约资源和保护环境的消费方式，反对浪费。

消费者包括生产资料和生活资料的消费者、商品和服务的消费者等类型。本法所指的消费者是指为满足生活需要而购买，使用商品和接受服务的个人（包括购买生活资料和服

务供个人消费的单位）。农民购买直接用于农业生产的生产资料，也参照本法执行。

1. 消费者的权利

消费者为生活消费需要购买、使用商品或者接受服务，其权益受本法保护。本法规定的消费者权利主要包括以下内容：

（1）保障安全权。

（2）知悉真情权。

（3）自主选择权。

（4）公平交易权。

（5）损害赔偿权。

（6）依法结社权。消费者享有依法成立维护自身合法权益的社会团体的权利。

（7）知识获取权。

（8）得到尊重权。消费者在购买、使用商品或者接受服务时，享有其人格尊严、民族风俗习惯得到尊重的权利，享有个人信息依法得到保护的权利。

（9）监督批评权。

2. 经营者的义务

经营者为消费者提供其生产、销售的商品或者提供服务，应当遵守本法。依照本法第三章的规定，在保护消费者权益方面，经营者负有下列义务：

（1）守法履约的义务。经营者向消费者提供商品或者服务，应当恪守社会公德，诚信经营，保障消费者的合法权益；不得设定不公平、不合理的交易条件，不得强制交易。

（2）接受监督的义务。

（3）保障安全的义务。宾馆、商场、餐馆、银行、机场、车站、港口、影剧院等经营场所的经营者，应当对消费者尽到安全保障义务。

（4）报告、告知、召回义务。采取召回措施的，经营者应当承担消费者因商品被召回支出的必要费用。

（5）真实信息的义务。例如，为满足商厦举办店庆特卖的规定，销售员在原来的标价上加注“优惠价”的做法是错误的。

（6）标识真实的义务。如租赁他人柜台或者场地的经营者，应当标明其真实名称和标记。

（7）出具凭证的义务。如消费者索要发票的，必须出具。

（8）保证质量的义务。经营者提供机动车、计算机、电视机、电冰箱、空调器、洗衣机等耐用商品或者装饰装修服务，消费者自接受商品或者服务之日起六个月内发现瑕疵，发生争议的，由经营者承担有关瑕疵的举证责任。这条规定实行举证责任倒置，化解了消费者举证难的问题。

（9）售后服务的义务。

（10）无理由退货义务。经营者采用网络、电视、电话、邮购等方式（以下简称电商方式）销售商品，消费者有权自收到商品之日起七日内退货，且无须说明理由，但对消费者定做的、鲜活易腐的、在线下载或者消费者拆封的影像制品与计算机软件等数字化商品、交付的报纸、期刊等商品除外。具体细则可以查阅《网络购买商品七日无理由退货实施办法》。

除了上述商品外、其他根据商品性质并经消费者在购买商品时确认不宜退货的商品，不适用无理由退货。

消费者退货的商品应当完好。经营者应当自收到退回商品之日起七日内返还价款。退回商品的运费由消费者承担；经营者和消费者另有约定的，按照约定。

（11）公平、合理交易的义务。经营者不得以格式条款、通知、声明、店堂告示等方式，做出排除或者限制消费者权利、减轻或者免除经营者责任、加重消费者责任等不公平、不合理的规定。不得利用格式条款并借助技术手段强制交易。

（12）保障人身权利的义务。经营者不得对消费者进行侮辱、诽谤，不得搜查消费者身体及其携带的物品，不得侵犯消费者的人身自由。

（13）采用电商方式提供商品或者服务的经营者、金融服务的经营者，应当向消费者提供经营地址、联系方式、商品或者服务的数量、质量、价款或者费用、履行期限和方式、安全注意事项和风险警示、售后服务、民事责任等信息。

网络交易平台提供者若做出更有利于消费者的承诺的，应当履行承诺。网络交易平台提供者赔偿后，有权向销售者或者服务者追偿。

网络交易平台提供者若明知或者应知销售者或者服务者利用其平台侵害消费者合法权益，未采取必要措施的，依法与该销售者或者服务者承担连带责任。

（14）个人信息保护责任。

三、消费争议的解决和法律责任

1. 争议的解决

（1）争议解决的途径。有与经营者协商和解、请求消费者协会或者依法成立的其他组织调解、向有关行政部门投诉、根据与经营者达成的仲裁协议提请仲裁机构仲裁、向人民法院提起诉讼等途径。如果合同中选择了仲裁解决纠纷的程序，就不能未经仲裁就提起诉讼。

（2）赔偿责任的确定

1）责任方承担。消费者可以向直接销售者要求赔偿。销售者赔偿后，属于生产者的责任或者属于向销售者提供商品的其他销售者的责任的，销售者有权向生产者或者其他销售者追偿。

服务者承担方式。即消费者在接受服务时，其合法权益受到损害的，可以向服务者要求赔偿。

根据《欺诈消费者行为处罚办法》，经营者利用邮购销售骗取价款而不提供或者不按照约定条件提供商品的属于欺诈消费者行为。

2）变更后的企业承担。即原企业分立、合并的，可以向变更后承受其权利、义务的企业要求赔偿。

3）营业执照的使用人或者持有人承担。

4）举办方或者出租方承担。如展览会结束或者柜台租赁期满后，可以向展览会的举办者、柜台的出租者要求赔偿。展销会的举办者、柜台的出租者赔偿后，有权向销售者或服务者追偿。

5）网络交易平台提供方承担。即网络交易平台提供者不能提供销售者或者服务者真实名称、地址和有效联系方式的，可以向平台提供者要求赔偿。

6）广告责任方承担。

2. 本法规定的民事赔偿与民事法律责任

（1）造成人身伤亡的法律责任。应当赔偿医疗费、护理费、交通费等为治疗和康复支出的合理费用，以及因误工减少的收入。造成残疾的，还应当赔偿残疾生活辅助具费和残疾赔偿金。造成死亡的，还应当赔偿丧葬费和死亡赔偿金。

（2）侵害人格尊严的法律责任。应当停止侵害、恢复名誉、消除影响、赔礼道歉，并赔偿损失。

（3）造成精神损害的法律赔偿责任。经营者有侮辱诽谤、搜查身体、侵犯人身自由等侵害消费者或者其他受害人人身权益的行为，造成严重精神损害的，受害人可以要求精神损害赔偿。

（4）造成财产损害的法律责任。应当按照法律规定或者当事人约定承担修理、重作、更换、退货、补足商品数量、退还货款和服务费用或者赔偿损失等民事责任。

（5）经营者以预收款方式提供商品或者服务，但未按照约定提供的，应当按照消费者的要求履行约定或者退回预付款；并应当承担预付款的利息、消费者必须支付的合理费用。

（6）依法经有关行政部门认定为不合格的商品，消费者要求退货的，经营者应当负责退货。

（7）对欺诈消费者的惩罚性赔偿规定。增加赔偿的金额为消费者购买商品的价款或者接受服务的费用的三倍；增加赔偿的金额不足五百元的，为五百元。法律另有规定的，依照其规定。

为了正确地贯彻实施《消费者权益保护法》，国家工商行政管理总局制定了《侵害消费者权益行为处罚办法》（自 2015 年 3 月 15 日起开始施行）。该办法对《消费者权益保护法》规定的经营者提供商品和服务的质量要求、有关商品和服务的宣传行为，以及以预收款方式提供商品或者服务、网购等七日无理由退货、消费者个人信息保护、商品和服务“三包”责任等内容作了具体规制，同时还对从事修理加工、装饰装修，以及有关中介服务经营者侵害消费者权益的违法行为明确了行政处罚。

3. 行政责任和刑事责任

《消费者权益保护法》规定的行政处罚的主要形式有：单处或者并处警告、没收违法所得、处以违法所得一倍以上十倍以下的罚款，没有违法所得的，处以五十万元以下的罚款；情节严重的，责令停业整顿、吊销营业执照。

构成犯罪的，依法追究刑事责任。根据我国刑法规定，刑罚分为主刑和附加刑，附加刑也可以单独适用。主刑的种类有管制、拘役、有期徒刑、无期徒刑、死刑。附加刑的种类有罚金、剥夺政治权利、没收财产。

在国家法治管理手段日益健全，消费者法治维权意识日益加强的今天，经营者的违法成本绝不只是赔钱了事。学习法律常识就是要预见到违法的后果，自觉地遵守法律，养成法治思维的能力和习惯，适应经济、社会和法治发展的需要。

第 3 节　门店的安全管理

学习目标

了解危险品的储存与运输要求

熟悉发生火灾时的应急处理方法

掌握灭火器的正确使用与火灾的预防措施

知识要求

安全生产与经营是事关生命安全健康的根本利益。汽车配件中存在大量易燃、易爆等危险物品，如发动机机油等油料，在经营的过程中稍有不慎极容易引起燃烧、爆炸等事故；在搬运大型汽车配件（如发动机总成）时还需要动用各种搬运机械，如果操作稍有不慎很有可能造成工伤事故。因此，汽车配件经营企业必须牢牢树立“安全经营、预防为主”的经营方针。

一、火灾的预防

1.《中华人民共和国消防法》的有关规定

《中华人民共和国消防法》（以下简称《消防法》）规定了我国的消防工作要贯彻“预防为主、防消结合”的方针，坚持专门机关与群众相结合的原则，实行防火安全责任制。

消防工作由国务院领导，由地方各级人民政府负责。

在预防火灾方面，《消防法》要求：在设有车间或者仓库的建筑物内，不得设置员工集体宿舍。储存可燃物资仓库的管理，必须执行国家有关消防安全的规定。

任何单位、个人不得损坏或者擅自挪用、拆除、停用消防设施、器材，不得埋压、圈占消火栓，不得占用防火间距，不得堵塞消防通道。

在灭火救援方面，《消防法》规定：任何人发现火灾时，都应当立即报警。任何单位、个人都应当无偿为报警提供便利，不得阻拦报警。严禁谎报火警。

公共场所发生火灾时，该公共场所的现场工作人员有组织、引导在场群众疏散的义务。发生火灾的单位必须立即组织力量扑救火灾。邻近单位应当给予支援。对因参加扑救火灾受伤、致残或者死亡的人员，按照国家有关规定给予医疗、抚恤。

火灾扑灭后，公安消防机构有权根据需要封闭火灾现场，负责调查、认定火灾原因，核定火灾损失，查明火灾事故责任。火灾扑灭后，起火单位应当按照公安消防机构的要求保护现场，接受事故调查，如实提供火灾事故的情况。

在法律责任方面，《消防法》规定：营业性场所对火灾隐患不及时消除的，不按照国家有关规定配置消防设施器材的，不能保障疏散通道、安全出口畅通的，对以上三种行为责令限期改正；逾期不改正的，责令停产、歇业，可以并处罚款，并对其直接负责的主管人员和其他直接责任人员处罚款。

2. 一般防火知识

（1）燃烧应具备的条件。燃烧必须具备三个条件，三者缺一火就无法形成。

1）可燃物。有气体（如煤气、液化石油气、氢气、乙炔、甲烷等）、液体（如汽油、柴油、酒精、二硫化碳等）和固体（如汽车内饰件、塑料件、木材、纸张和沥青等）三种形态。

2）助燃物。助燃物是与可燃物质相结合能导致燃烧的物质。如氧气、氯酸钾、过氧化钠、氯气等。空气是最常见的助燃物。

3）着火源。着为源是指能引起可燃物着火的热源，如明火、照明灯、电火花、取暖设备、烘烤设备等。着火源除直接与可燃物作用引起燃烧外，有时间接作用也能引起可燃物燃烧，如木材旁放置一个通电的电炉，时间一长木材就会自动燃烧起来。

（2）阴燃。阴燃指物质不出现可见光的缓慢燃烧，通常产生烟和温度升高的迹象。有些固体物质刚开始燃烧时是有火焰的，但由于通风不好，氧气浓度降低，燃烧速度减慢，分解出来的可燃气体量减少，即由有焰燃烧转变成阴燃。如果改变通风条件，增加供氧量，又可由阴燃转变成有焰燃烧；或持续阴燃完全穿透固体材料时，由于对流加强，会使空气流入量相对增大，阴燃也可转变为有焰燃烧。容易发生阴燃的物质有棉花、麻、纸张及大量堆放的煤、麦草、布匹等固体物质。

（3）汽车配件商场与库房的防火

1）商场和库房内严禁吸烟。因为在商场和库房内放置有易燃的塑料汽配制品和油品，烟头极容易引起火灾。

2）必须做到安全用电。电气火灾的成因主要有短路、过负荷、接触不良等，电线老化也易引起火灾。因此应注意定期检查电线线路；不能随意加粗熔丝或用铜丝、铁丝代替熔丝；安装照明灯时，不允许与可燃物质及建筑物的可燃部分接触，不允许用纸做灯罩和用纸、布包灯泡；在易燃易爆场所应安装防爆灯具或在室外设间接照明。

3）加强对油品的管理。汽油、液化石油气等残液不能倒入下水道，以防其挥发的可燃气体与空气混合后遇火源发生爆炸。因为塑料与汽油摩擦会产生静电，而静电积累到足够量时释放产生电火花，引起汽油着火爆炸，所以禁止用塑料桶盛装汽油。

4）不得封闭、堵塞安全通道，以防在遇险时妨碍疏散抢救。

5）定期检查消防器材与设施的完好性，确保遇险时能正常发挥作用。

（4）发生火灾时的应急处理

1）拨打电话 119 及时通知消防部门，告之起火地点、燃烧的物质、是否有被困人员。派人员到消防部门必经的交通要道等待消防队，引导消防队到起火地点，以节约时间。在消防队未到之前可大声呼救，通知旁人前来帮助灭火或及时逃生。

2）头脑要保持冷静，正确判断，因地制宜，自救或积极逃生。抓住起火 3 min 内的有利时机，就地取材，迅速利用灭火器、水、湿棉被等将火扑灭。要迅速脱掉着火的衣服，一时难以脱掉时，应就地打滚，压灭火苗；千万不能奔跑，因为奔跑时会有大量的新鲜空气，使燃烧加速。

逃生时顺着疏散指示有序快速离开。在楼梯尚未烧断或者火势不是很猛烈时，可以披上用水浸湿的衣裤或者被单，最好是披上用水浸湿的棉被向楼下快速移动。

资料显示，在火场丧生的 80% 的人是由于吸入毒雾或者窒息而死。在烟雾弥漫的楼道逃生时一定要弯腰，甚至是匍匐前进才能穿过烟雾区，有条件的话可以用湿毛巾捂住口、鼻，呼吸必须小而浅，这样烟雾窒息的可能性就小。

（5）常见消防器材及其使用

常见的消防器材主要有灭火器、消防水泵、消防栓、水带和水枪等。

1）水。水是消防的主要灭火剂，这是由于水灭火时有显著的冷却和窒息作用。水具有导电性，因此对由电气装备引发的火灾不能使用；水能和一些化学危险品产生剧烈的化学反应，对于这类物品的灭火也不能使用；水不能用于比水轻、不溶于水的易燃液体（如汽油、苯类物品）的灭火。

2）沙土。沙土是一种廉价的灭火物质，它能起到窒息作用，可以隔绝空气，从而使火熄灭。要注意的是，爆炸性物品（如硫酸铵等）不可用沙土扑救。

3）消防水泵和消防供水设备。水泵在灭火作战中用来吸取并输送消防用水。消防供水设备是消防水泵的配套设备，包括水枪、水带和室内消火栓。比较常见的是室内消火栓系统。

4）灭火器。灭火器是一种可由人力移动的轻便灭火器具，它能在其内部压力作用下，将所充装的灭火药剂喷出，用来扑灭火灾。

3. 灭火器的使用与规范设置

（1）常见的灭火器

1）二氧化碳灭火器。二氧化碳灭火器用来扑灭图书、档案、贵重设备、精密仪器、600 V以下电气设备及小范围的油类等初起火灾。使用时，不能直接用手抓住喇叭筒外壁或金属连接管，防止手被冻伤。

2）干粉灭火器。干粉灭火器是常见的灭火器材。适用于扑灭由可燃气体（液化石油气、煤气、乙炔、汽油）、木材、纸张、棉、布、塑胶、酒精等引起的初起起火。其使用方法如下：

①手提灭火器跑向火场，在离火面3～4 m时，撕去灭火器上的铅封，拔掉保险插销，一只手握紧喷嘴，对准火焰根部，另一只手按下压把，5 s内干粉即可喷出，迅速摆动喷嘴，使喷雾横扫整个燃烧区，并由远及近向前推移，能很快将火扑灭。

②灭火时要果断迅速，切勿残留明火，以防复燃。

③扑灭液体火灾时，不要对液面冲击，以防液体溅出，造成灭火困难。

日常维护干粉灭火器时要注意的是：灭火器应放置在干燥通风处，防止筒体受潮腐蚀；避免日光暴晒、强辐射热及雨淋等，以免影响灭火器的正常使用；灭火器各连接件不得松动，喷嘴塞盖不得脱落，以保证灭火器的密封性能；灭火器应每半年进行一次检查。每三年更换一次灭火药剂，如发现灭火剂结块或储气瓶的质量减少十分之一时，应及时更换灭火剂或补足气量（在钢瓶上印有钢瓶的质量和总质量）。

3）泡沫灭火器。泡沫灭火器除用于扑救一般固体物质火灾外，还能扑救油类等可燃液体火灾，但不能扑救带电设备和醇、酮、酯、醚等有机溶剂的火灾。

（2）灭火器的设置位置。《建筑灭火器配置设计规范》（GB 50140—2005）中对灭火器的设置位置要求如下：

1）灭火器应设置在位置明显和便于取用的地点且不得影响安全疏散。

2）对有视线障碍的灭火器设置点，应设置指示其位置的发光标志。

3）灭火器的摆放应稳固，其铭牌应朝外。手提式灭火器宜设置在灭火器箱内或挂钩、托架上，其顶部离地面高度不应大于 1.50 m，底部离地面高度不宜小于 0.08 m。灭火器箱不得上锁。

4）灭火器不宜设置在潮湿或强腐蚀性的地点。当必须设置时，应有相应的保护措施。灭火器设置在室外时，应有相应的保护措施。

5）灭火器不得设置在超出其使用温度范围的地点。另外，灭火器的设置位置还要依照其灭火级别及保护半径计算。

二、汽车配件的防盗

一般汽车配件价格昂贵，汽车配件销售员必须加强汽车配件的防盗意识。应制定并遵守本企业的汽车配件防盗制度。定期对库存汽车配件进行盘点。要配备安装必要的防盗设施，如防盗门、防盗网、保险柜、红外线报警器等。平时应经常安排值班人员巡逻。

三、卫生防护

在经营汽车油料、涂料等化学物品的汽车配件销售门店里，部分有机颜料、添加剂或稀释剂等不但是易燃品而且易挥发并具有一定的毒性，大量吸入或长期接触皮肤可能引起职业性中毒。

汽车配件销售员必须加强对这类有毒、有危害健康商品的防范意识，熟悉保护自己和他人健康的必要措施。

1. 涂料及有机溶剂通过肺部吸入人体，因此在打开商品时要戴口罩。

2. 有机溶剂蒸气可以通过皮肤渗入人体，因此工作完毕要用肥皂洗脸和手。为了保护皮肤，工作前可在暴露的皮肤上涂抹防护油膏，工作后洗干净再涂抹其他润肤霜以保护皮肤。

3. 若不慎将溶剂溅入眼睛内，应立即用清水冲洗，然后送医院治疗。

4. 长时间接触化学溶剂后要多喝开水，以湿润气管，增强排毒能力。

四、危险化学品的安全经营

1. 危险化学品的种类

具有爆炸、易燃、毒害、腐蚀、放射性等性质的物品，统称为危险化学。根据《危险货物分类与品名编号》（GB 6944—2012）规定的分类标准，危险化学品分为九类，即第一类爆炸品；第二类压缩气体和液化气体；第三类易燃液体；第四类易燃固体、易于自燃的物质、遇水放出易燃气体的物质；第五类氧化性物质和有机过氧化物；第六类毒性物质和感染性物质；第七类放射性物质；第八类腐蚀性物质；第九类杂项危险物质和物品。

在生产、储存、经营、运输和使用危险化学品时，必须按照危险化学品安全管理制度执行。

2. 危险化学品的储存

危险化学品必须储存在专用仓库，并设专人管理。危险化学品专用仓库应当符合有关安全、防火规定，并根据物品的种类、性质，设置相应的通风、防爆、泄压、防火、防雷、报警、灭火、防晒、调温、消除静电、防护围堤等安全设施。储存危险化学品应当符合下列要求：

（1）危险化学品应当分类分项存放，堆垛之间的主要通道应当保持安全距离，不得超量储存。

（2）遇火、遇潮容易燃烧、爆炸或产生有毒气体的危险化学品，不得在露天、潮湿、漏雨和低洼容易积水的地点存放。

（3）受阳光照射容易燃烧、爆炸或产生有毒气体的危险化学品和桶装、罐装等易燃液体、气体应当在阴凉通风地点存放。

（4）化学性质或防护、灭火方法相互抵触的危险化学品，不得在同一仓库或同一储存室内存放。

（5）危险化学品入库前，必须进行检查登记，入库后应当定期检查。储存危险化学品的仓库内严禁吸烟和使用明火。进入仓库区的机动车辆必须采取防火措施。储存危险化学品的仓库，应当根据消防条例，配备消防力量和灭火设施及通信、报警装置。

3. 危险化学品的运输

运输装卸危险化学品应当遵守下列规定：

（1）轻拿轻放，防止撞击、拖拉和倾倒。

（2）碰撞、互相接触容易引起燃烧、爆炸或造成其他危险的危险化学品，以及化学性质或防护、灭火方法互相抵触的危险化学品，不得违反配装限制和混合装运。

（3）遇热、遇潮容易引起燃烧、爆炸或产生有毒气体的危险化学品，在装运时应当采取隔热、防潮措施。

（4）货运工具装运危险化学品时不得客货混装。载客的火车、船舶、飞机机舱不得装运危险化学品。

4. 危险化学品的经营

经营危险化学品，必须遵循危险化学品经营的许可证制度。禁止无证经营危险化学品。经营危险化学品的企业必须具备下列条件：

（1）有符合安全要求的经营设施。

（2）有熟悉专业的技术人员。

（3）有相应的安全管理制度。

汽车配件销售员必须加强对危险化学品的防范意识，在出售这类商品时，要特别提醒客户该商品的使用注意事项。

第 4 节　财务知识

学习单元 1　结算方式

学习目标

了解常用的经营结算方式

掌握对现钞与支票的检查方法

知识要求

在汽车配件流通过程中，销售企业要与有关单位或个人发生货币往来的关系。

对因商品交易、劳务供应、资金调拨等经济活动引起的货币收付关系进行清偿的办法称为结算方式。

在我国，根据不同经济往来的特点、形式和需要，分为现金结算和转账结算两种方式。现金结算是收付款双方直接以现金进行的收付。转账结算是通过银行或网上支付平台将款项从付款单位账户划转到收款单位账户的货币收付行为。

根据结算地点的不同，可以划分为同城结算方式、异地结算方式和同城异地均可采用的通用结算方式三大类。同城结算方式是指同一城镇内各单位之间发生经济往来而要求办理的转账结算。异地结算方式是指不同城镇、不同地区的单位或个人之间的经济往来通过银行办理款项划转的结算方式。通用结算方式是指既适用于同一城市范围内的结算，又适用于不同城镇、不同地区的结算。

一、传统结算方式

同城结算时传统的结算方式有现金结算和通过银行结算。

1. 现金结算

用现钞进行的货币收付行为称为现金结算。现金结算适用于个人（自然人）、个体工商户和机关企业事业单位。我国对现金实行严格的控制和管理，企业之间一般不采用现金结算的方式，只有私人之间或企业与私人之间采用现金结算。

（1）在现金直接支付结算方式下，买卖双方一手交钱一手交货，当面钱货两清，无须通过中介，因而对买卖双方来说是最为直接和便利的。正是由于现金使用极为广泛和便利，也成为不法分子窥视的最主要目标，很容易被偷窃，或容易诱发其他经济犯罪。

现金结算要注意对假币的识别。现金真伪最简便的鉴别方法是观察法。一般通过肉眼识别纸币的颜色、图案，检查是否有印鉴（水印）；用手摸感觉纸币的质感、厚薄；用耳听抖动纸币的声音。真币用纸优良、挺括、耐磨，并有水印图案，以凹版印刷为主，版纹深，油层厚；假币纸质极软，无水印图案，图像不自然、模糊，用平版印刷，图案易失真模糊，光洁度差。

验钞机是汽车配件销售店识别纸币真伪必不可少的设备。对于大笔现金一定要用验钞机识别纸币。

（2）现金结算的另一种方式是付款人委托银行和非银行金融机构（如邮局）将现金支付给收款人。

2. 通过银行结算

支票结算、委托付款结算、托收无承付结算和同城托收承付结算等，都是通过银行办理款项划转的结算手段。异地结算的传统方式有银行汇票结算方式、汇兑结算方式和异地托收承付结算方式。银行汇票票样如图 1—1 所示。

本书主要介绍支票结算。

（1）支票。支票是银行的存款人签发给收款人办理结算或委托开户银行将款项支付给收款人的票据。支票票样如图 1—2 所示。

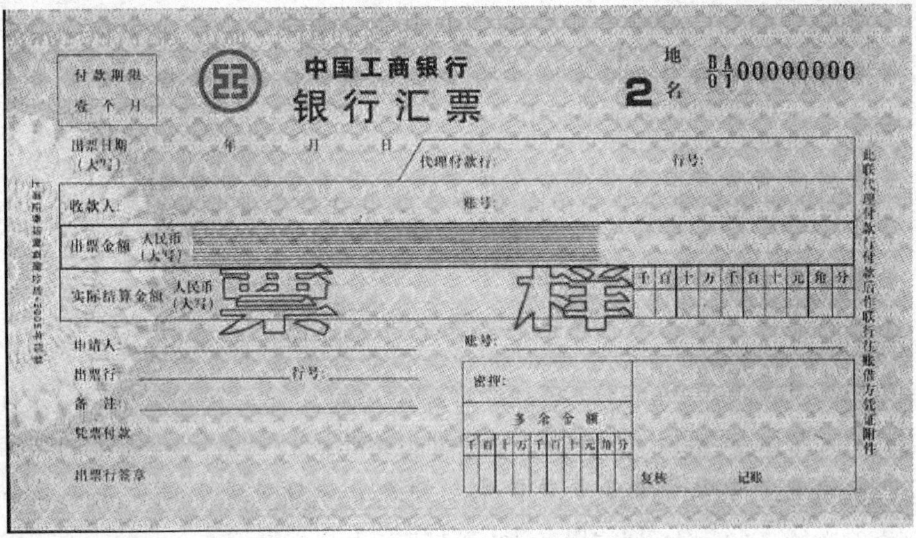

图 1—1 银行汇票票样

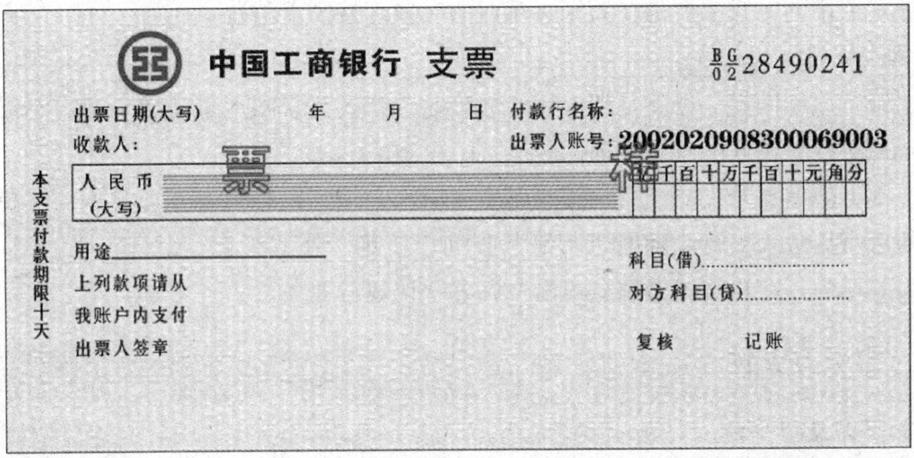

图 1—2 支票票样

支票适用于单位、个体经营户和个人在同城或票据交换地区内的商品交易、劳务供应和其他款项的结算。支票结算是最常用的同城结算手段。

（2）支票的识读

1）支票一律记名。中国人民银行总行批准的地区转账支票可以背书转让。

2）支票金额起点为 100 元。

3）支票付款期为 10 天（从签发的次日算起，到期日遇假日顺延）。

4）签发支票应使用墨汁或碳素墨水填写。未按规定填写，被涂改冒领的，由签发人负责。支票大小写金额和收款人不得更改。

5）支票正面要有付款单位的财务专用章与法人章。

6）外地公司的支票不能在本地使用。

7）出票日期必须大写。

8）已签发的现金支票遗失，可以向银行申请挂失。挂失前已经支付，银行不予受理。

二、银联卡与网上银行

1. 银联卡

银联卡已越来越被消费者青睐，普通的储蓄卡（借记卡）或信用卡卡面上都有银联标志，可以在有银联标志的刷卡机（POS）或自动柜员机上使用。普通储蓄卡的功能主要有存取款、通存通兑、消费、转账，开通电子银行后可以进行网上支付等。

借记卡要先存钱才能用，而信用卡（也称贷记卡）可根据持卡人的经济能力给予一定的透支额度，在一定的时间段内可以免息使用这个额度的钱（一般是50天左右），持卡人先用后还。使用的方式主要是在商家买东西的时候直接刷卡消费。

2. 网上银行

网上银行简称网银。也就是把银行的部分业务搬到互联网上来完成，客户不需要去银行柜台，通过计算机联网就可实现。

网上银行是信息时代的产物。它的诞生使原来必须到银行柜台办理业务的客户，通过互联网便可直接进入银行，随时进行账务查询、转账、外汇买卖、银行转账、网上购物、账户挂失等业务，客户真正做到足不出户办妥一切银行业务。

三、第三方支付

1. 第三方支付平台

在电子商务中，支付问题曾经成为制约其发展的瓶颈之一，卖家不愿先发货，怕货发出后不能收回货款；买家不愿先支付，担心支付后拿不到商品或商品质量得不到保证。博弈的结果是双方都不愿意承担异步交换或将导致的不等价交换风险，网上购物无法进行。为迎合同步交换的市场需求，第三方支付应运而生。

第三方支付平台是指与银行（通常是多家银行）签约，并具备一定实力和信誉保障的第三方独立机构提供的交易支持平台，是买卖双方在交易过程中的资金“中间平台”，是在银行监管下保障交易双方利益的独立机构。截至2015年，国内获得“互联网支付”牌照的第三方支付企业总数已经过百，但是真正在民众中流行开来的支付工具却屈指可数。常用的有支付宝、财付通等。

2. 第三方支付一般的运行模式

（1）消费者在电子商务网站选购商品，最后决定购买，买卖双方在网上达成交易意向。

（2）消费者选择利用第三方支付平台作为交易中介，用借记卡或信用卡将货款划到第三方账户，并设定发货期限。

（3）第三方支付平台通知商家，消费者的货款已到账，要求商家在规定时间内发货。

（4）商家收到消费者已付款的通知后按订单发货，并在网站上做相应记录，消费者可在网站上查看自己所购买商品的状态；如果商家没有发货，则第三方支付平台会通知客户交易失败，并询问是将货款划回其账户还是暂存在支付平台。

（5）消费者收到货物并确认满意后通知第三方支付平台。如果消费者对商品不满意，或认为与商家承诺有出入，可通知第三方支付平台拒付货款并将货物退回商家。

（6）若消费者满意，第三方支付平台将货款划入商家账户，交易完成；若消费者对货物不满意，第三方支付平台确认商家收到退货后，将该商品货款划回消费者账户或暂存在第三方账户中等待消费者下一次交易时使用。

学习单元 2　发票的使用

学习目标

了解汽车配件销售企业常见发票的种类

熟悉国家对发票的有关规定

能够识读增值税发票

知识要求

发票是单位或个人在购销商品、提供或者接受服务及从事其他经营活动中，开具、取得的收付款凭证。

发票是原始凭证的一种。原始凭证根据经济业务活动的执行和完成情况来填制，是具有法律效力的书面证明。

一、国家对发票的有关规定

1. 发票限于领购单位和个人自己填写，不准买卖、转借、转让、代开。向消费者个人零售小额商品可以不开发票，如果消费者索要发票则不得拒开。

2. 开具发票要按照规定的时限、顺序、逐栏、全部联次一次性如实开具，并加盖单位财务印章或者发票专用章。未经税务机关批准，不得拆本使用发票。

3. 开发票的单位和个人必须在发生经营业务收入时开具发票，未发生经营业务一律不准开具发票。发票只能在工商行政管理部门发放的营业执照上核准的经营业务范围内填开，不得自行扩大专业发票使用范围。填开发票时，不得按照付款方的要求变更品名和金额。

4. 开具发票应当使用中文。民族自治地方可以同时使用当地通用的一种民族文字，外商投资企业和外国企业可以同时使用一种外国文字。

5. 整本发票开始使用后，应做到按号顺序填写，填写项目齐全，内容真实，字迹清楚，填开的发票不得涂改、挖补、撕毁，如发生错开，应将发票各联完整保留，书写或加盖“作废”字样。

6. 开具发票后，发生销货退回的，在取得对方有效证明后，可以填开红字发票。

7. 禁止携带、邮寄或者运输空白发票出入境。

8. 对已填用的发票存根要和空白发票一样妥善保管，不得擅自销毁。已经开具的发票存根联和发票登记簿应保存五年。保存期满，报经税务机关查验后方可销毁。

9. 用票单位或个人丢失发票，应于丢失当日书面报告主管税务机关，并在报刊和电视等传播媒介上，公开声明作废。

10. 自 2013 年起全国各省、市、自治区逐步全面推行（网络税控机）机打发票。机打发票的“开票日期”由系统自动生成，时间为开票当日，不能手工修改。

二、汽车配件销售企业常用发票的种类

从 2016 年 5 月 1 日起，国家全面实施营业税改增值税政策，并且将范围扩大到建筑业、房地产业、金融业、生活性服务业。营改增是我国深化财税体制改革的重头戏。以前的服务类发票（指除了商品购销以外，对于提供咨询、劳务等服务取得收入并开出的一般发票）全部取消。

1. 增值税发票

增值税发票是具有一般纳税人资格的企业开具的。增值税发票是用网络税控机打印的发票。

（1）增值税普通发票。增值税普通发票就是过去的货物销售的普通发票，上面有税额更便于销售企业记账及税额的计算，方便了一般纳税人及税务机关，如图 1—3 所示。增值税普通发票一般有发票联和记账联两联。

（2）增值税专用发票。增值税专用发票是我国为了推行新的增值税制度而使用的新型发票，如图 1—4 所示。具有增值税一般纳税人资格的企业只要办理一般纳税人的认定手续后，就可以到主管国税部门申请领购增值税专用发票，并通过防伪税控系统开具此发票。具有增值税一般纳税人资格的企业可以凭增值税专用发票抵扣增值税。

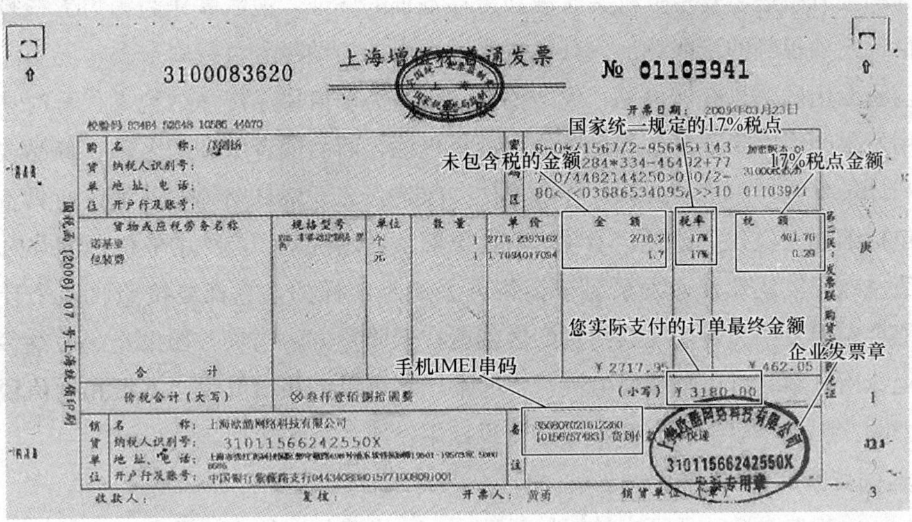

图 1—3　增值税普通发票

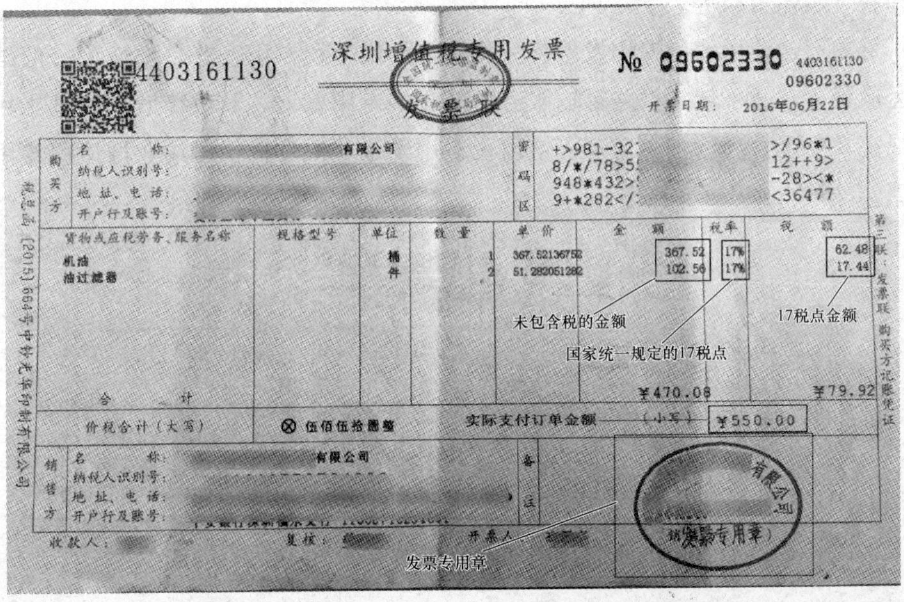

图 1—4　增值税专用发票

增值税专用发票统一由国家税务总局委托中国人民印钞造币总公司印制，其他任何单位和个人都不得私制专用发票的样式或印制专用发票。增值税专用发票必须由专人负责填写。

增值税专用发票由基本联次或者基本联次附加其他联次构成。基本联次为三联：发票联、抵扣联和记账联。发票联作为购买方核算采购成本和增值税进项税额的记账凭证，抵扣联作为购买方报送主管税务机关认证和留存备查的凭证，记账联作为销售方核算销售收入和增值税销项税额的记账凭证。其他联次用途由一般纳税人自行确定。

增值税专用发票只有增值税一般纳税人和机关为增值税小规模纳税人代开时使用。增值税专用发票的内容除了具备购买单位、销售单位、商品或者服务的名称、商品或者服务的数量和计量单位、单价和价款、开票单位、收款人、开票日期等普通发票所具备的内容外，还包括纳税人税务登记号、不含增值税金额、适用税率、应纳增值税税额等内容。

增值税专用发票和普通发票对于销售方来说是一样的，它都要按照收入来计算增值税。增值税专用发票和普通发票两者的区别就在于购货方，购货方如果是一般纳税人，取得增值税专用发票就可以抵扣增值税，普通发票不可以抵扣增值税，不抵扣增值税对是否交税有影响。因此一般纳税人都要开增值税专用发票。

2. 运输货票

（1）运输货票是会计凭证中的原始凭证之一。在货物运输中，采用不同的运输方式就有不同的运输货票，如海运运输货票、航空运输货票、铁路运输货票、公路运输货票、邮包收据和联合运输货票等。

（2）货物运输业增值税专用发票。货物运输业增值税专用发票是增值税一般纳税人提供货物运输服务（暂不包括铁路运输服务）开具的专用发票，其法律效力、基本用途、基本使用规定及安全管理要求等与现有增值税专用发票一致。货物运输业增值税专用发票票样如图 1—5 所示。

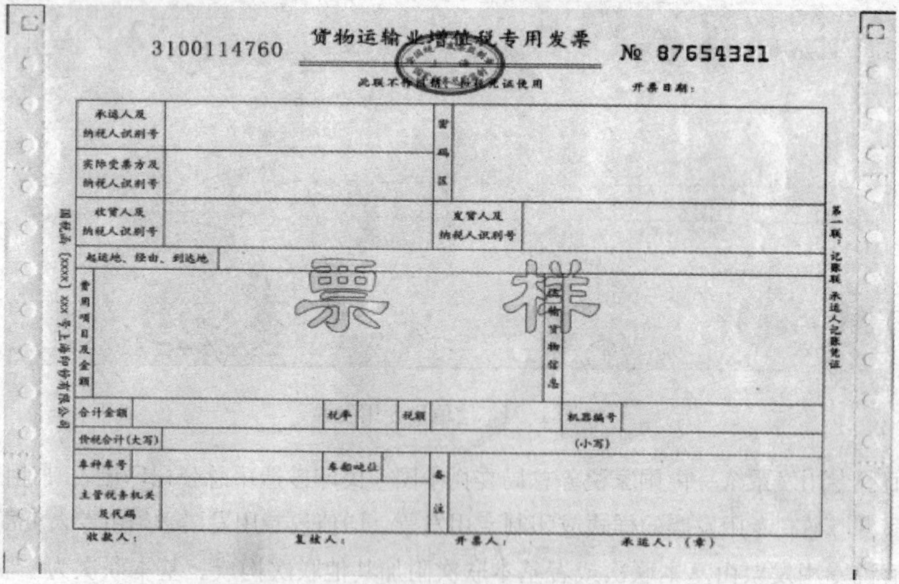
3100114760
货物运输业增值税专用发票
№ 87654321
此联不作报销、扣税凭证使用
开票日期：
承运人及纳税人识别号
密码区
实际受票方及纳税人识别号
收货人及纳税人识别号
发货人及纳税人识别号
起运地、经由、到达地
费用项目及金额
运输货物信息
票样
合计金额 税率 税额 机器编号
价税合计（大写） （小写）
车种车号 车船吨位 备注
主管税务机关及代码
收款人： 复核人： 开票人： 承运人：（章）
第一联：记账联 承运人记账凭证

图 1—5　货物运输业增值税专用发票票样

第 5 节　汽车配件计量单位与量器具的使用

学习单元 1　汽车配件计量单位

学习目标

了解国际单位制的基本单位

能够查表进行公制与英制的转换

能够正确使用汽车配件的计量单位

知识要求

汽车配件销售员在工作中经常要阅读产品说明书，要能看懂铭牌内容。因此，熟悉汽车配件常用计量单位等基础知识是汽车配件销售员的基本技能。

一、国际计量单位

1. 国际单位制的 7 个基本单位，见表 1—1。

表 1—1　　国际单位制的基本单位

物理量	单位名称	单位符号
长度	米	m
质量	千克（公斤）	kg
时间	秒	s
电流	安［培］	A
热力学温度	开［尔文］	K
物质的量	摩［尔］	mol
发光强度	坎［德拉］	cd

2. 主要物理量的计量单位，见表 1—2。

表 1—2　　主要物理量的计量单位

物理量	名称	代号
面积	米^2	m^2
体积	米^3	m^3
摩尔体积	米^3 每摩尔	m^3/mol
比容	米^3 每千克	m^3/kg
频率	赫兹	Hz（1/s）
密度	千克每米^3	kg/m^3
摩尔质量	千克每摩尔	kg/mol
速度	米每秒	m/s
角速度	弧度每秒	rad/s
力	牛顿	N
压强	帕斯卡	Pa（N/m^2）
表面张力	牛顿每米	N/m
冲量、动量	牛顿秒	N·s
功、能量、热量、焓	焦耳	J（N·m）
摩尔内能、摩尔焓	焦耳每摩尔	J/mol
功率	瓦特	W（J/s）
热容量、熵	焦耳每开尔文	J/K
摩尔热容量、摩尔熵	焦耳每摩尔开尔文	J/（mol·K）
比热	焦耳每千克开尔文	J/（kg·K）
黏滞系数	牛顿秒每米^2	N·s/m^2
导热系数	瓦特每米开尔文	W/（m·K）
扩散系数	米^2 每秒	m^2/s
电量	库仑	C（A·s）
电压、电动势	伏特	V（W/A）
电阻	欧姆	Ω（V/A）
电容	法［拉］	F（C/V）

二、常用单位的转换

公制是一种国际单位制，又称米千克秒（MKS 或 mks）单位制，建立在米（用来确定距离）、千克（用来确定质量）和秒（用来确定时间长度）三种基本单位之上。中国、日本、法国一般采用公制单位。英制是英国、美国等国家使用的一种度量制，长度主单位为英尺，重量主单位为磅，容积主单位为加仑，温度主单位为华氏度。

公制与英制的转换，见表 1—3。

表 1—3　常用单位公英制的转换

物理量	公制	英制	转换关系
质量	千克	磅	1 磅＝0.453 6 千克
长度	毫米	英寸	1 英寸＝25.4 毫米
	米	英尺	1 英尺＝0.304 8 米
	千米	英里	1 英里＝1.609 3 千米
体积	升	英国加仑	1 加仑＝4.546 1 升
	升	美国液体加仑	1 加仑＝3.785 4 升
	升	美国固体加仑	1 加仑＝4.404 9 升
温度	摄氏度	华氏度	华氏度$-327\times\frac{5}{9}$＝摄氏度
功率	千瓦	马力	1 公制马力＝0.735 千瓦

注：容量常指一个物体的容积大小，容量的公制单位是升。计量容积一般用体积的单位，计量液体的体积常用容量单位为升或毫升，也可写成 L 或 mL。

常用单位换算，见表 1—4。

表 1—4　常用单位换算

主单位	长度			
1 米	1 000 毫米	0.001 千米	39.4 英寸	13.28 英尺
1 英尺	304.8 毫米	0.304 米	12 英寸	
主单位	质量			
1 千克	1 000 000 毫克	0.001 吨	35.274 盎司	2.205 磅
主单位	面积			
1 米^2	0.000 1 公顷	100 分米^2	0.000 247 1 英亩	1 550.003 1 英寸^2
主单位	容量			
1 升	1 000 毫升	0.001 米^3	0.219 969 2 加仑	1.759 754 品脱
主单位	温度			
1 摄氏度	33.8 华氏度	1.25 列氏度		

注：容量中的加仑与品脱都是英制单位。

例：（1）汽车的载重量是 2 吨，则货物超过 2 吨（2 000 kg）的话，就是超重了。

（2）某品牌汽车轮胎的规格是：215/55 R 17，说明轮胎断面宽度为 215 毫米（mm），断面高度为 215÷55%≈390.9 毫米（mm），轮胎的轮辋直径为 17 英寸＝1 000×17÷38.4≈442.7 毫米（mm）

（3）某轿车加 1 升汽油可行驶 10 千米，若该车加 1 加仑（英制）汽油可行驶 45.461 千米。（1 升≈0.219 969 2 加仑，1 加仑≈4.546 升）

三、汽车配件常用计量单位

根据汽车配件的特性，用于描述配件数量的计量单位见表 1—5。

表 1—5　　汽车配件数量的计量单位

名称	说　明
根	杆状、管状、带状、条状、柱状的配件，统一用“根”，如半轴，传动轴，冷却、空调等软管，风扇等传动带
只	凡是单个供货的配件，不论大小，统一用“只”。有些合件，如气缸盖、螺柱及帽、前后轮螺栓及帽、横拉杆球头及帽等，也用“只”
套	凡是配套出售的配件，均用“套”，如主减速锥齿轮、一级减速大小齿轮等
副	凡是相互有关联的配件组合供应的，称为“副”，如差速器半轴齿轮及行星齿轮总成等
组	凡是按车副（即每车用量）供应的商品，统一用“组”，如活塞环、连杆、轴承、曲轴轴承等
对	凡是成对供应的商品称“对”，如转向节、双音喇叭、横拉杆球座等
条	只用于汽车轮胎，不论带或不带内胎供应，均用“条”
盘	专用于成盘供应的制动带
包	专用于各种修理包，如发动机大修包、化油器修理包等
台	只用于发动机总成及大型维修机具
架	只用于钢板弹簧总成
片	专用于钢板弹簧散片及各种摩擦片
听	专用于听装商品，如油漆、防冻液及各种添加剂等
张	专用于气缸垫、进排气接口垫、软木垫、驾驶室胶垫等商品
盒	专用于按盒供应的商品，如铆钉等
瓶	专用于瓶装商品
罐	专用于罐装商品
支	专用于锡管等小型细长的商品
米	专用于按长度供应的商品，如电线
箱	专用于箱式套装工具

学习单元2 工具与量器具的使用

学习目标

了解汽车配件营销中常用工具与量器具的作用

能够正确识读量器具

知识要求

汽车配件销售员在工作中经常需要测量零部件的长度、外径、内径等尺寸参数，以帮助汽车配件采购人员准确地掌握所购配件的尺寸是否与原车匹配。

一、常用工具

1. 扳手

汽车上有数以千计的各种各样的螺栓、螺母、套管等紧固件，修理汽车时少不了扳手的帮忙。扳手的作用是紧固或拆卸一般标准规格的螺母和螺栓。根据适用的紧固件尺寸标准的不同，扳手可以分为公制和英制两种。在汽车上，除管螺纹连接外，常见的紧固件一般采用公制件。常见的扳手有以下几类：

（1）开口扳手，如图1—6所示。

（2）梅花扳手，如图1—7所示。

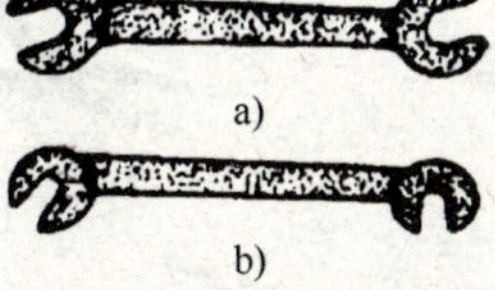

图1—6 开口扳手

a）15°扳手 b）45°和90°扳手

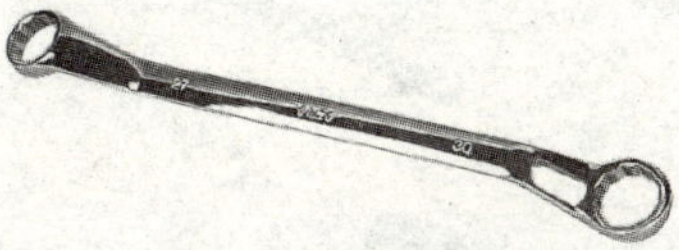

图1—7 梅花扳手

（3）套筒扳手。套筒扳手由一套尺寸不同的套筒和一根弓形的快速摇柄组成。套筒扳手除了具有一般扳手的用途外，特别适用于旋转部位很狭小或隐蔽在较深处的六角螺母和螺栓，如图1—8所示。由于套筒扳手的各种规格是组装成套的，故使用方便，效率更高。

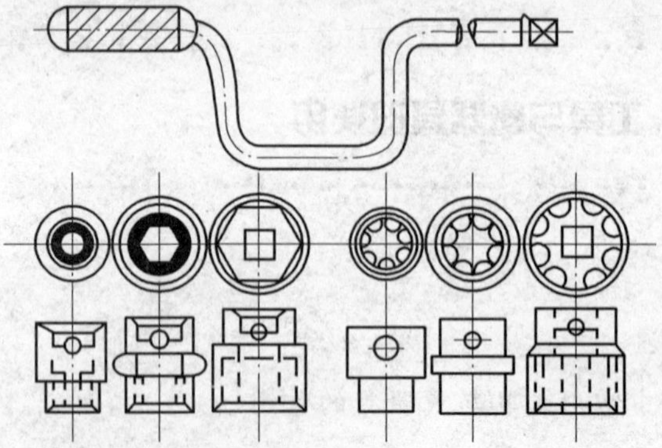

图 1—8　套筒扳手

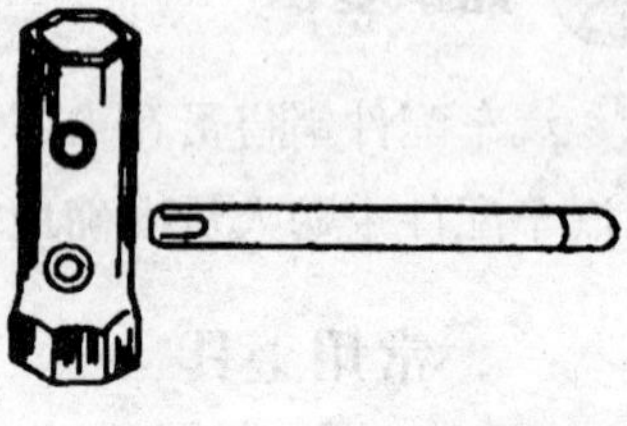

图 1—9　火花塞套筒扳手

（4）火花塞套筒扳手。火花塞套筒扳手是一种薄壁长套筒、用手拆装火花塞的专用工具，如图 1—9 所示。

2. 旋具

旋具又称起子、旋凿或螺丝刀。常用的有一字形旋具和十字形旋具两种。一字形旋具是紧固或拆卸一字槽螺钉的，而十字形旋具是紧固或拆卸十字槽螺钉的，如图 1—10 所示。

3. 钳子

钳子用于切断金属丝、夹持或扭弯轻小的金属零件。钳子种类很多，汽车维修中常用的是鲤鱼钳（菱形钳）和尖嘴钳，如图 1—11 所示。

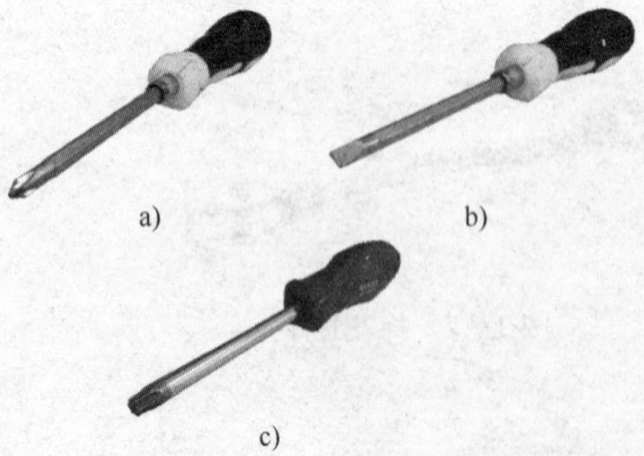

图 1—10　常见旋具

a）十字形旋具　b）一字形旋具　c）专用旋具

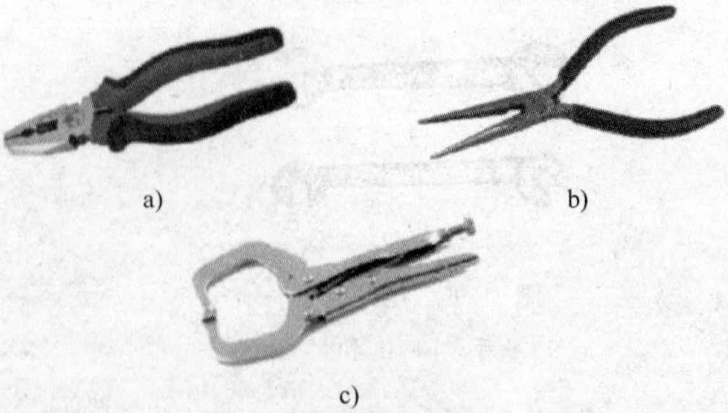

图 1—11　常用钳子

a）组合钳　b）尖嘴钳　c）锁钳

二、常用量器具

1. 游标卡尺

游标卡尺是较为常用的一种中等精度的量具，可以用来测量零部件的内径、外径和长度、宽度、深度尺寸。

常见的游标卡尺种类很多，分类方法也不尽相同，按照精度不同又可以分为0.10 mm、0.05 mm、0.02 mm等数种。

(1) 游标卡尺的结构。普通游标卡尺主要由主尺、副尺、活动卡脚和固定卡脚等组成。固定卡脚同主尺是一体的，活动卡脚同副尺是一体的，固定螺钉用来固定副尺。上卡脚可测量零部件的内表面尺寸，下卡脚可测量零部件的外表面尺寸。有的游标卡尺在主尺背面有深度尺，可与活动卡脚一齐移动，测量沟槽的深度。游标卡尺如图1—12所示。

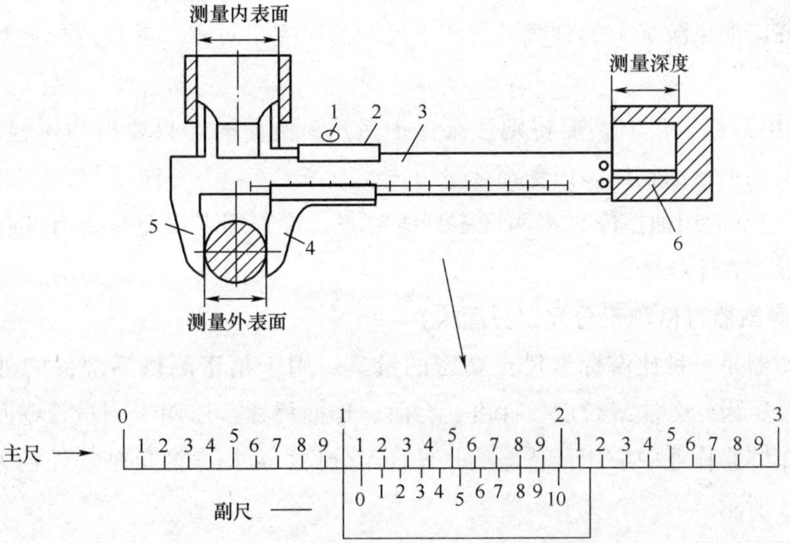

图1—12　游标卡尺

1—固定螺钉　2—副尺　3—主尺　4—活动卡脚　5—固定卡脚　6—深度尺

(2) 游标卡尺的读数。使用游标卡尺读取测量数据的步骤如下，以0.02 mm精度为例。

1) 先读整数。看游标上的零刻度标线位于主尺的位置，如图1—13所示。游标零刻度线位于主尺的6和6.1之间，因此整数部分读数为60 mm。

2) 再读小数。看游标上的刻线，数出游标第几条刻线与主尺的刻线对齐，如图1—13所示，游标上第4.4条刻线与主尺的刻线对齐，因此小数部分为0.4＋4×0.02＝0.48 mm。

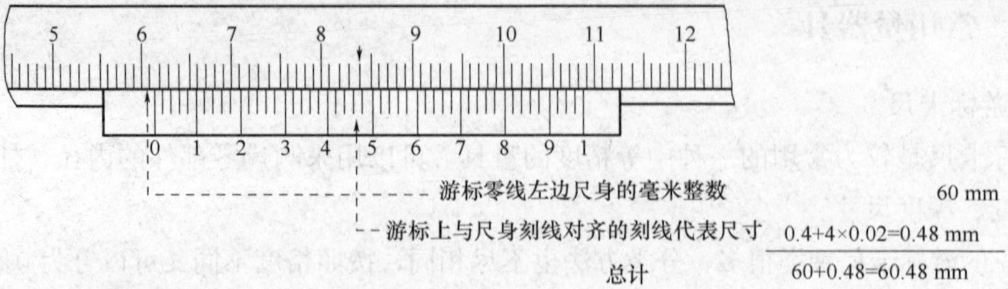

图 1—13　游标卡尺的读数

3）得出测量尺寸。将整数部分和小数部分相加，就是游标卡尺测出的被测物体的所测尺寸：60＋0.48＝60.48 mm。

（3）使用游标卡尺的注意事项

1）在读数时，视线尽可能与卡尺刻线面垂直，要看准游标上的哪条刻线与主尺上的刻线正好对齐，如果游标上的刻线没有和主尺的刻线完全对齐，就找游标上对得比较齐的那条刻线。

2）在使用游标卡尺时，要特别注意保护量爪。测量时，只要把物体轻轻卡住即可，尤其不允许摇动夹紧的物体，以免损坏量刃。

3）使用完毕后用油擦净，将两尺零刻线对齐，检查零点误差是否有变化，再放在盒子里盖好，保存在干燥的地方。

2. 螺旋测微器（俗称千分尺、分厘卡）

螺旋测微器是一种比游标卡尺更精密的量具，用于精密测量零部件的外尺寸、内尺寸、螺纹中径、齿轮公法线长度、深度、台阶、球面尺寸，还用于测量管壁厚度、线材的直径。在汽车维修作业中应用最普遍的是外径千分尺，常用来测量轴的外径等。螺旋测微器如图 1—14 所示。

（1）螺旋测微器的结构。如图 1—15 所示。

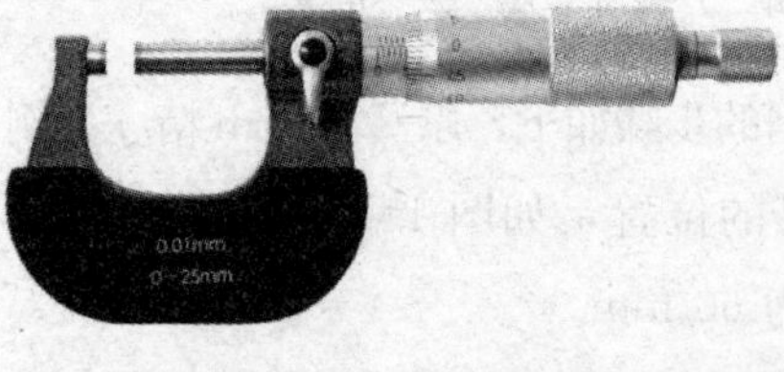

图 1—14　螺旋测微器

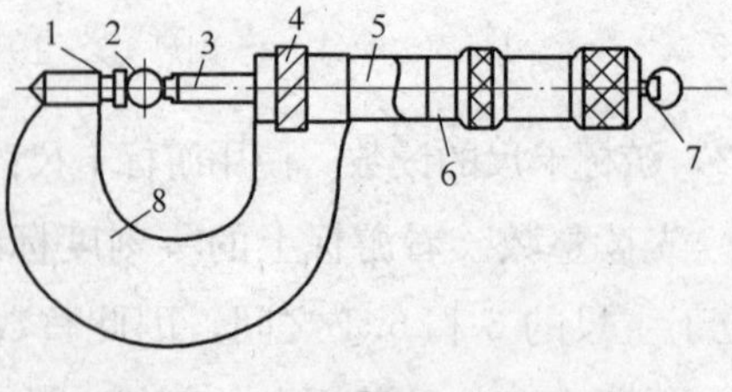

图 1—15　螺旋测微器的结构

1—砧座　2—工件　3—螺杆　4—制动环　5—固定套管

6—活动套管　7—棘轮　8—弓架

用螺旋测微器测量零件的外径时，先打开测口，然后把零件放在测砧和测微螺杆之间，当测砧抵住零件后，转动旋钮，直到测微螺杆接触到零件。轻微转动微调旋钮，听到发出“嗒嗒”声音时停止转动。

（2）螺旋测微器的读数。使用螺旋测微器，读取测量数据的步骤如下：

1）先读整数。看固定套管上露出的刻线数值就是被测物体的整数部分。在读数时，要特别注意固定套管的半毫米数是否露出来。如图 1—16a 所示，固定刻度指示在 6 后面，读数为 6 mm；如图 1—16b 所示，固定刻度指示在 35.5 后面，读数为 35.5 mm。

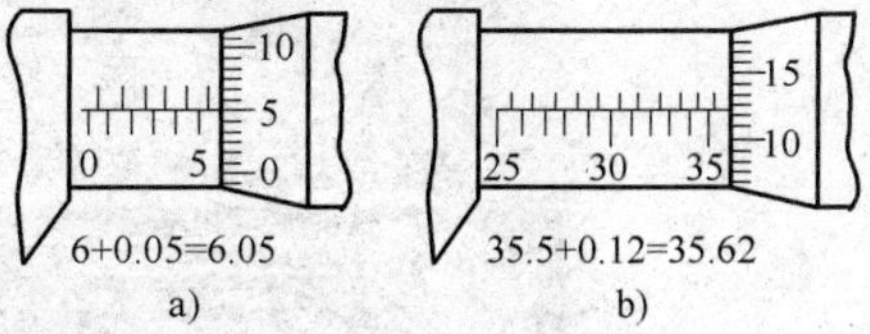

图 1—16　螺旋测微器的读数

2）再读小数。固定套管上的纵刻线作为不足半毫米的小数部分的读数指示线，由可动刻线上读取小数。读小数时，看固定套管的纵刻线与可动刻线上的哪一条刻线对齐，就能读出被测尺寸的小数部分。如图 1—16a 所示，可动刻线指示在 5，读数为 0.05 mm；如图 1—16b 所示，可动刻线指示在 12，读数为 0.12 mm。

3）得出测量尺寸。把上面两次读数的整数部分和小数部分相加，就是零部件的被测尺寸。如图 1—16 所示，最终读数分别为 6＋0.05＝6.05 mm，35.5＋0.12＝35.62 mm。

（3）使用螺旋测微器的注意事项

1）在测量之前要记录零点的读数，以备对测量数据做零点修正。

2）测量时，应该缓慢转动棘轮旋柄——微调旋钮，使螺杆前进，只要听到发出“嗒嗒”声，即可读数。不要直接转动旋钮使螺杆前进到夹住物体，以免用力过大，夹得太紧，影响测量结果，甚至损坏仪器。

3. 量缸表

量缸表（又称内径百分表）是一种比较性的间接测量仪表。在汽车修理作业中主要用来测量发动机气缸的圆度，掌握磨损情况，如图 1—17 所示。

4. 塞尺

塞尺（又称厚薄规或间隙片）用于测量间隙间距，如图 1—18 所示。

塞尺是由一组不同厚度的金属片构成，塞尺的每片有两个相互平行的测量面，并且有精确的系列厚度尺寸。

测量时可以根据需要使用一片或几片组合在一起使用。使用时要把塞尺片和被测件都擦拭干净，先选用较薄的塞尺片插入被测间隙进行试塞，如仍有空隙应取出来再挑选较厚的塞尺片依次试塞，直到塞进去不松不紧为止，塞紧力要大小适宜，根据塞入的塞尺片读数求得间隙大小。

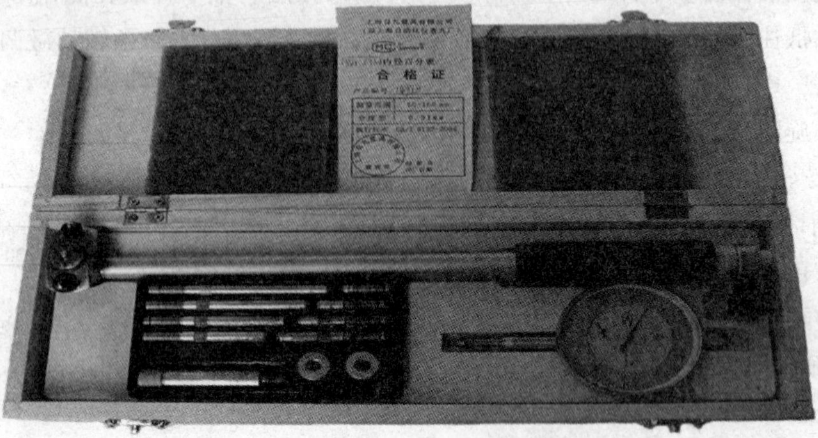

图 1—17　量缸表

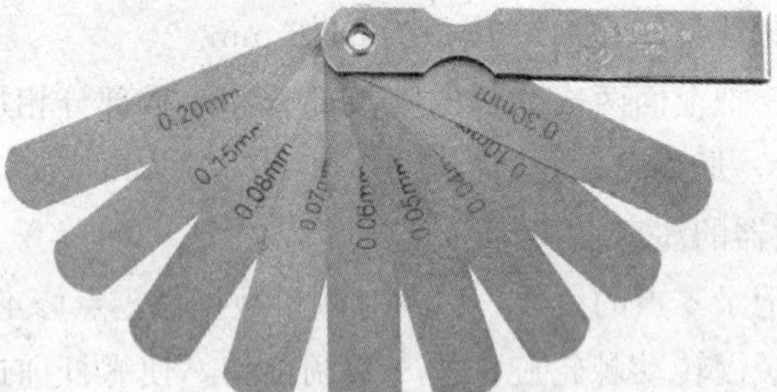

图 1—18　塞尺

使用结束后，应在塞尺片上涂上防锈油，并折合在保护板内，以防生锈或损坏。不能用塞尺检验温度较高的零部件。

5. 电子测量仪器

随着汽车工业与电子工业的不断发展，汽车上电子技术的应用越来越广泛。因此，维修现代汽车必须装备先进的电子测量工具和检测设备，如数字万用表、示波器、解码器、诊断仪等。

图 1—19　数字万用表

（1）数字万用表（见图 1—19）。数字万用表是一种常用的测量电流、电压和电阻的仪器。数字万用表使用范围特别广泛，且轻便、易携带，在汽车维修作业中常用来测量点火线圈内部电阻，测试火花塞的连接，测试电容的漏电，测试霍尔效应传感器，测漏电、短路及接地不良等。

1）测量电压。把旋钮旋到比估计值大的量程，“V－”表示直流电压挡，“V～”表示交流电压挡，把表笔并联到电路中。

2）测量电流。要先大致估测一下电流值，根据实际电流的大小把指针转到相应的mA（毫安）、A（安培）、μA（微安）挡。在选择直流或交流挡后将表笔串联到电路中。

3）测量电阻和测量检查电路通断一样。要把指针箭头转向欧姆挡，表笔并联到电路中。

4）使用后，应立即把指针打到OFF挡，节省电源。

（2）示波器（见图1—20）。示波器是一种测量电信号波形的电子仪器，在汽车维修中常用来检测发动机的传感器、执行器、点火系、喷油脉冲、喷油时间和燃烧时间等。

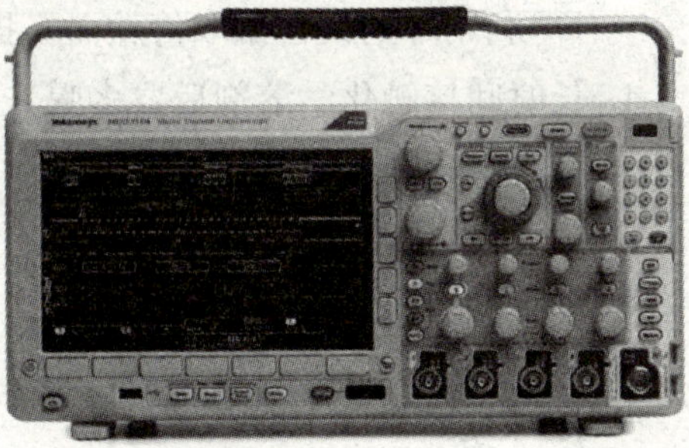
图1—20　示波器

示波器初次使用前或久藏复用时，有必要进行一次能否工作的简单检查和进行扫描电路稳定度、垂直放大电路直流平衡的调整。

用示波器能观察各种不同电信号幅度随时间变化的波形曲线，在这个基础上，示波器可以用于测量电压、时间、频率、相位差和调幅度等电参数。

测试题

一、判断题（下列判断正确的画“√”，错误的画“×”）

1. 富强、民主、文明、和谐是国家层面的价值目标。（　　）
2. 现金结算必须通过中介，买卖双方一手交钱一手交货，当面钱货两清。（　　）
3. 生产者在产品包装上必须标明英文的产品名称、厂名、厂址。（　　）
4. 合同一旦成立，当事人之间便产生了权利义务关系。（　　）
5. 根据我国标准，排在第一类的危险品是放射性物品。（　　）

二、单项选择题（下列每题的选项中，只有1个是正确的，请将其代号填写在括号处）

1. 发票限于领购单位和个人自己填写，不准（　　）。

A. 买卖、转借、转让、代开　　B. 买卖、自开

C. 转借、自开　　D. 转让、保存

2. 经营者为消费者提供其生产、销售的商品或者提供服务，应当遵守（　　）。

A. 《消费者权益保护法》　　B. 《婚姻法》

C. 《劳动合同法》　　D. 《行政诉讼法》

3. 根据《欺诈消费者行为处罚办法》，经营者在（　　）时属于欺诈消费者行为。

A. 超越经营范围

B. 商品无中文说明

C. 提供的商品存在缺陷

D. 利用邮购销售骗取价款而不提供或者不按照约定条件提供商品的

4. 长时间接触化学溶剂后要多喝开水，以湿润气管，增强（　　）能力。

A. 排毒　　B. 消化

C. 吸收　　D. 抗体

5. 灭火器应每半年进行一次检查，药剂有效期一般为（　　）。

A. 一年　　B. 两年

C. 三年　　D. 五年

测试题答案

一、判断题

1. √　2. ×　3. ×　4. √　5. ×

二、单项选择题

1. A　2. A　3. D　4. A　5. C

2

第 2 章

汽车零配件的识别

第 1 节　配件基础知识

学习单元 1　车辆识别知识

学习目标

了解车辆识别代号（VIN）

掌握车辆识别相关术语

知识要求

一、车辆识别相关术语

1. 基础知识

将车辆的“厂家”“品牌”“车型”“年款”等结合在一起，就可以准确描述该车的基本特征。

（1）“厂家”。简称“厂”，即制造商、生产商，但它并不代表具体的某家装配工厂（plant）。例如“上海通用汽车有限公司”就是一家制造商（make），它拥有两家装配工厂（plant），一家设在上海，另一家设在烟台。

（2）“品牌”。品牌是制造厂对一类车辆给予的名称，如别克、奥迪等。经过全球汽车工业资源的重新整合并且生产商出于车辆营销策略上的需要，一个制造商往往拥有多个品牌。如上海大众集团旗下有大众、斯柯达等品牌。

（3）“车型”。也称“型号”，是制造厂对具有同类型、品牌、种类、系列及车身形式的车辆所给予的名称。如别克的“GL8”就是具体的车辆型号。

（4）“年款”。又称“型年”，不一定是本车辆生产制造的年份，但一般与车辆装配的批次、时段相差不超过一年。通过它能检索车辆的具体配置信息，装备零部件的详细情况，所以它是车辆识别中十分重要的依据，也是进行汽车召回的时间段的基本界定标准之一。

2. 相关术语

(1) 车身形式。指根据车辆的一般结构或外形（诸如车门和车窗数量），运载货物的特征及车顶型式的特点区别车辆。这也是最常用的车辆分类方法，如两门轿车、四门轿车、五门掀背式轿车等。

(2) 发动机形式。指动力装置的特征，如燃料类型、气缸数量、排量和静制动功率等。装在轿车或多用途载客车上的发动机，都按规定标明了发动机专业制造厂、型号及生产编号。最常见的是按照发动机的排列及缸数进行分类，如 W 型 12 缸发动机、V 型 12 缸发动机、对置 6 缸发动机、直列 4 缸发动机等。

(3) 车系。是制造商对同一型号内，在诸如车身、底盘或驾驶室类型等结构上有一定共同点的车辆所给予的命名。如上海大众的桑塔纳和桑塔纳 2000 就属于同一个车系，即“桑塔纳”。

(4) 系列。是制造厂用来表示如标价、尺寸或重量标志等小分类的名称，主要用于商业目的。

(5) 制造工厂。一般是指装配工厂。

3. 车辆“配置”

所谓配置，广义上讲就是车辆装配的所有零部件的总称。为了便于区别，又能体现车辆的典型特征，一般用关键总成的装备情况来描述车辆的配置。

常说的车辆配置是指发动机、变速器、制动系统、乘员约束（安全）等系统状况。发动机系统主要参数有排量、缸数、功率、燃料类型等；变速器分为手动、自动，挡位数及其速比是关键；制动系统需要关注的是操控方式（机械、液压、气压）和轮边制动形式（盘式、鼓式）；乘员约束系统是被动安全系统的一部分，包括安全带和安全气囊装置（单气囊、双气囊、多气囊）等。

二、车辆识别代号（VIN）

1. 车辆识别代号（VIN）的概念

车辆制造商和相关管理机构为了便于对车辆的生产和使用进行控制和管理，通过采用特定的规则，将品牌、厂家、车型、年款及关键的配置信息编排在一组由 17 位数字或字母组成的编码中，这就构成了车辆的身份代码 VIN。

(1) VIN 的组成。17 位的 VIN 按照其各自代表的含义分成三个部分，即世界制造厂识别代号、车辆说明部分和车辆指示部分。

1) 世界制造厂识别代号（WMI）。世界制造厂识别代号用来标识车辆制造厂的唯一性，通常占 VIN 的前三位。

2）车辆说明部分（VDS）。说明车辆的一般特性，由 VIN 的第 4 位到第 9 位共六位字符组成。

3）车辆指示部分（VIS）。制造厂为了区别不同车辆而指定的一组字符，由 VIN 的后 8 位字符组成，其最后 4 位字符应是数字。

（2）VIN 各字符的含义。我国现行标准与美国规则相同，以下对各位字符的含义做简要说明：

1）1～3 位（WMI）：制造厂、品牌和类型。

第 1 位：生产国家代码。其排列无规律性，常见的有：1，4-美国、J-日本、S-英国、2-加拿大、K-韩国、L-中国、V-法国、W-德国、Z-意大利等。

第 2 位：汽车制造商代码。其排列无规律性，需查阅相关资料。

第 3 位：汽车类型代码，不同的厂商有不同的解释。

2）4～8 位：车辆特征。

对轿车而言包含种类、系列、车身类型、发动机类型及约束系统类型。

对载货车而言包含型号或种类、系列、底盘、驾驶室类型、发动机类型、制动系统及车辆额定总重。

对客车而言包含型号或种类、系列、车身类型、发动机类型及制动系统。

3）第 9 位：校验位，按标准通过加权计算得到。

4）第 10 位：车型年款（一般标识为车辆的出厂年份，是识别车辆的重要标识之一），见表 2—1。

表 2—1　　　　车型年款

年份	代码	年份	代码	年份	代码	年份	代码
2001	1	2006	6	2011	B	2016	G
2002	2	2007	7	2012	C	2017	H
2003	3	2008	8	2013	D	2018	J
2004	4	2009	9	2014	E	2019	K
2005	5	2010	A	2015	F	2020	L

5）第 11 位：车辆装配厂。

6）12～17 位：顺序号。

（3）VIN 的位置。在实际应用中，各国规定的 VIN 的固定位置存在一定差异。美国规定识别代号编码应安装在仪表板左侧，在车外透过风窗玻璃可以清楚地看到且便于检查；而 EU（欧盟）规定识别代号编码应安装在汽车右侧的底盘车架上或标写在厂家铭牌上。为防止车辆盗窃后的拆件交易，美国 NHTSA 还规定：轿车、MPV 及轻型卡车的主要零部件（如发动机、变速器、保险杠、翼子板等）上必须标记车辆的 VIN（车辆识别代号）。

我国的《车辆识别代号管理办法（试行）》（国家发展和改革委员会公告 2004 年第 66 号）规定："VIN 的标示方法应符合 GB 16735《道路车辆　车辆识别代号（VIN）》的规定。"车辆识别代号（VIN）的字码应字迹清楚、坚固耐久和不易替换。车辆识别代号（VIN）应打印在车辆标牌、车架、VIN 识别标牌处。打印在车辆标牌和 VIN 识别标牌上时，字码高度应不小于 5.0 mm，打印深度应不小于 0.3 mm。打印在车身地板上时，字码高度应不小于 7.0 mm，打印深度应不小于 0.3 mm。具体位置如下：

客车　在副驾驶员座椅下车身地板上直接打印；车辆标牌在驾驶员座椅下面的底板上；VIN 识别标牌在仪表板上平面前边缘靠近右风窗立柱的位置。

卡车　在车架右侧后部直接打印；车辆标牌在驾驶室内；VIN 识别标牌在仪表板上平面前边缘靠近右风窗立柱的位置。

皮卡　在车架右侧后部直接打印；车辆标牌在发动机舱内；VIN 识别标牌在驾驶室内仪表板右上部。

SUV　在车架右侧中部直接打印；车辆标牌在发动机舱内；VIN 识别标牌在驾驶室内仪表板右上部。

现代的车辆识别技术已经成为一个极其完善的系统。随着计算机技术的引入、精细化生产方式的推广，现代汽车厂商已经能够建立起完善的产品配置数据库。通过车辆识别代号（VIN）这个数据库，可以查到某台发电机是装在哪年哪月哪日生产的哪辆车上，是由谁组装、检验的。这个数据库的广泛使用，可以很好地指导汽车销售、配件供应、车辆维修、车辆保险、车辆管理等相关行业和部门的工作。

三、配件目录检索

汽车配件通常情况下是与具体的车型和配置紧密关联的，即使是同一车型，若出厂时间（年款）不同，所用的配件可能也不尽相同。要想快速、准确地采购和销售汽车配件，首先要能够准确地识别车辆，然后再根据车辆识别信息查询准确的配件目录，找到所需的配件编号、价格、工时等信息。

配件目录通常由汽车制造厂家的生产设计部门编写，一般会定时向售后维修站发布。根据配件目录能够非常准确地确定配件的名称、编码、适用车型等相关信息，一名合格的汽车配件销售员只有掌握了配件目录的使用方法，才能为客户提供更为快捷、有效的服务。

学习单元 2 常见汽车品牌

学习目标

了解汽车品牌及其生产厂家

熟悉常见汽车品牌及生产厂家

知识要求

每辆汽车的品牌都有悠久的历史，了解汽车的品牌及发展对汽车配件销售员来说是专业水平的内在体现。

一、国产汽车品牌

1. 中国第一汽车集团公司

中国第一汽车集团公司（原第一汽车制造厂）简称“中国一汽”或“一汽”，其前身是第一汽车制造厂。中国第一汽车集团公司 1953 年 7 月 15 日破土动工，中国汽车工业从这里起步。一汽总部位于长春市，是中央直属国有特大型汽车生产企业。中国一汽的标志见彩插。

中国第一汽车集团公司的主要产品有奥迪、捷达、宝来、高尔夫、红旗、解放、太湖、远征等二十多个。

2. 东风汽车公司

东风汽车公司的前身是 1969 年始建于湖北十堰的“第二汽车制造厂”。现总部在湖北武汉。与中国第一汽车集团公司、上海汽车工业（集团）总公司、中国长安汽车集团股份有限公司一起被视为中国综合实力最强的四大汽车企业集团。东风汽车公司的标志见彩插。

东风汽车公司的主要产品有神龙、东风本田、东风悦达起亚、东风雪铁龙、东风标致等。

3. 上海大众汽车有限公司

上海大众汽车有限公司是中德合资的轿车生产企业，于 1985 年 3 月成立，9 月正式投产。公司位于上海嘉定区安亭国际汽车城。上海大众汽车有限公司使用德国大众汽车公司的标志，见彩插。

上海大众是国内生产规模最大的现代化轿车生产基地之一，目前拥有桑塔纳、帕萨特、波罗、高尔、途安、朗逸、途观和明锐等系列产品。

4. 上海通用汽车有限公司

上海通用汽车有限公司成立于 1997 年 6 月 12 日，是上海汽车工业（集团）总公司和美国通用汽车公司各投资 50％组建而成的，位于上海浦东金桥出口加工区。目前已拥有别克、雪佛兰、凯迪拉克三大品牌几十个车型。上海通用汽车别克品牌的主要产品有君威、英朗、凯越、GL8 公务车等。

上海通用汽车有限公司的标志见彩插。

5. 中国长安汽车集团股份有限公司

中国长安汽车集团股份有限公司（中国长安），原名中国南方工业汽车股份有限公司，成立于 2005 年 12 月，2009 年 7 月 1 日改为现名，是中国兵器装备集团公司、中国航空工业集团公司两大企业强强联手，对旗下汽车产业进行战略重组，成立的一家特大型企业集团，是中国四大汽车集团之一，总部设在北京。

中国长安在整车领域拥有长安、哈飞、东安三大自主品牌。中国长安汽车集团股份有限公司的标志见彩插。

6. 广汽本田汽车有限公司

广汽本田汽车有限公司原名广州本田汽车有限公司，于 1998 年 7 月 1 日成立，是由广州汽车集团公司与日本本田技研工业株式会社共同出资组建的合资公司。该公司主要产品有本田雅阁、广汽本田飞度。广汽本田汽车有限公司的标志见彩插。

7. 中国重型汽车集团有限公司

中国重型汽车集团有限公司（简称“中国重汽”）的前身是济南汽车制造总厂，始建于 1956 年，是我国重型汽车工业的摇篮。中国重汽现拥有斯太尔、黄河、飞龙等品牌的重型汽车系列产品。中国重型汽车集团有限公司的标志如图 2—1 所示。

图 2—1　中国重型汽车集团有限公司标志

8. 奇瑞汽车股份有限公司

奇瑞汽车股份有限公司是一家从事汽车生产的国有控股企业，1997 年 1 月 8 日注册成立，总部位于安徽省芜湖市。奇瑞汽车 9 年蝉联中国自主品牌销量冠军，成为中国自主品牌中的代表和精品。奇瑞汽车股份有限公司的标志见彩插。

9. 吉利汽车集团公司

吉利汽车集团公司是中国国内汽车行业十强中唯一一家民营轿车生产经营企业，始建于 1986 年。经过 20 年的建设与发展，该公司被评为“中国汽车工业 50 年发展速度最快、成长最好”的企业，跻身国内汽车行业十强。2009 年 12 月，该公司成功收购沃尔沃汽车 100％的股权。

吉利汽车集团公司的标志见彩插。

二、进口汽车品牌

1. 美国通用（GM）汽车公司

美国通用汽车公司是世界上最大的汽车公司，它是由威廉·杜兰特于 1908 年 9 月在别克汽车公司的基础上发展起来的，成立于美国的汽车城底特律。通用汽车公司的标志“GM”取自其英文名称（General Motor Corporation）的前两个单词的首字母。其标志见彩插。

通用汽车公司在全世界有许多分部和合作伙伴，主要产品有凯迪拉克、雪佛兰、别克、土星、欧宝、绅宝等。

2. 福特（Ford）汽车公司

亨利·福特于 1896 年 6 月发明了他的第一辆汽车，1903 年 6 月 16 日创建了福特汽车公司，总部设在底特律市。福特汽车公司是世界十大汽车工业公司之一。福特汽车公司的标志见彩插。

福特汽车公司的主要产品有福特、林肯、水星等。

3. 德国宝马汽车公司

宝马汽车公司（Bayerische Motoren Werke AG）是世界著名的轿车公司，创建于 1916 年，它以生产豪华轿车、摩托车和高性能发动机而闻名于世，其轿车在国际上以高质量、高性能著称。宝马轿车有 3、5、7、8 等系列产品。宝马汽车公司的标志见彩插。

4. 梅赛德斯-奔驰（Mercedes-Benz）汽车公司

奔驰汽车公司是世界十大汽车公司之一。奔驰汽车公司创立于 1926 年，创始人是卡尔·本茨和哥特里布·戴姆勒。奔驰汽车公司除以高质量、高性能的豪华汽车闻名外，也是世界上最著名的大客车和重型载重汽车的生产厂家。奔驰汽车公司的标志见彩插。

5. 大众汽车公司

大众汽车公司是世界十大汽车公司之一，创建于 1938 年德国的沃尔斯堡，是一个在全世界许多国家都有汽车活动的跨国汽车集团。大众汽车公司的德文是 Volks Wagenwerk，大众汽车公司的标志由这两个单词的首位字母“V”和“W”组合而成，见彩插。

大众汽车公司的主要产品有大众、奥迪、西亚特、布加迪、宾利（BENTLY）、兰博基尼等。

6. 丰田（TOYOTA）汽车公司

丰田汽车公司是世界十大汽车工业公司之一，是日本最大的汽车公司，创立于1933年，汽车公司总部设在日本东京。丰田汽车公司的标志见彩插。

丰田汽车公司的主要产品有大霸王、海拉克斯冲浪、诺亚、世纪等。

7. 本田（HONDA）汽车公司

本田汽车公司建于1984年9月，公司总部在东京。公司已成为一个跨国汽车、摩托车生产销售集团。本田汽车公司的标志见彩插。

本田汽车公司的主要产品有本田HONDA系列车型、爵士、飞度、先锋、雅阁等。

8. 韩国现代汽车公司

现代汽车公司创立于1967年，总部设在韩国首尔。韩国现代汽车公司的标志见彩插。

现代汽车公司的主要产品有酷派、桑塔菲、科兰多、伊兰特、特拉坎、雅绅等。

学习单元3　汽车配件按用途分类

学习目标

了解汽车配件的不同用途

能够对汽车零配件按用途进行分类

知识要求

汽车配件销售员所销售的商品是汽车各部件的零配件。每辆汽车都由上万个零部件所组成，因此汽车配件销售员的产品知识是非常丰富的，汽车配件销售员比其他行业商品营业员的要求要高得多。

汽车零件的分类方法很多，按零件的材质可分为金属零件和非金属零件，按零件的使用情况可分为易损零件和非易损零件，按零件供货渠道的不同可分为原厂件（俗称OEM件）和非原厂件，按零件的新旧可分为新件和二手件（如拆车件、翻新件等）。在此，按用途将汽车配件分为三类：维修零件、附件和油液。

一、维修零件

维修零件是指保证汽车正常运行所必需的零件，这些零件对保持车辆的行驶性、安全性和舒适性等性能是必不可少的。汽车维修零件是汽车修理作业的工作对象，通过修复使其最大限度地延长使用寿命。维修零件按照其组成可分为单个零件、分总成零件、总成零件、组件零件、套件零件等。表 2—2 为汽车零件按组成分类表。

表 2—2　　汽车零件按组成分类

分类	零件图形	零件特点
单个零件	 轮辋	它是以最小单位供应的，如轮胎、轮毂、活塞、连杆等
分总成零件	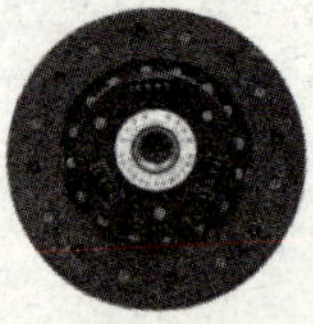 离合器片	它是将两个或两个以上的零件组合到一起，起到单一零件的作用，如离合器片、减振器、玻璃升降器等
总成零件	 发电机	它是由两个或两个以上的单个零件或分总成零件装配成的组合件，能单独起到一个机构的作用。如汽车后视镜总成、发动机总成、发电机总成、起动机总成等
组件零件	 制动器	为了便于修理，在出厂时将一个主要功能件与几个零件组合成一个组件进行供货，但它不能单独起到某一机构的作用。如雨刮组件、制动器组件、转向器组件等
套件零件	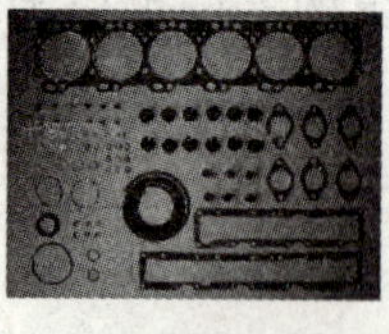 发动机大修包	在修理过程中，某些系统零件要求同时全部更换，在出厂配件中一般采用套件的形式供货。如发动机大修包、半轴修理包、活塞环套件等

二、附件

附件是指用来改善或提高车辆乘坐舒适性、行驶安全性等性能的附加设备。表 2—3 为汽车附件，包括汽车 ABS 防抱死装置、智能坐垫、行李架、行车记录仪等，这些设备并不影响车辆基本的行驶性能。

表 2—3　　　　汽车附件

附件名称	附件图形	附件特点
ABS 防抱死装置		它是在汽车制动时，通过传感器由计算机计算车轮是否抱死，并能自动控制制动器制动力的大小，使车轮不被抱死，处于边滚边滑的理想制动状态，以保证车轮与地面的附着力在最大值
智能坐垫	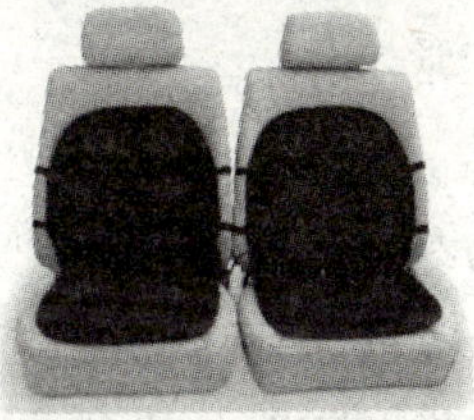	智能坐垫不仅满足了消费者对美观的需求，也能让驾驶者享受到冬暖夏凉的驾车环境；在长期的驾驶中，通过按摩组件，让驾驶者身体得到全方位的按摩和放松，缓解驾驶者的疲劳和紧张
行李架		汽车行李架是长途旅行、自驾游等主流的消遣娱乐的必须装备，若需要更大的储存空间，车顶行李架就是最好的附件
行车记录仪		行车记录仪可以说是汽车的黑匣子，有录像录影的功能，透过高清镜头摄影，记录车辆行驶途中的影像及声音，当意外发生时，立刻提出证据，保障驾驶人的合法权利

三、油液

汽车运行过程中所需的油液按照用途可大致分为燃油、润滑剂防冻液、制冷剂等。

1. 燃油

汽车发动机的燃油（燃料）主要有汽油和轻柴油两种。汽油和轻柴油作为汽车的主要燃料，均为碳氢元素组成的有机化合物，都是从石油中提炼出来的产品。很多人对燃油的理解进入了误区，认为使用高标号的汽油肯定比低标号的好。其实并不是这样，因为每种类型的发动机都有不同的压缩比，选择适用的标号汽油才能达到最佳工作状态。汽油是用辛烷值作为指标的油品，汽油发动机使用汽油作为燃料；轻柴油是用凝点作为指标的油品，柴油发动机使用轻柴油作为燃料。轻柴油是指密度相对较小的一类柴油，通常为200～350℃馏分，十六烷值较高，黏度较小，凝固点和含硫量较低。目前国内应用的轻柴油按凝固点分为6个牌号：10＃柴油、0＃柴油、－10＃柴油、－20＃柴油、－35＃柴油和－50＃柴油。选用柴油的依据是使用时的温度。在上海，主要选用0＃柴油（在4℃以上）和－10＃柴油（在－5℃以上）。选用柴油的牌号如果低于上述温度，发动机中的燃油系统就可能结蜡，堵塞油路，影响发动机的正常工作。

2. 润滑剂

（1）润滑油。润滑油的基本性能指标称为黏度，润滑油的牌号就是根据在某一特定温度下的黏度编制的。目前我国润滑油的黏度分类已采用国际上广泛使用的SAE（美国汽车工程师学会）黏度级别标识分类法。黏度等级带“W”的为低温条件用油，其他为高温条件用油。除以上分类方法外，还根据质量等级分类，国际上大多数国家采用API质量分级法。

1）机油。机油的作用是润滑、冷却、清洗、密封、防锈蚀、减振和抗磨。汽油发动机和柴油发动机应采用不同的机油，汽油发动机使用的机油俗称汽油发动机机油，柴油发动机使用的机油俗称柴油发动机机油。目前市场上的机油因基础油不同可分为矿物机油和合成机油两种（植物机油因产量稀少故不计）。合成机油又分为全合成机油和半合成机油。全合成机油是最高等级的。两者的最大差别在于：合成机油使用的温度范围更广，使用期限更长，成本更高；同样的油膜要求，较低黏度的合成机油可达到要求，而矿物机油则需选用较大的黏度才可达到要求。在相同的工作环境里，合成机油因为使用期限比矿物机油长很多，因此成本较高，但是比较换油次数之后，并不比矿物机油高多少。

目前市场上销售的机油产品有单级机油（普通机油）和多级机油（稠化机油）两种，其中以多级机油产品最为普遍。单级机油采用单一指数表示机油等级，多级机油使用两个指数表示机油使用的温度范围，如图2—2所示。

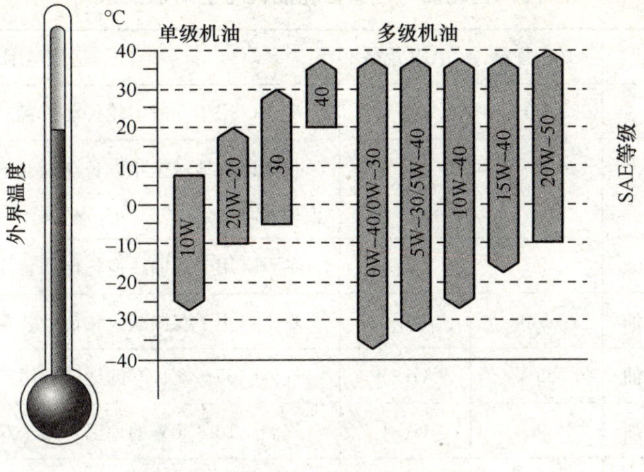

图 2—2　机油适应的温度范围

例如：SAE15W-40、SAE5W-40，"W"表示 winter（冬季），其前面的数字越小说明机油的低温流动性越好，代表可供使用的环境温度越低，在冷启动时对发动机的保护能力越好；"W"后面的数字则是机油耐高温性的指标，数值越大说明机油在高温下的保护性能越好。如 5W-40 机油的外部适用温度范围为－30～40℃；而 10W-30 机油的外部适用温度范围为－25～30℃。汽车配件销售员必须按环境温度向客户推荐相应等级的机油。

根据车辆的等级推荐合适质量等级的机油。例如，对宝马 7 系、奔驰 S 级之类的豪华轿车，建议车主选用名牌大厂出产的 SJ 甚至 SL 级机油。

在机油产品的包装和说明书中，均在显著位置标记了上述参数，告知客户要严格按照汽车出厂规定要求与机油标记要求使用机油。

2）齿轮油。齿轮油是一种黏度较高的润滑油，专门用于保护传输动力零件，通常有强烈的硫黄气味。齿轮油主要用于变速器、差速器及转向器等，使用时绝不能用普通齿轮油代替双曲线齿轮油。齿轮油与机油一样，也是按黏度等级和质量等级进行分类的。在国际上广泛应用的齿轮油黏度等级是由 SAE（美国汽车工程师学会）制定的。

齿轮油的质量等级由 API（美国石油学会）规定，分为六级。其中，GL-1 为通用型，GL-2 为蜗轮型，GL-3 为温和极压型，GL-4 为通用型，GL-5、GL-6 为双曲线型。

国产齿轮油与进口齿轮油代号的对照关系见表 2—4。

齿轮油应该按照汽车制造厂家的规定合理选用，不同性能级别的齿轮油不能混用，不同厂家相同黏度级别的齿轮油不能混用，添加剂不同的也不能混用。只有使用性能级别、黏度级别、添加剂等全部相同的齿轮油才能混用，一般双曲线齿轮油适合－26℃以上地区全年通用。

表 2—4　　国产齿轮油与进口齿轮油代号的对照关系

国产齿轮油代号	SAE 规格	API 规格	适用范围
20 号普通齿轮油	90	GL-2	冬季，用于一般齿轮传动装置
30 号普通齿轮油	140	GL-2	长江以南地域全年，长江以北地域夏季，用于一般齿轮传动装置
22 号渣油型双曲线齿轮油	90	GL-3	冬季，用于双曲线齿轮传动装置
28 号渣油型双曲线齿轮油	140	GL-3	夏季，用于双曲线齿轮传动装置
13 号馏分型双曲线齿轮油	85W	GL-5	气温－35～－10℃的地区，用于双曲线齿轮传动装置
18 号馏分型双曲线齿轮油	90	GL-4	气温－10～30℃的地区，用于双曲线齿轮传动装置
26 号馏分型双曲线齿轮油	140	GL-4	气温 32℃以上的地区，用于双曲线齿轮传动装置

3）液力传动油。液力传动油一方面是实现能量传递、转换和控制的工作介质，另一方面还同时起着润滑、防锈、冷却、减振等作用。在国际上常见的液力传动油分类方案是由 ASTM（美国材料与试验协会）、API（美国石油学会）制定的，国内按 100℃运动黏度将液力传动油分为 6 号和 8 号两种，其基本对应关系见表 2—5。

表 2—5　　液力传动油分类标准

ASTM、API 分类	国内分类	应用范围
PTF-1	8	轿车、轻型货车自动传动油
PTF-2	6	越野车、载货汽车、工程机械
PTF-3	—	农业和建筑机械

必须严格按照厂家的规定选用液力传动油。

4）制动液。汽车制动液（刹车油）是用于汽车液压制动装置中传递压力以制止车轮转动的液体。一般有下列三种类型：

①醇型制动液。用于各种油压制动的普通汽车上，不适宜在严寒和炎热季节地区的车辆上使用。

②矿油型制动液。能保证在－70～150℃范围内制动车辆时灵活可靠，在我国各地区冬、夏季均可使用。但使用此类制动液时，需要将制动皮碗、软管更换成耐油橡胶制品，以免受到腐蚀，造成车辆制动失灵。

③合成型制动液。用于高速、大功率、重负荷和制动频繁的汽车，在我国各地区均可使用。

制动液的分级标准常见的有两种：SAE（美国汽车工程师学会）标准和DOT（美国运输部）标准，主要性能指标为运动黏度、平衡回流沸点、低温流动性等。

制动液是直接关系到汽车运行安全性的产品，使用中应严格遵从制造厂家的规定，使用正确牌号的制动液；不同牌号制动液不可混用；因制动液具有很强的吸湿性，因此不能暴露在空气中。制动系统中的制动液也应定期更换，更换时必须对整个系统进行彻底清洗。

(2) 润滑脂。润滑脂（俗称黄油）是将稠化剂掺入液体润滑剂中制成的一种稳定的固体或半固体产品。在不宜用液体润滑剂的部位使用润滑脂，起到抗磨、防护和密封等作用。例如，汽车的轮毂轴承、各拉杆球头、传动轴万向节等均使用润滑脂。

润滑脂的选择应按车辆使用说明书的规定，主要根据用脂部位操作条件，如最低操作温度、最高操作温度、水污染、载荷等选择相应的润滑脂品种和稠度牌号。

根据《润滑剂和有关产品（L类）的分类　第8部分：X组（润滑脂）》（GB 7631.8—1990）的规定，我国润滑脂的分类采用国际标准ISO的分类方法，将润滑脂的稠度分为九个等级［参照美国润滑学会（NLGI）的润滑脂分类方法］。

润滑脂的选择应按车辆使用说明书的规定，主要根据用脂部位的操作条件，如最低操作温度、最高操作温度、水污染、载荷等选择相应的润滑脂品种和稠度牌号。

3. 防冻液

防冻液又称不冻液，是用于汽车散热器内的一种防冻用液体。为了提高冷却水的使用效能，减轻驾驶员的劳动强度，在最低温度下仍能保持良好的流动性，就必须加入防冻液。防冻液有较低的冰点、良好的散热能力、较高的沸点、不形成水垢、不腐蚀冷却系统和不损坏橡胶制品等性能要求。

汽车使用的防冻液有乙醇（酒精）型、乙二醇型、丙三醇（甘油）型。乙醇型防冻液因为沸点低、易蒸发，已经停用；丙三醇型防冻液价格较贵，应用较少；目前最普遍的是乙二醇型防冻液。乙二醇型防冻液又分为水溶液和浓缩型。一般市面上销售的都是调配好的水溶液，可根据温度要求直接选用。而浓缩型防冻液则需要用软化水调制后方能使用。

汽车配件销售员在向客户推荐时，应选择防冻液冰点比当地冬季最低温度低10～15℃，具有防锈、防腐和除垢能力的防冻液。

4. 制冷剂

制冷剂是汽车空调系统中的循环介质，通过膨胀和蒸发吸收能量，从而获得制冷效果。制冷剂必须具有抗燃、抗爆性能，而且应该是无毒、无腐蚀性、无嗅味的。

早期（1992年以前）汽车的空调系统广泛采用R12（俗称氟利昂）作为制冷剂，该物质对臭氧层的破坏很大。根据全球环境保护的需要，我国规定2000年后出产的新车不准使用R12作为汽车空调制冷剂。作为替代产品，R134a制冷剂具有良好的大气环境特性，不破坏臭氧层，广泛应用于汽车空调系统中。

第2节 发动机系统配件

听懂客户的陈述、看懂配件资料、能正确理解客户的购买需求，才能胜任汽车配件的采购和销售工作。因此熟悉汽车零部件的结构及其作用等基础知识是汽车配件销售员必备的基本业务素质。

汽车通常由发动机、底盘、车身、电气设备四部分组成。发动机是给汽车提供动力的核心总成。它先将燃料燃烧，使燃料的化学能转化成热能，最终转变为机械能并输出。现代汽车广泛使用的发动机是往复活塞式四冲程的内燃机。

每辆汽车发动机都有一个专用编号。编号是发动机生产厂在生产过程中打上去的，包含了发动机型号、序列号等基本信息。发动机号一般都在气缸体上，也有在其他部位的可能。

发动机的型式不同，但其结构基本相同，一般都是由两大机构和五大系统组成，即曲柄连杆机构、配气机构、燃油供给系统、点火系统、冷却系统、润滑系统和起动系统。

学习单元1 曲柄连杆机构配件

学习目标

了解汽车曲柄连杆机构的作用

熟悉汽车曲柄连杆机构的易损配件

知识要求

曲柄连杆机构是发动机产生动力和输出动力的主要部件。曲柄连杆机构在做功行程中把活塞的往复运动转变成曲轴的旋转运动对外输出动力，而在进气、压缩、排气行程中又把曲轴的旋转运动转变成活塞的往复直线运动。也就是说曲柄连杆机构是发动机借以产生并传递动力的机构，通过它把燃料燃烧后发出的热能转变为机械能。

曲柄连杆机构由机体组、活塞连杆组和曲轴飞轮组三大部分组成，如图 2—3 所示。

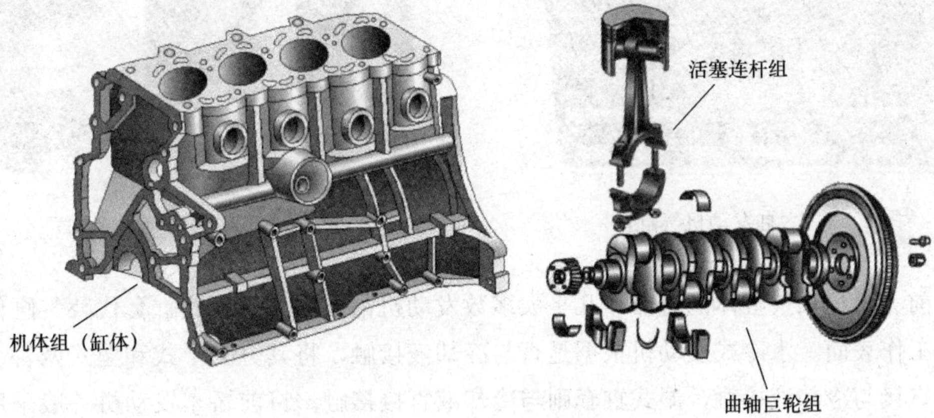

图 2—3　曲柄连杆机构

一、机体组

机体组是发动机最主要的部分，也是发动机各机构和各系统的安装基础，其内、外安装着发动机的所有零件和附件，并承受着各种载荷，机体也称为发动机的骨架。机体组主要由气缸体、气缸套、气缸盖、气缸垫和发动机支承等零件组成。

1. 气缸体

汽车发动机的气缸体和上曲轴箱常铸成一体，称为气缸体—曲轴箱，俗称气缸体，如图 2—4 所示。气缸体一般用灰铸铁铸成，气缸体上部的圆柱形空腔称为气缸，下半部为支承曲轴的曲轴箱，其内腔为曲轴运动的空间。在气缸体内部铸有许多加强筋、冷却水套和润滑油道等。

在正常使用情况下，气缸体一般不易损坏，但是也可能由于某些异常工况（如发动机缺油、缺水导致温度过高）出现裂纹、拱曲、击穿和主轴承座孔变形等损坏。如果出现以上损坏情况，一般应更换气缸体。

2. 气缸与气缸套

气缸直接镗在气缸体上称为整体式气缸。整体式气缸的强度和刚度都好，能承受较大的载荷，这种气缸对材料要求高，故成本也高。还可将气缸制造成单独的圆筒形零件（即气缸套），然后再装到气缸体内，如图 2—5 所示。这种气缸套采用耐磨的优质材料制成，气缸体可用价格较低的一般材料制造，从而降低了制造成本。同时，气缸套可以从气缸体中取出，因而便于修理和更换，并可大大延长气缸体的使用寿命。

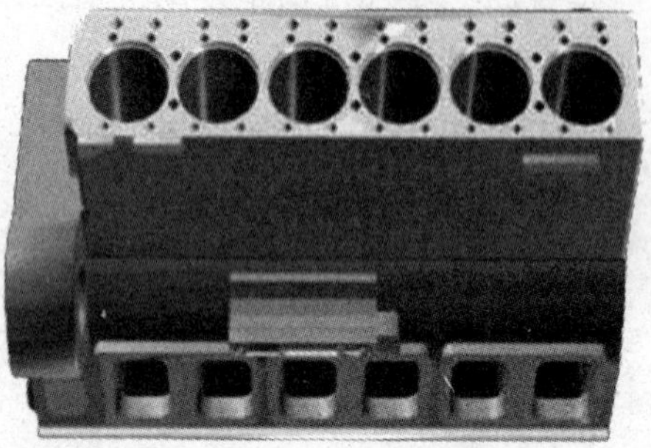

图 2—4　六缸发动机气缸体

图 2—5　气缸套外观

目前为了延长气缸体的寿命，几乎大多数发动机都采用了镶入式缸套代替气缸体充当气缸的工作表面。水冷式发动机根据是否与冷却液接触，将其分为干式和湿式两种。干式缸套不直接与冷却液接触，湿式缸套则与冷却液直接接触。目前轿车发动机一般采用干式缸套，重型汽车柴油发动机广泛采用湿式缸套。各类气缸套如图 2—6 所示。

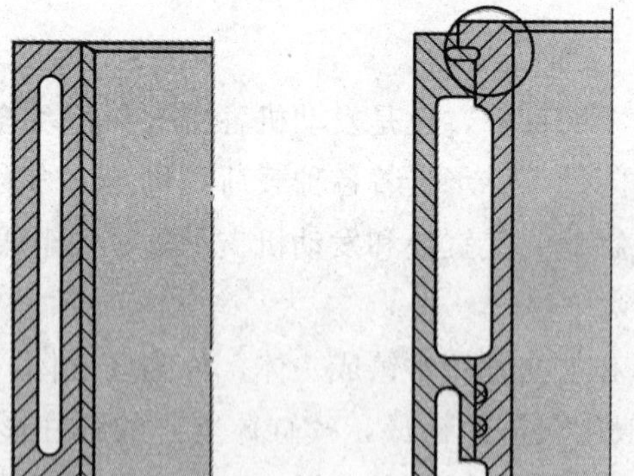

a)　b)

图 2—6　各类气缸套

a）干式缸套　b）湿式缸套

干式缸套采取镗磨修理，而湿式缸套则可直接进行拆卸更换。如果气缸配合间隙过大，就可以更换缸套，而不必更换整个气缸体。在发动机大修时建议同时更换与之配合的活塞。

3. 气缸盖

气缸盖的主要作用是封闭气缸上部，并与活塞顶部和气缸壁一起形成燃烧室。气缸盖上有冷却水套、进气门座、排气门座、气门导管孔和进、排气通道等。气缸盖一般采用灰铸铁或合金铸铁铸成，铝合金的导热性好，有利于提高压缩比。近年来广泛采用铝合金气缸盖，如图 2—7 所示。

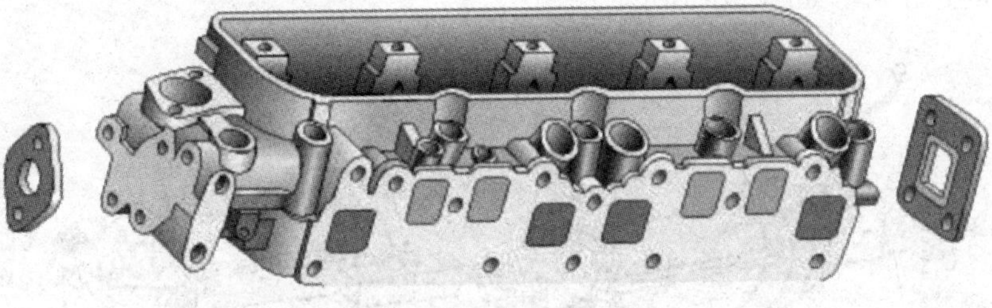

图 2—7　气缸盖

在正常使用情况下，气缸盖不属于易损件，但是会因发动机使用异常导致失油、失水而引起高温变形、产生裂纹等。气缸盖损坏时，一般应更换新的气缸盖。

气缸盖上装有许多零件，有气缸盖罩、缸盖螺栓和进、排气系统的相关零件，如进气门、排气门、凸轮轴、摇臂总成、弹簧及挺柱等。其中缸盖螺栓经常发生拉长、滑扣或折断情况，属易损件；气缸盖罩属于非易损件。

4. 气缸衬垫

气缸衬垫是装在气缸体和气缸盖之间的零件，用来保证气缸体与气缸盖结合面间的密封，防止冷却液、润滑油泄漏。气缸衬垫大致可分为复合型和金属型两种。如图 2—8 所示，现在一般都采用金属石墨型的复合气缸衬垫，其弹性和耐热性好，并能重复使用。

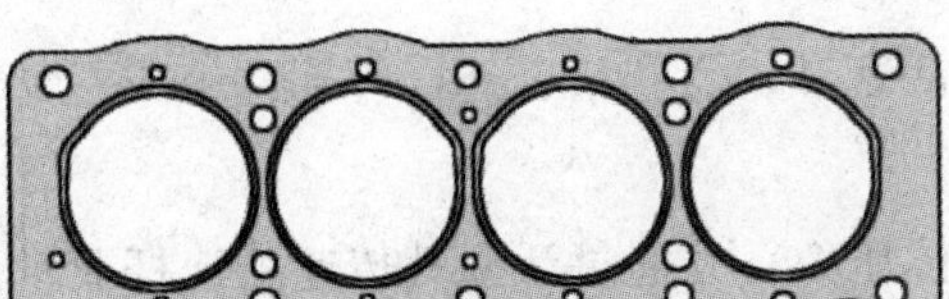

图 2—8　气缸衬垫

气缸衬垫由于工作环境恶劣，非常容易损坏，是消耗最多的易损配件之一。如果气缸衬垫过厚或过薄、厚薄不均等，也易使其烧蚀。

气缸衬垫的材料要有一定的弹性，能补偿结合面的不平度，以确保密封，同时要有好的耐热性和耐压性，在高温高压下不烧损、不变形。目前应用较多的是铜皮—棉结构的气缸衬垫。铜皮—棉气缸衬垫翻边处有三层铜皮，压紧时与石棉相比不易变形。有的发动机还采用在石棉中心用编织的钢丝网或有孔钢板作为骨架，两面用石棉及橡胶黏结剂压成的气缸衬垫。

5. 发动机支承

发动机的支承方式一般为三点支承和四点支承两种方式。发动机支承一般由支架、支架缓冲垫和支座组成，如图 2—9 所示。

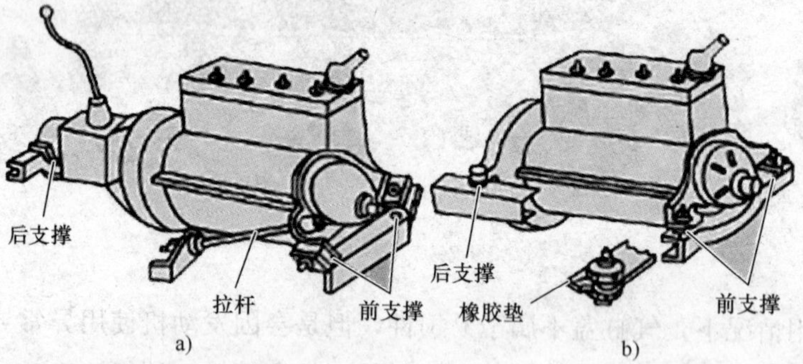

图 2—9　发动机支承

a）三点支承　b）四点支承

由于发动机支承是固定、承载发动机的零件，在行驶过程中承受着不断变化的外力作用，支架缓冲垫比较容易发生撕裂、弹性失效等形式的损坏，属于易损件；支架和支座只有受到较强外力的碰撞时才可能发生变形、断裂等，一般不易损坏。发动机支承零件损坏后通常采取换件（支架总成）的方式修复。

二、活塞连杆组

活塞连杆组由活塞、活塞环、活塞销、连杆等部件组成，如图 2—10 所示。

1. 活塞

活塞的功用是承受气体压力，并通过活塞销传递给连杆驱动曲轴旋转，活塞顶部还是燃烧室的组成部分。

活塞的结构可分为三部分：活塞顶部、活塞头部和活塞裙部，如图 2—11 所示。

活塞在高温、高压、高速、润滑不良的情况下工作。在这种恶劣的条件下工作，活塞会产生变形并加速磨损，还会产生附加荷载和热应力，同时受到燃气的化学腐蚀作用。因此，活塞一般都采用高强度铝合金，但在一些低速柴油机上采用高级铸铁或耐热钢。目前汽车发动机广泛采用铝合金活塞。

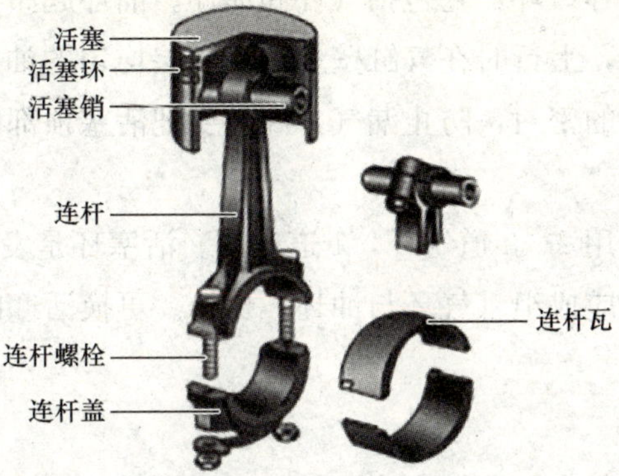

图 2—10　活塞连杆组

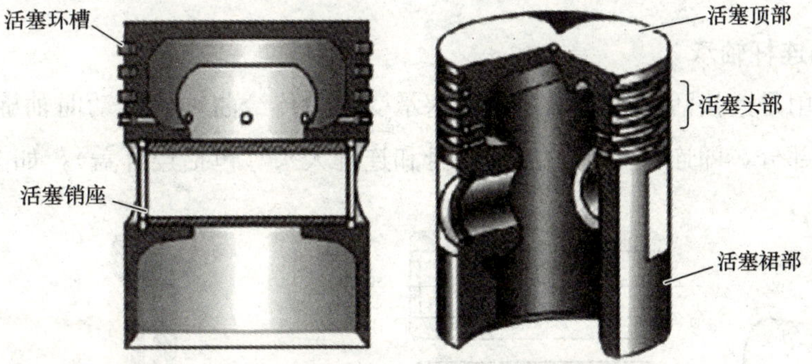

图 2—11　活塞的结构

活塞的工作环境极其恶劣，属于易损件。正常情况下不进行单个活塞的销售和更换，而是成组销售和成组更换。

2. 活塞环

活塞环在高温、高压、高速和润滑极其困难的条件下工作。长期以来，活塞环一直是发动机上使用寿命最短的零件。目前广泛采用的活塞环材料是合金铸铁，即在优质灰铸铁中加入少量铜、铬、钼等合金元素，第一道环镀铬，其余环一般镀锡或磷化。活塞环如图 2—12 所示。

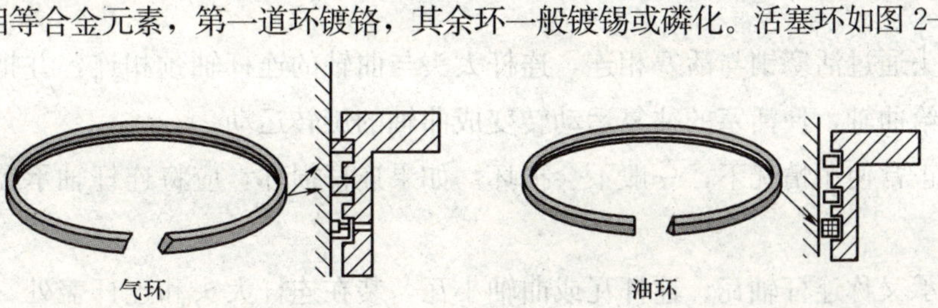

图 2—12　活塞环

活塞环是具有弹性的开口环，它包括气环和油环。油环起布油和刮油的作用，下行时刮除气缸壁上多余的机油，上行时在气缸壁上铺涂一层均匀的油膜，保证良好的润滑。气环保证活塞与气缸壁之间的密封，防止漏气，并且要把活塞顶部吸收的大部分热量传给气缸壁，由冷却液带走。

目前汽油发动机多采用2～3道气环，1道油环。活塞环是发动机缸体内所有零件中更换最频繁的组件，活塞环应成组（气环与油环）更换。更换活塞时也应同时更换与之配合的活塞环。

3. 活塞销

活塞销的功用是连接活塞和连杆小头，并把活塞承受的气体压力传给连杆。

活塞销的内孔有三种形状：圆柱形、两段截锥与一段圆柱组合、两段截锥形。如图2—13所示。

4. 连杆和连杆轴承

连杆的功用是连接活塞与曲轴，将活塞承受的力传给曲轴，推动曲轴旋转运动。连杆一般分为三个部分，即连杆小头、连杆杆身和连杆大头（包括连杆盖），如图2—14所示。

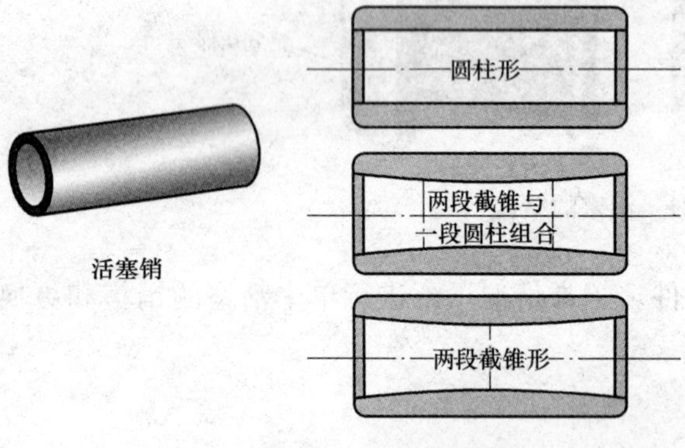

图2—13　活塞销的内孔

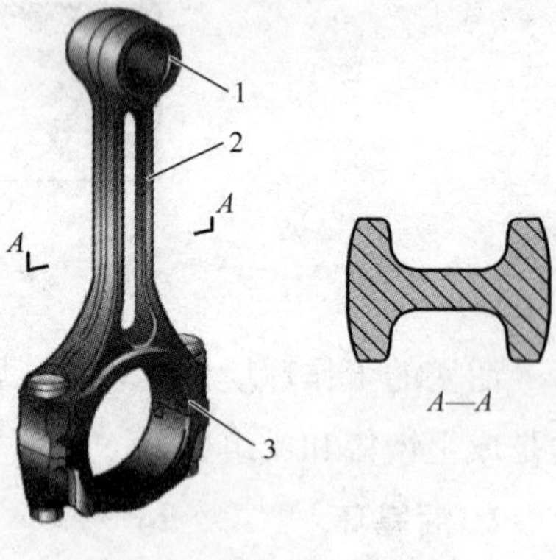

图2—14　连杆结构

1—活塞销孔　2—连杆　3—瓦盖

连杆小头通过活塞销与活塞相连，连杆大头与曲轴的连杆轴颈相连，并把活塞承受的气体压力传给曲轴，使活塞的往复运动转变成曲轴的旋转运动。

连杆在正常使用情况下，一般不会损坏。如果连杆损坏，应将连杆轴承盖和连杆杆身一起更换。

连杆轴承又称连杆轴瓦、连杆瓦或曲轴小瓦，装在连杆大头和连杆盖处。连杆轴瓦属于易损件，应成组更换、成组供应。

三、曲轴飞轮组

曲轴飞轮组主要由曲轴、飞轮和一些附件组成，如图 2—15 所示。

图 2—15　曲轴飞轮组

1. 曲轴、曲轴轴瓦、曲轴油封

（1）曲轴是发动机中非常重要的部件。其作用是承受连杆传来的力，将力转换为旋转的力矩，并通过飞轮驱动汽车传动系，此外它还通过其他驱动机构驱动发动机的配气机构、发电机等装置。目前大部分发动机都采用整体式曲轴。曲轴的磨损一般可修复，不属于易损件。

（2）曲轴轴瓦（轴承）的功用是减少曲轴主轴颈的磨损。曲轴轴瓦的供货和更换方式与连杆轴瓦相同，应成组更换、成组供应。

（3）曲轴油封属于易损件，曲轴前后端发生的漏油现象一般都是由油封损坏引起的。若发生漏油就需要更换油封。

2. 平衡轴

发动机的主要振源就是曲轴。为了消除曲轴的振动和由其引起的噪声，在发动机内加入一套平衡机构——平衡轴或飞轮作平衡。平衡轴是非易损件。

3. 飞轮与齿圈

飞轮外缘压有齿圈与起动电动机的驱动齿轮啮合，供起动发动机用。汽车离合器也装在飞轮上，利用飞轮后端面作为驱动件的摩擦面，用来对外传递动力。飞轮如图 2—16 所示。飞轮在正常使用情况下一般不易损坏，但是飞轮齿圈经常与起动机齿轮啮合，易发生碰撞、磨损。如果齿圈损坏，可单独更换。

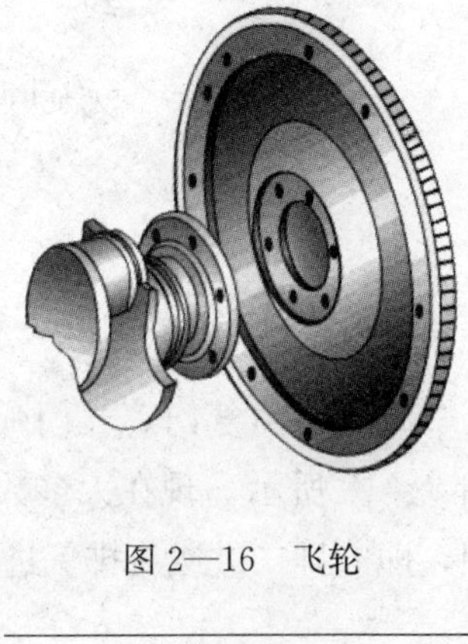

图 2—16　飞轮

近年来为了降低噪声，提高舒适性，一些高级轿车（如本田雅阁、LEGEND、国产奥迪 A6）上采用了双质量飞轮。它将飞轮设计成两个小飞轮，并在其中设置了减振弹簧，减少了振动，提高了汽车的乘坐舒适性。

学习单元 2　配气机构配件

学习目标

了解汽车发动机配气机构的作用与类型

熟悉汽车发动机配气机构的易损配件

知识要求

配气机构是按照发动机的工作顺序和工作过程的要求，准时开闭进、排气门，向气缸供给可燃混合气（汽油机）或新鲜空气（柴油机）并及时排出废气，同时，当进、排气门关闭时，保证气缸密封。配气机构是进、排气管道的控制机构，如图 2—17 所示。配气机构由气门组和气门传动组组成。

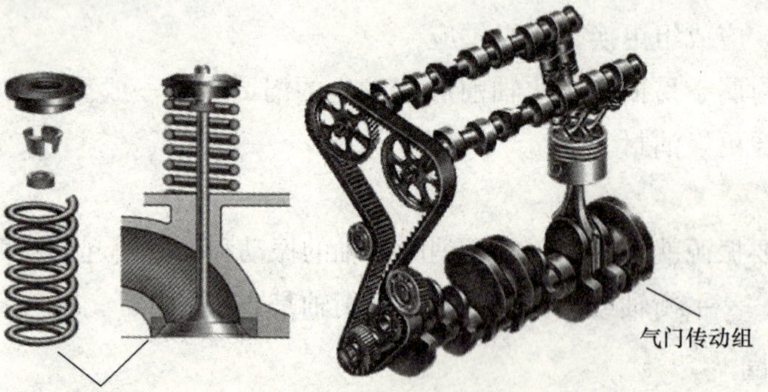

图 2—17　配气机构

一、气门组

气门组由气门、气门弹簧、气门导管、气门座、气门弹簧座及锁片等零件组成，如图 2—18 所示。现在大多数四缸以上轿车的发动机采用了多气门（每缸采用四气门或五气门，即二排二进或二排三进），这样可使气流更有效地进入和排出。

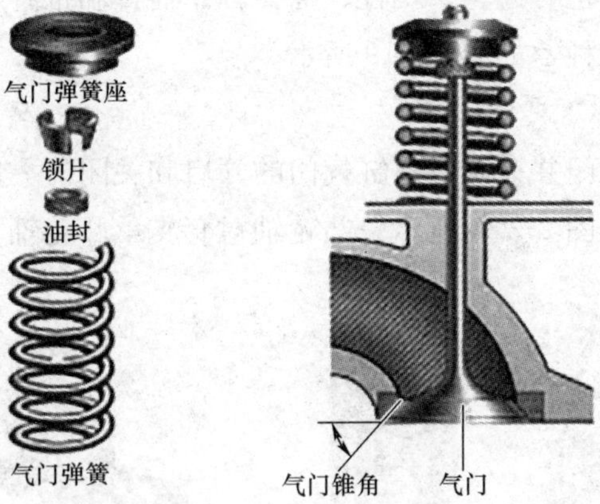

图 2—18　气门组

1. 气门

气门头部受到气体压力，承受高温、高压、冲击并润滑困难。一般进气门采用合金钢（铬钢或镍铬钢等）制造，排气门采用耐热合金钢（硅铬钢等）制造。气门密封锥面与气门座配对，在销售过程中应对各种车型进行核对，成组销售。

2. 气门弹簧

气门弹簧的作用在于保证气门回位，在气门关闭时，保证气门与气门座之间的密封，在气门开启时，保证气门不因运动时产生的惯性力而脱离凸轮。气门弹簧多为圆柱形螺旋弹簧，在更换气门时，一般应成组更换，并应同时更换气门油封，修整或更换气门座等。

3. 气门导管

气门导管为气门导向，保证气门做直线运动，且导管应有一定的长度。气门导管的工作温度也较高，约 500 K。气门导管只有在与气门的配合间隙过大时才需更换，在更换时，一般成组更换。

4. 气门座、气门弹簧座

气门座与气门头部密封锥面配合密封气缸；气门弹簧座在气门杆尾端反压在气门弹簧另一端，气门弹簧座内端用锁片固定在气门杆的尾端。

5. 锁片

锁片是气门座与气门弹簧间的锁止件。

气门弹簧、气门弹簧座、锁片等属于非易损件，一般不予更换。

二、气门传动组

气门传动组的作用是控制进、排气门按规定的时刻开闭，且保证有足够的开度。气门传动组主要包括凸轮轴、正时齿轮、挺柱、摇臂轴、摇臂和推杆等零件。凸轮轴的布置形式有顶置、中置和下置三种，如图 2—19 所示。

1. 凸轮轴

凸轮轴的凸轮顶动气门并控制各气缸气门的开启和关闭。一般用优质锻钢或特种铸铁制成，不属于易损件，如图 2—20 所示。凸轮轴衬套支承凸轮轴，属于易损件。

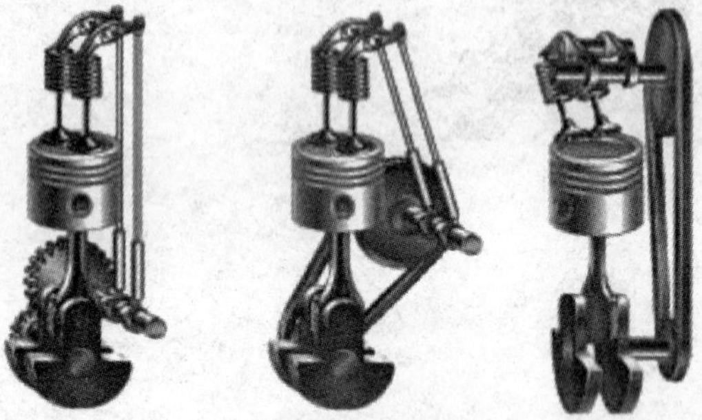

a)　b)　c)

图 2—19　凸轮轴布置形式

a）下置　b）中置　c）顶置

图 2—20　凸轮轴

2. 正时齿轮或正时链轮

曲轴通过三种传动方式来驱动凸轮轴，如图 2—21 所示，即正时齿轮传动、正时链条传动和正时带传动。

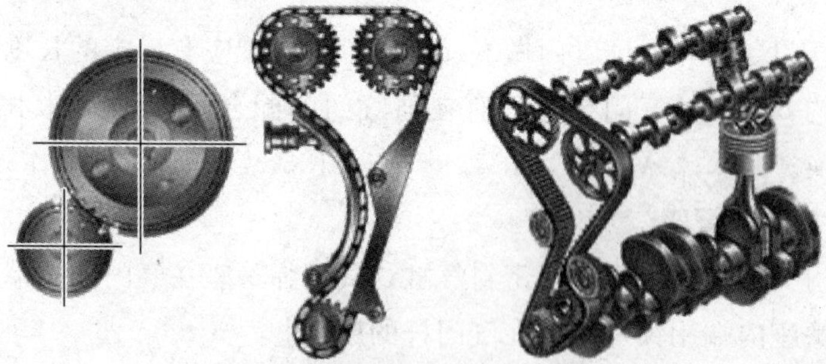

a)　b)　c)

图 2—21　气门正时传动形式

a）正时齿轮传动　b）正时链条传动　c）正时带传动

由于正时齿轮高速旋转磨损较多，如果磨损量影响到发动机的配气正时就需要进行更换。更换时，如果是齿轮传动的，则应成对（成套）更换；如果是正时带或正时链条传动的，则可以单独更换。

3. 挺柱、推杆、摇臂

挺柱是将凸轮的推力传给推杆（或气门杆）的零件，可分为平面挺柱与滚子挺柱。目前多种车型的发动机均采用了液压挺柱。液压挺柱消除了配气机构中的气门间隙，减小了配气机构运转时产生的冲击和噪声，如图 2—22 所示。

图 2—22　液压挺柱

推杆位于挺柱与摇臂之间，它将挺柱传来的运动和作用力传给摇臂。摇臂将推杆（或凸轮）传来的力，改变方向作用于气门端面，推开或关闭气门。

挺柱、推杆和摇臂在发动机正常使用情况下，一般不易损坏。如果发生损坏，不能进行修理，只能进行更换。

4. 正时带或正时链条

正时带或正时链条（见图 2—23）在使用过程中易于磨损，属于易损件。

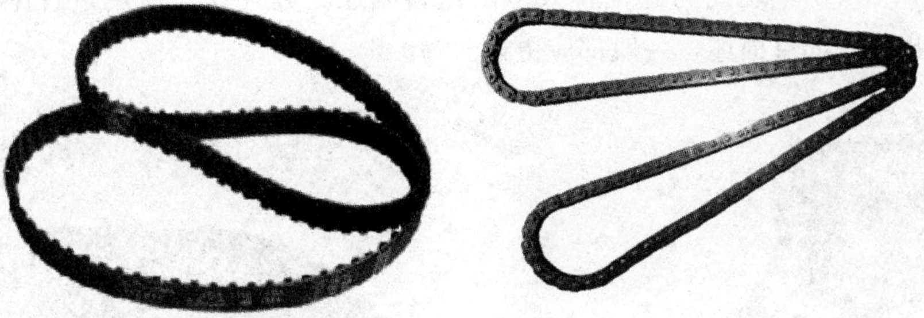

图 2—23　正时带与正时链条

三、进排气系统

进排气系统对发动机的工作相当重要，进气系统提供给气缸足够的洁净空气，而排气系统则以最低的排气阻力和噪声将废气排到大气中。

1. 进气系统

进气系统的主要部件一般包括空气滤清器及进气管和进气歧管。

（1）空气滤清器。空气滤清器的作用是滤除空气中的杂质，使洁净的空气进入气缸。它一般由空气滤清器壳体、空气滤清器芯（见图 2—24）和空气管等组成。

空气滤清器根据滤芯的结构特点可分为油式、纸滤芯式和离心式。油式空气滤清器多用于越野车上，其滤芯清洗后可重复使用；纸滤芯式空气滤清器重量轻、成本低，滤清效果好，用于轿车；离心式空气滤清器多用于重型货车上。

a)　　b)

图 2—24　空气滤清器芯

a）油式空气滤芯　b）纸质空气滤芯

（2）进气歧管。进气歧管一般采用铸铁制造，也有采用铝合金制造的，如图 2—25 所示。在正常使用情况下，进气歧管一般不会损坏，但进气歧管衬垫属于易损件，如果进气歧管接口发生漏气现象就需要更换进气歧管衬垫。

（3）进气管。进气管是指空气滤清器前端以及连接空气滤清器和进气歧管等的空气管道，如图 2—26 所示。现代的进气管大多由塑料制成。进气管在使用过程中容易发生变形、破裂等损坏。如有损坏，一般都应更换。

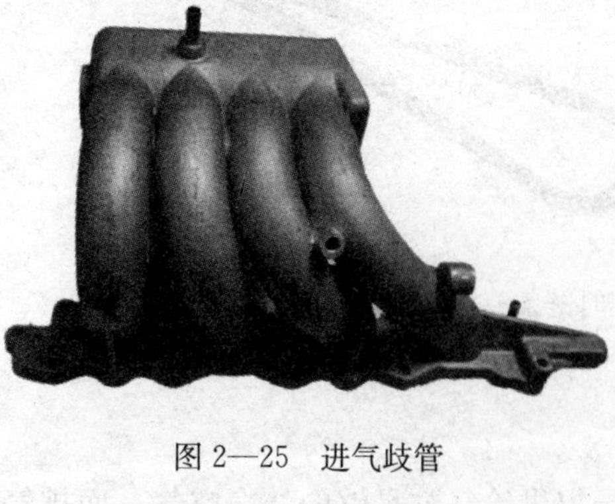

图 2—25　进气歧管

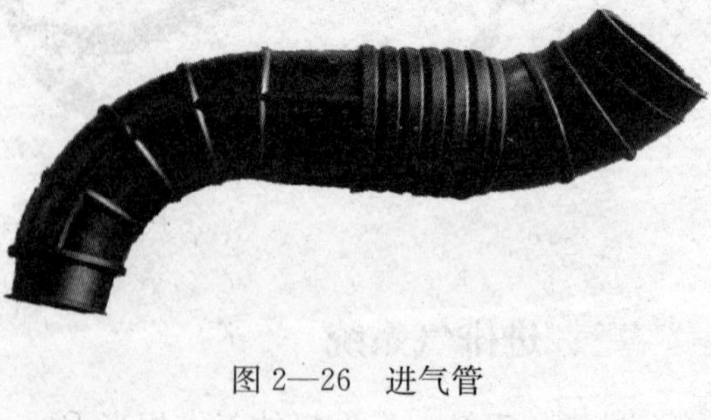

图 2—26　进气管

2. 排气系统

排气系统的零部件主要有排气歧管、排气管及其密封件、催化转化器、消声器、排气尾管、隔热罩等。有些汽车在排气系统上装有涡轮增压器，用来提高发动机的功率。

（1）排气歧管。排气歧管大多用铸铁制造，如图 2—27 所示。排气歧管一般不容易发生损坏，即使损坏也大多是由受热变形导致的，有些变形可通过添加衬垫弥补，有些则需要更换新件。排气歧管衬垫经常受到高温高压的气体作用而易损坏，如有损坏，则应更换新的衬垫。

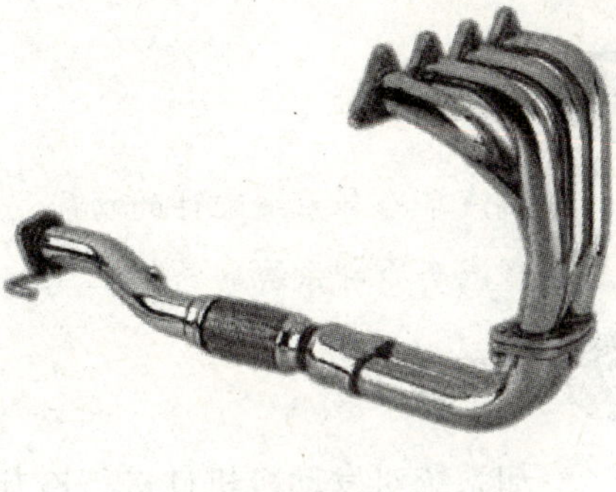

图 2—27　排气歧管

（2）消声器。消声器是衰减和降低排气压力、消降排气噪声的一种汽车零件，一般采用镀铝钢或不锈钢制造，如图 2—28 所示。消声器的主要损坏形式是受到高温废气的作用发生高温氧化导致消声材料失效或管壁破裂，这种情况下需要更换新的消声器。

（3）涡轮增压器。涡轮增压器的作用是增加进入发动机的空气流量，从而增大发动机的输出功率，如图 2—29 所示。

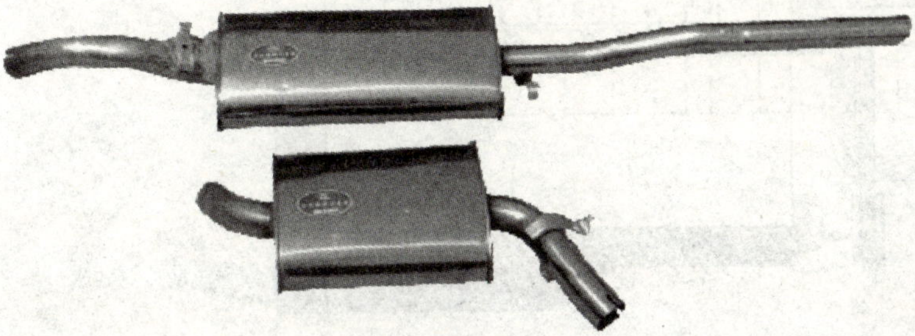

图 2—28　消声器

图 2—29　涡轮增压器

涡轮增压器的多数故障是由于缺少润滑油、吸入异物或润滑油脏污所引起的。修复涡轮增压器一般由专业工厂进行，如果增压器损坏了，应更换整个总成，如有必要，还应更换机油或滤清器。

学习单元 3 冷却系统配件

学习目标

了解汽车冷却系统配件的功能
掌握汽车冷却系统的易损配件

知识要求

冷却系统对发动机机件进行冷却，把受热零部件吸收的部分热量及时散发出去，保证发动机在最适宜的温度状态下工作。冷却系统根据冷却介质的不同可分为水冷系统（见图 2—30）和风冷系统两种。现代汽车发动机水冷系统的冷却介质并非全是“水”，而是由水和各种添加剂根据一定的比例构成的冷却液。

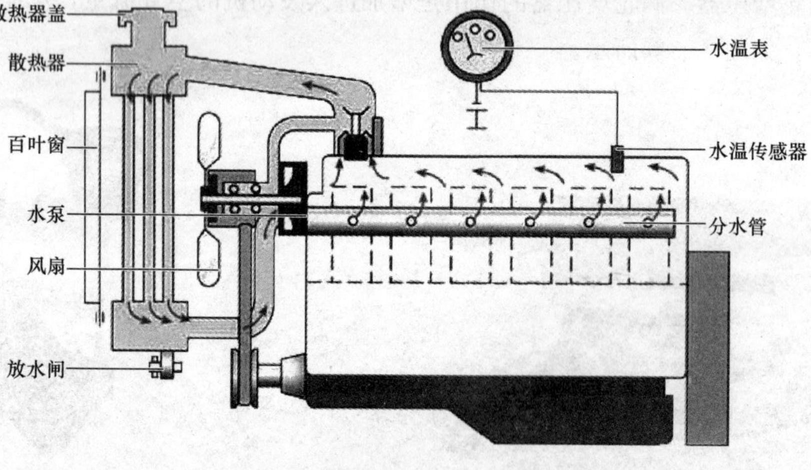

图 2—30 汽车发动机强制循环式水冷系统示意图

水冷系统一般由散热器、风扇、水泵、节温器、膨胀水箱、水套及连接水管等组成。

一、散热器与膨胀水箱

1. 散热器

散热器（见图 2—31）又称水箱。其作用是将发动机水套出来的热水的热量传导至周围的空气中。在散热器后面装有风扇加速将散热器传出的热量尽快带走。冷却液经过散热器后，其温度可降低10～15℃。散热器承受较大的应力和较强的腐蚀，而且在交通事故中经常因碰撞而变形损坏，所以其正常使用寿命为（10～15）×10^4 km。

散热器盖的密封橡胶容易老化磨损，如果出现这种情况，应该更换新的散热器盖。

检查或打开散热器盖时，必须等到发动机冷却液温度降低后才能操作，否则，可能会因热水溅出而烫伤。

2. 膨胀水箱

目前汽车发动机的冷却系统基本采用了永久性封闭式冷却系统，膨胀水箱的功用是减少系统冷却液的损失。膨胀水箱布置在略高于散热器的平面上，多用半透明材料（如塑料）制成，也可用金属材料制造，如图2—32所示。

膨胀水箱是非易损件。

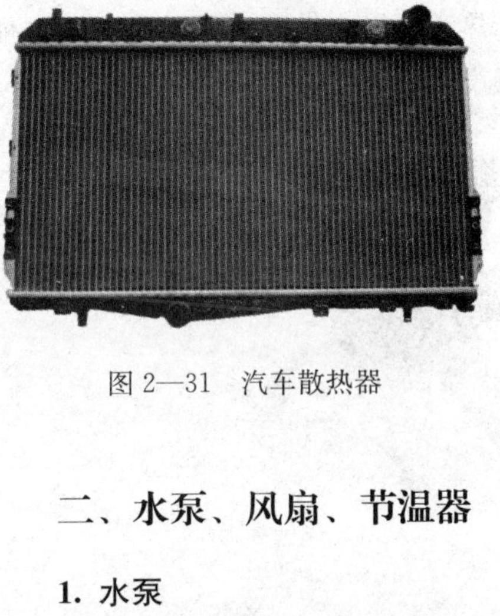

图2—31　汽车散热器

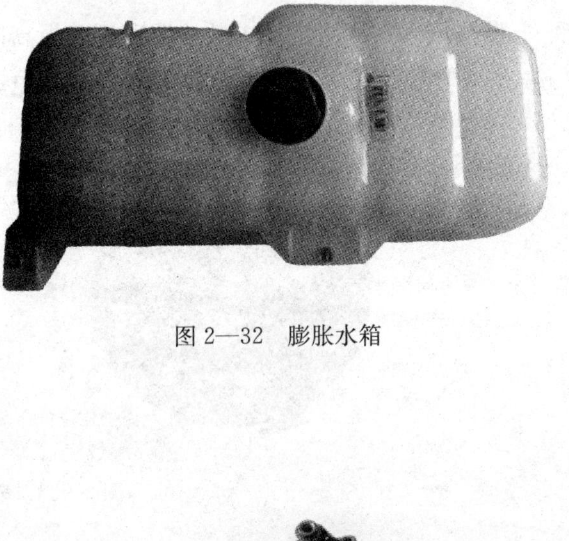

图2—32　膨胀水箱

二、水泵、风扇、节温器

1. 水泵

水泵的作用是对冷却液加压，加速冷却液的循环流动，保证冷却可靠，如图2—33所示。汽车发动机一般都采用离心式水泵。水泵轴承和密封失效时会导致渗漏，一旦发现渗漏，就应该更换水泵总成。更换水泵时，应同时检查节温器、水管、水泵传动带和散热器盖是否损坏，发现损坏一并更换。

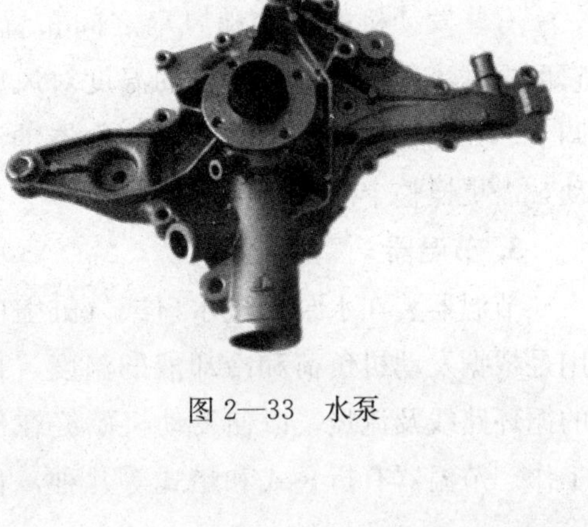

图2—33　水泵

水泵是靠曲轴通过传动带驱动来工作的，

如图 2—34 所示。水泵传动带与带轮由于长时间处在高温的发动机旁高速旋转，经常由于高温老化、疲劳断裂引起损坏，需定期更换。

图 2—34　水泵传动带与带轮

2. 风扇

散热风扇的作用是促进散热器通风，提高散热器的热交换能力，有带驱动和电动两种方式，如图 2—35 所示。现代轿车普遍采用电动冷却风扇。

图 2—35　散热风扇

有些发动机的带轮和风扇之间布置了硅油离合器，它可根据流经散热器的空气的温度对风扇转速进行自动调节。如果在使用过程中风扇离合器油液泄漏、轴承松动，需更换整个离合器。

3. 节温器

节温器装在水泵的进水口或气缸盖的出水口，其作用是根据发动机负荷和冷却液的温度，自动改变冷却液的循环路线及流量，以使发动机始终在最合适的温度下工作。节温器有折叠式和蜡式等几种，目前汽车上多采

图 2—36　蜡式节温器

用蜡式节温器，如图 2—36 所示，这种节温器的故障多为感温性能变坏和机械损伤，属于易损件。节温器也经常会因弹簧失去弹性而卡在打开或关闭位置，发生这种情况唯一的解决方法就是将其换掉。更换风扇离合器和水泵时，最好也更换节温器。

学习单元 4　润滑系统配件

学习目标

了解汽车润滑系统配件的功能

掌握汽车润滑系统中的易损配件

知识要求

润滑系统的作用是将润滑油输送到具有相对运动的零件（曲轴与轴承、凸轮轴与轴承、活塞与气缸等）上，减少零件的摩擦、动力消耗和零件磨损，如图 2—37 所示。它主要由机油集滤器、机油泵、机油滤清器、油底壳和机油冷却器组成。润滑的方式有压力润滑、飞溅润滑和油脂润滑。

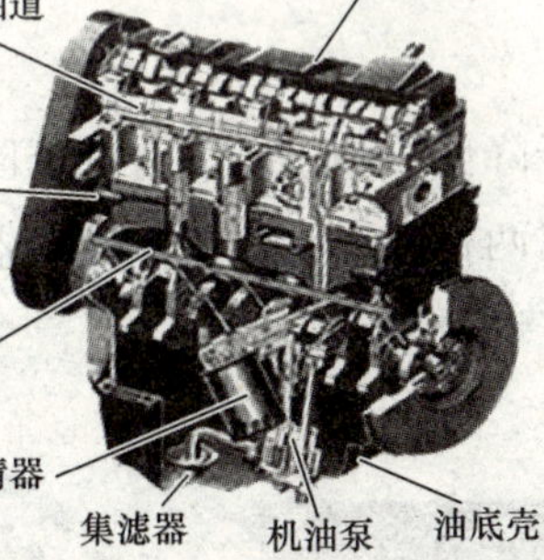

图 2—37　润滑系统

一、机油泵、油底壳、机油冷却器

1. 机油泵

机油泵的作用是提高机油压力，保证机油在润滑系统内不断循环，并把一定压力和数量的润滑油供到主油道。如图 2—38 所示，机油泵按结构形式分为齿轮式和转子式两种，两者在目前的发动机中都广为应用。机油泵一般在 30×10^4 km 以上才可能出现损坏，现在市面上一般不供应机油泵内部零件，基本上是以机油泵总成的形式供货。

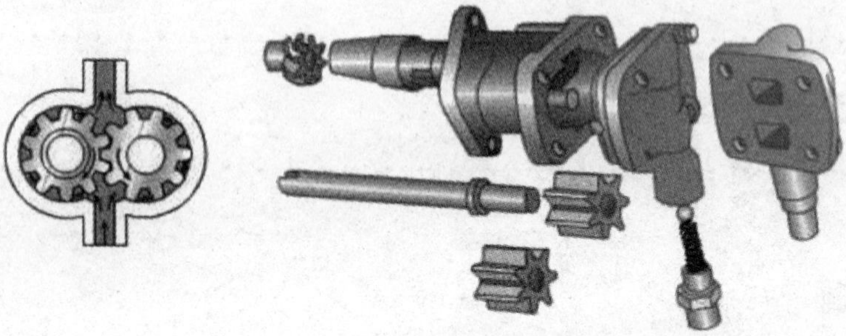

图 2—38　齿轮式机油泵

2. 油底壳

油底壳的作用是储存机油并封闭曲轴箱。油底壳一般为薄钢板冲压而成，也有采用带有散热片的铝合金铸造而成的轻金属油底壳，如图 2—39 所示。由于油底壳位于车身的底部，在行驶过程中非常容易受到外界硬物的撞击而发生变形、破裂，因此它属于易损件。油底壳在更换时还需同时更换油底壳衬垫。

图 2—39　油底壳

3. 机油冷却器

机油冷却器在汽车上用于降低机油温度，有利于防止机油氧化，如图 2—40 所示。机油冷却器分为风冷式和水冷式两种。风冷式机油冷却器多用在赛车和某些增压汽车上，水冷式机油冷却器广泛应用在普通轿车上。

图 2—40　机油冷却器

机油冷却器是非易损件。

二、机油滤清器、机油集滤器

1. 机油滤清器

发动机工作时，发动机润滑系统中的金属磨屑和大气中的尘埃及燃料燃烧不完全所产生的炭粒会渗入机油中。机油滤清器用于去除机油中的金属碎屑和各种杂质，避免使之进入润滑系统，磨损机件。机油滤清器按结构分为可换式、旋装式、离心式。旋装式机油滤清器密封性好，易于更换，过滤效率高，寿命长，现在国内轿车几乎全部采用此种结构形式的机油滤清器，如图 2—41 所示。

a)　　b)

图 2—41　机油滤清器

a）旋装式　b）可换式

机油滤清器的滤芯有褶纸式、纤维滤清材料和金属片缝隙式。机油滤清器使用一段时间后，滤芯上会聚集许多油泥和金属碎屑，造成滤清器堵塞，阻碍润滑系统正常工作。此时，应清洗或更换机油滤清器或滤芯。

2. 机油集滤器

机油集滤器一般是滤网式的，装在机油泵的前面，防止大颗粒的杂质进入机油泵。目前汽车发动机广泛采用的是固定式集滤器，如图 2—42 所示。

图 2—42　固定式集滤器

学习单元 5　燃油供给系统配件

学习目标

了解汽车燃油供给系统配件的用途

掌握汽车燃油供给系统中的易损配件

知识要求

燃油供给系统的作用是根据发动机各种不同工况的要求，配制一定数量和浓度的可燃混合气进入气缸，并在燃烧做功后，将废气排入大气中，为发动机提供能源。汽油发动机供给系和柴油发动机供给系的组成部件存在较大差异，但仍有相似之处。

一、汽油发动机供给系

近年来大多数轿车和货车的汽油发动机都采用电子燃油喷射系统。电子燃油喷射系统分为电子控制燃油喷射系统（EFI，又称缸外喷射）和电子控制燃油缸内直接喷射系统（FSI，又称缸内直喷）两种。

电子控制燃油喷射系统通过各种传感器检测发动机的各种状态，经微处理器的判断、计算，使发动机在不同工况下均能获得合适空燃比的混合气。电子控制燃油喷射系统主要由进气系统、供油系统、控制系统三部分组成，如图 2—43 所示。其中，供油系统主要由油压调节器、喷油器和喷油泵组成，如图 2—44 所示。

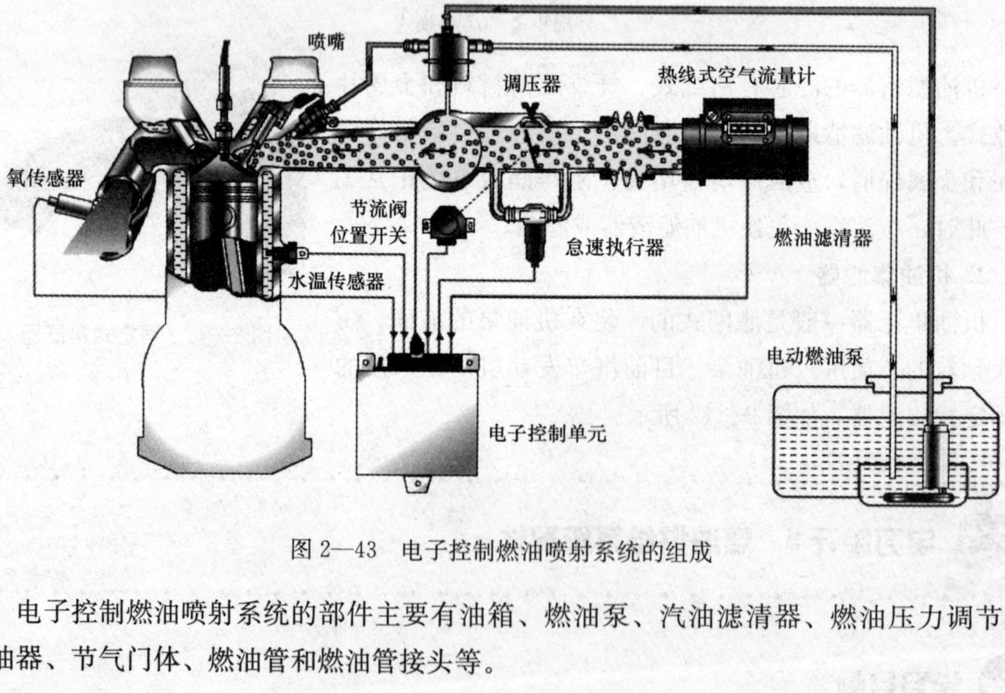

图 2—43　电子控制燃油喷射系统的组成

电子控制燃油喷射系统的部件主要有油箱、燃油泵、汽油滤清器、燃油压力调节器、喷油器、节气门体、燃油管和燃油管接头等。

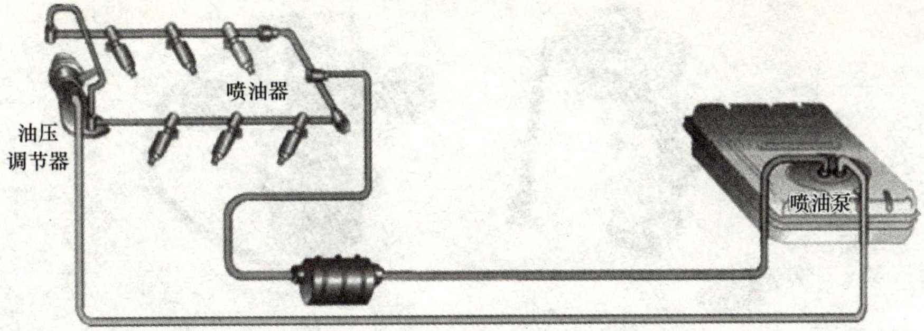

图 2—44　电子控制燃油供给系统

1. 油箱

油箱储存供给发动机所需的燃料，可以用塑料或钢制造。在正常使用情况下，油箱一般不易损坏，但有锈蚀、腐蚀、振动或晃动冲击导致的损坏，而油箱盖、油管、油位传感器则属于易损件。油箱总成如图 2—45 所示。

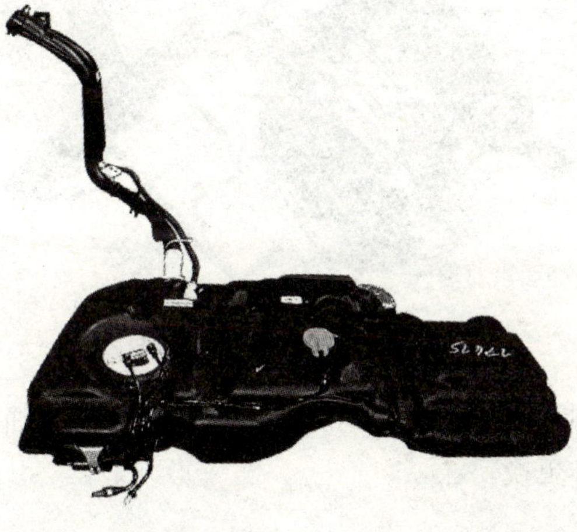

图 2—45　油箱总成

2. 燃油泵

燃油泵的功用是将汽油从油箱中吸出来，并使之具有一定的压力输送至喷油器。燃油泵一般有机械式和电动式两种。现代电喷式发动机大都采用电动式燃油泵，如图 2—46 所示。机械式燃油泵如图 2—47 所示。有些电动式燃油泵的电动机可作为单独组件供货，而有些电动式燃油泵则是与油位传感装置（包括控制燃油表的变阻器）组装在一起供货，更换时一般应更换整个总成。

3. 汽油滤清器

汽油滤清器的作用是除去汽油中的杂质和水分，以保证燃油系统的正常工作。汽油滤

a)　　　　　　b)

图 2—46　电动式燃油泵

a）内置式电动燃油泵　b）外置式电动燃油泵

图 2—47　机械式燃油泵

清器外壳有塑料和金属两种，如图 2—48 所示。现代汽车的汽油滤清器多采用纸质滤芯。大部分汽油滤清器是整体更换。

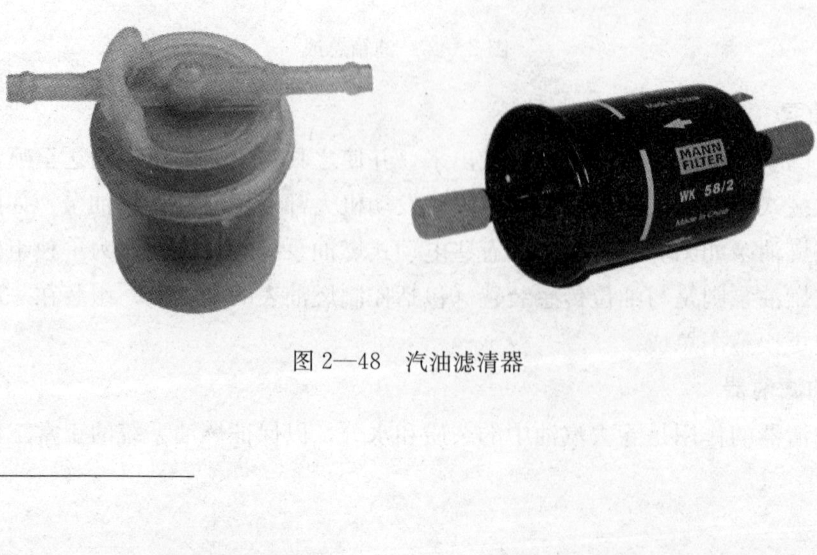

图 2—48　汽油滤清器

4. 燃油压力调节器

燃油压力调节器简称回油阀，是燃油系统内部的燃油压力调节部分，受系统油压与进气歧管压力（负压）的控制，如图 2—49 所示。

5. 喷油器

喷油器接受 ECU 送来的喷油脉冲信号，精确控制燃油喷射量。喷油器是一种电磁阀，如图 2—50 所示。电控喷油器一般不容易损坏，喷油器喷油质量下降后，通常使用专用喷油嘴清洗机进行清洗。

图 2—49　燃油压力调节器

图 2—50　喷油器

6. 节气门体

节气门体是控制发动机吸气量的一个阀门。节气门体一般会出现积炭现象，需定期维护清洗。如果节气门位置传感器损坏了，应更换整个节气门体总成。节气门体如图 2—51 所示。

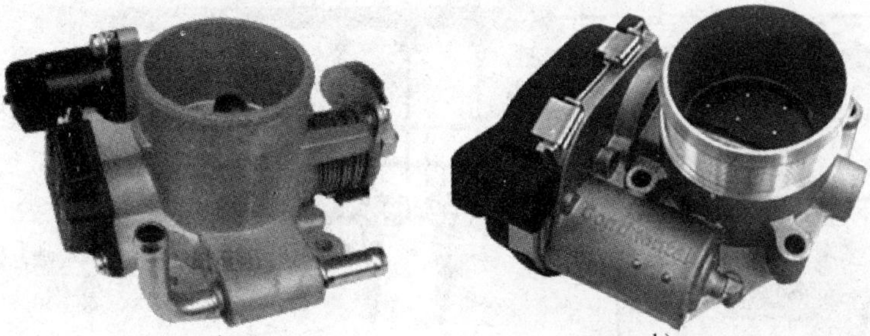

a)　　b)

图 2—51　节气门体

a）机械式节气门　b）电子式节气门

7. 燃油管和燃油管接头

汽油发动机燃油管可以是快速拆卸的、带螺纹及 O 形圈的，也可以是卡箍式或扩口的，如图 2—52 所示。橡胶燃油管容易老化、破裂，如有损坏，应予以更换。

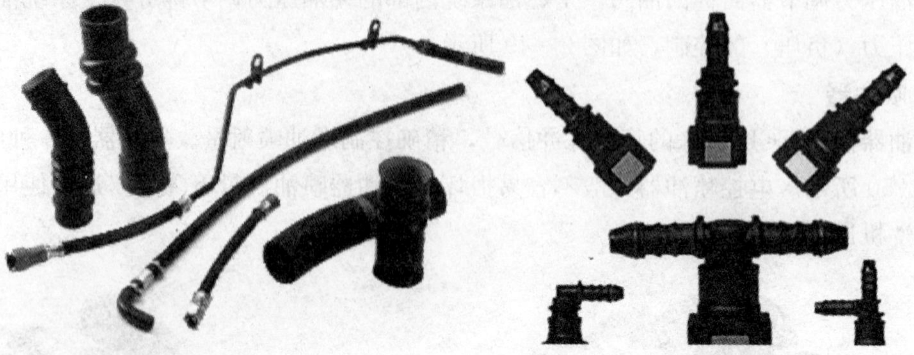

a)　　　　b)

图 2—52　燃油管和燃油管接头

a）燃油管　b）燃油管接头

二、柴油发动机供给系

柴油发动机供给系要完成柴油供给和空气供给，以及可燃混合气的形成、燃烧和废气的排出等工作任务。柴油发动机供给系主要零部件有油箱、柴油滤清器、输油泵、喷油泵、喷油器等。现在柴油发动机应用较为普遍的电控技术是共轨喷油系统，高压共轨系统是由高压油泵将高压燃油输送到公共供油管，通过公共供油管的油压实现精确控制，如图 2—53 所示。

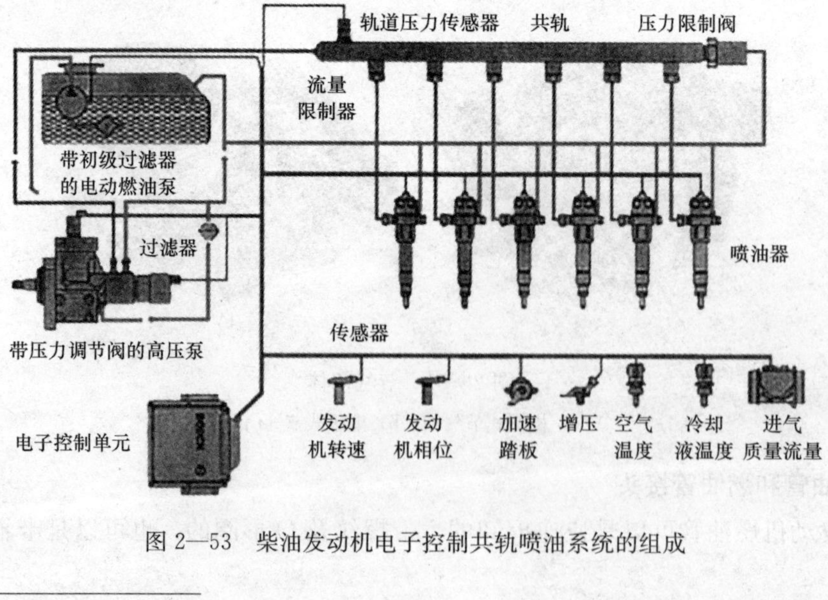

图 2—53　柴油发动机电子控制共轨喷油系统的组成

柴油发动机的高压共轨技术是指在高压油泵、压力传感器和电子控制单元组成的闭环系统中，将喷射压力的产生和喷射过程彼此完全分开的一种供油方式。柴油发动机的高压共轨部分由高压油泵、共轨及高压油管、喷油器、电控单元、各类传感器和执行器组成。

1. 柴油滤清器

柴油发动机上的柴油滤清器一般采取两级过滤，即粗滤器和细滤器，根据安装形式的不同可分为可换式和旋装式两种，如图 2—54 所示。粗滤器用来滤除柴油中较大的杂质，其滤芯有金属带缝隙式、片式、网式和纸质式等几种。一般常采用纸质滤芯。细滤器用来滤除柴油中的微小杂质，使柴油得到彻底可靠的滤清。其滤芯有毛毡式、金属网式和纸质式等。通常，两级柴油滤清器由两个结构基本相同的滤清器串联而成，第一级是粗滤，采用纸质滤芯；第二级是细滤，采用航空毛毡和纺绸滤芯。

a)　　b)

图 2—54　柴油滤清器

a）可换式　b）旋装式

2. 喷油泵

喷油泵的作用是提高柴油压力，根据发动机的工况定时、定量地将高压燃油输送给喷油器。目前柴油发动机广泛采用柱塞式喷油泵，如图 2—55 所示。喷油泵是组合件，其中柱塞偶件和出油阀偶件最为精密，也是最易损件。柱塞偶件和出油阀偶件在使用寿命期内始终成对使用，并应整套更换。

3. 喷油器

喷油器是将喷油泵供给的高压柴油，以一定的压力，呈雾状喷入燃烧室。柴油发动机广泛采用闭式喷油器，其喷油嘴由精密偶件针阀和针阀体组成，如图 2—56 所示。换新配件时注意原喷油器的规格型号，应使新件与旧件的型号完全相同，避免客户错购针阀偶件。

图 2—55　喷油泵

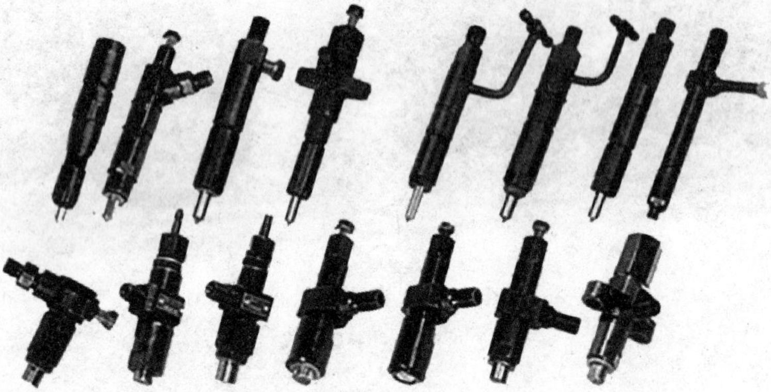

图 2—56　喷油器

学习单元 6　起动和充电系统配件

学习目标

了解汽车起动和充电系统配件的用途

掌握汽车起动和充电系统的易损配件

知识要求

使汽车发动机从静止状态过渡到工作状态的全过程称为发动机的起动。起动系统由起动机、电磁开关（起动继电器或电磁线圈）、起动开关（或起动按钮）等组成。

一、起动系统

1. 起动机的组成

起动机是驱动汽车发动机曲轴旋转的电力装置。起动机主要由直流电动机、传动机构和电磁控制装置等组成，如图 2—57 所示。直流电动机常采用串激直流电动机。

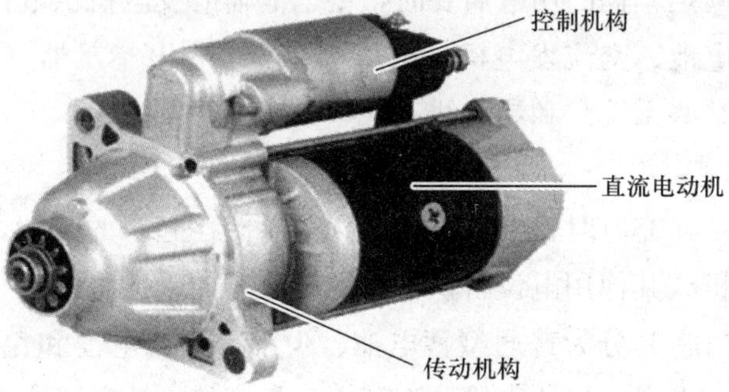

图 2—57　起动机的组成

2. 起动机型号组成

起动机型号组成如图 2—58 所示。

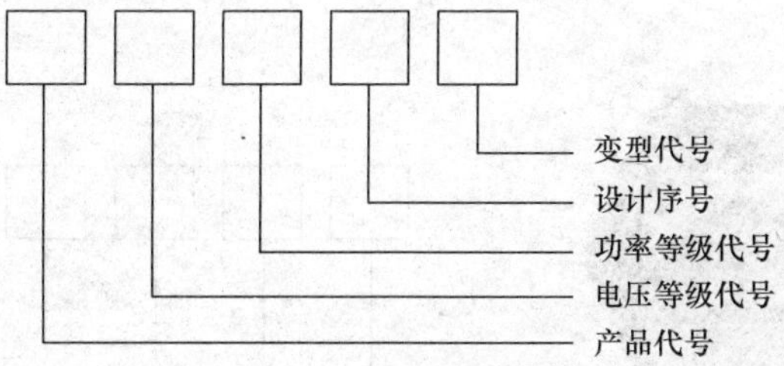

图 2—58　起动机型号组成

（1）产品代号。QD 表示起动机；QDJ 表示减速起动机；QDY 表示永磁起动机，包括永磁减速起动机。

（2）电压等级代号。“1” 表示 12 V，“2” 表示 24 V。

（3）功率等级代号。

（4）设计序号。按产品设计先后，由 1～2 位阿拉伯数字组成。

（5）变型代号。

起动机的工作电流大（360～1 000 A）、负荷大、振动大、转矩大、冲击大，为易损件。

二、充电系统

汽车上所有用电设备所需的电能，由蓄电池和发电机两个电源装置供给。当起动发动机时，由蓄电池向起动系统和点火系统及车上的电气设备供电。发动机在正常工作转速范围内，汽车上用电设备主要由发电机供电，且当蓄电池存电不足时，还向蓄电池充电。若发电机的供电量无法满足车辆的用电需要时，蓄电池辅助发电机供电。

充电系统包括蓄电池、交流发电机、电压调节器、充电指示器（灯或仪表）、点火开关、起动机继电器（某些系统）和易熔线（某些系统）。

1. 蓄电池

（1）蓄电池主要是在充电时将电能转变为化学能储存起来的装置，在放电时将化学能转变为电能，向起动机或其他用电设备供电。它是汽车的辅助电源。

从使用性能上分可将其分为普通型蓄电池、少维护型蓄电池和免维护型蓄电池三类。免维护型蓄电池的储存寿命一般比少维护型蓄电池长三倍。这种蓄电池经过充电后再启用时，仍具有新蓄电池的性能。另外还具有低温起动能力强、抗振性能好等优点，因此近年来在汽车上的使用日益增多。蓄电池如图 2—59 所示。

（2）汽车上最常用的是由 6 个单格蓄电池构成的 12 V 酸性铅蓄电池。蓄电池型号组成如图 2—60 所示。

图 2—59　蓄电池

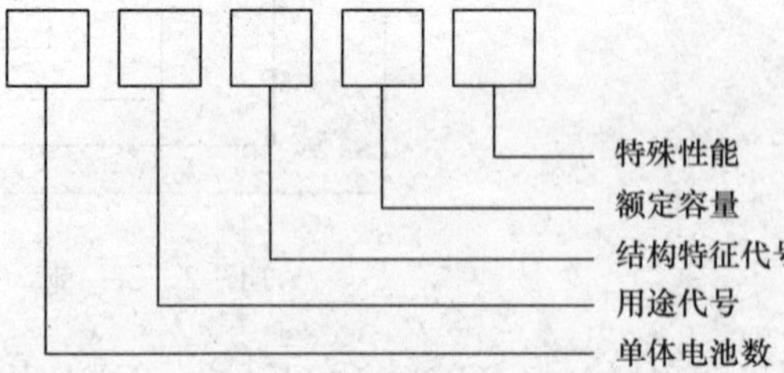

图 2—60　蓄电池型号组成

1）单体电池数。表示该电池总成由几个单格电池组成，其额定电压为该数的 2 倍。

2）用途代号。Q 表示汽车用起动型蓄电池，M 表示摩托车用蓄电池，N 表示内燃机用蓄电池。

3）结构特征代号。A 表示干荷蓄电池，H 表示湿荷蓄电池，W 表示免维护式蓄电池，无字母为普通式蓄电池。

4）额定容量。额定容量是指 20 h 放电率时的额定容量，单位为 A·h，用阿拉伯数字表示。

5）特殊性能。G 表示高起动率，S 表示塑料槽，D 表示低温起动性好。

例如：12-Q-90 表示由 12 个单格电池组成，额定电压为 24 V，额定容量为 90 A·h 的起动型蓄电池。6-QA-100 表示由 6 个单格电池组成，额定电压为 12 V，额定容量为 100 A·h 的干荷起动型蓄电池。6-QA-60G 表示由 6 个单格电池组成，额定电压为 12 V，额定容量为 60 A·h 的起动型干荷高起动率蓄电池。

（3）蓄电池的正常使用寿命为（2～3）$\times 10^4$ km，之后一般均更换总成件。

蓄电池储备容量（RC）以分钟数表示，额定值以 A·h 表示。选择蓄电池除了考虑容量、额定值以外，还必须考虑蓄电池的大小，蓄电池应与固定支架相配，尤其应注意蓄电池的接线柱不要与车身任何部位相接触。更换新的蓄电池时，其额定值一定不能低于原蓄电池的额定值。

2. 交流发电机

交流发电机是汽车的主要电源，也称硅整流发电机，它与蓄电池并联。其结构如图 2—61 所示。

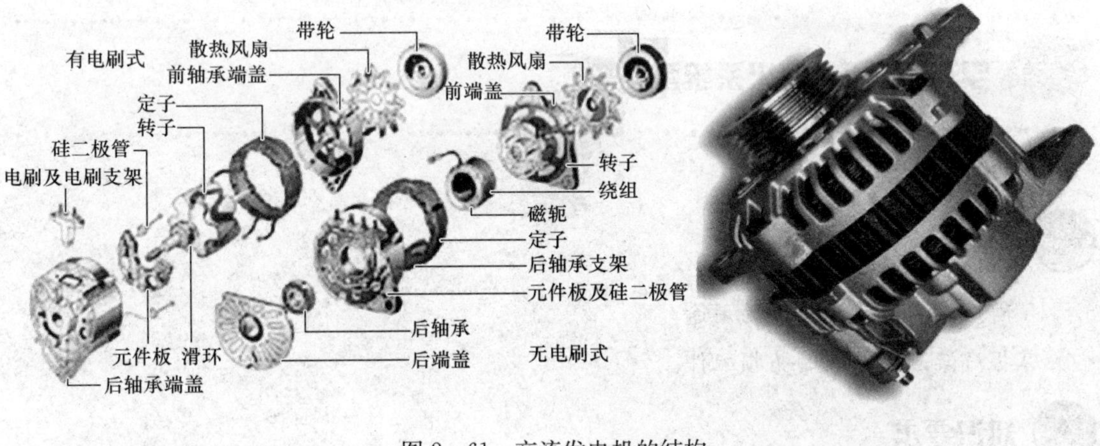

图 2—61　交流发电机的结构

交流发电机中最容易磨损的是电刷，其次是电刷弹簧，其他配件均不再进行修复，一般均更换总成。交流发电机的使用寿命一般为 5×10^4 km，电刷的使用寿命为（4～5）$\times 10^4$ km，电刷弹簧的使用寿命为（4～6）$\times 10^4$ km。

交流发电机的转子是由发动机驱动的，交流发电机在使用中必须配用电压调节器。更换交流发电机时应更换新的发电机传动带，安装时调整好传动带的张紧度。

3. 调节器

调节器的作用是确保发电机输出的电压保持在一定的范围之内，并有效防止蓄电池早期失效和电气系统损坏。现代汽车普遍应用集成电路调节器，如图 2—62 所示。几乎所有交流发电机上的调节器都可单独更换。如果没有客户要求更换的原车配件，可建议客户购买其他调节器，但必须明确发电机的搭铁类型，且调节器的标称电压必须与发电机的标称电压一致。也可建议客户用改装的交流发电机替换已损坏的发电机，这样可节约成本。

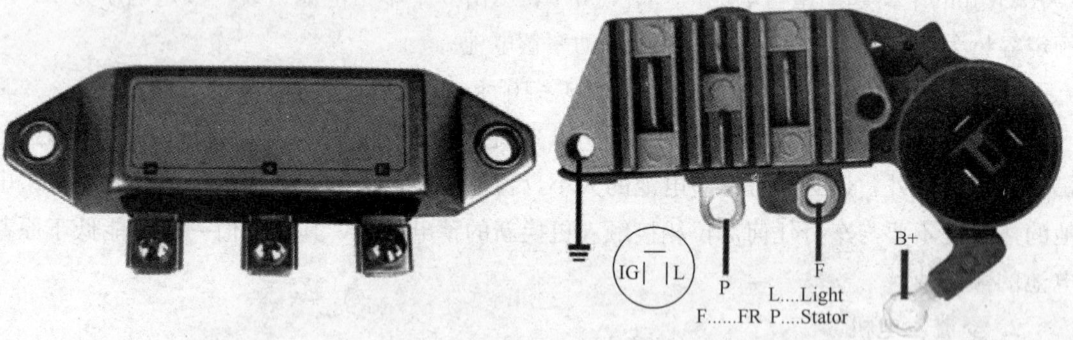

图 2—62　集成电路调节器

学习单元 7　点火系统配件

学习目标

了解汽车点火系统配件的用途

掌握汽车点火系统的易损配件

知识要求

汽油发动机点火系统的作用是按时在火花塞两电极之间产生电火花，点燃气缸内被压缩的混合气，使发动机做功。汽油发动机点火系统按照点火线圈的控制方法，可将其分为传统点火系（触点式点火系）和电子点火系。目前大多数轿车都采用电子点火系。电子点火系又分为普通电子点火系（无触点点火系）和微机控制的点火系。微机控制的点火系按照有无分电器又分为有分电器的微机控制点火系和无分电器的微机控制点火系。

一、传统点火系

传统点火系主要由点火线圈、分电器、点火开关、高压线、火花塞和电源（发电机与蓄电池）等组成，如图 2—63 所示。传统点火系应用历史长，技术成熟，但由于现代汽车对点火要求的提高，逐步被电子点火系替代，目前还在少量汽车上使用。

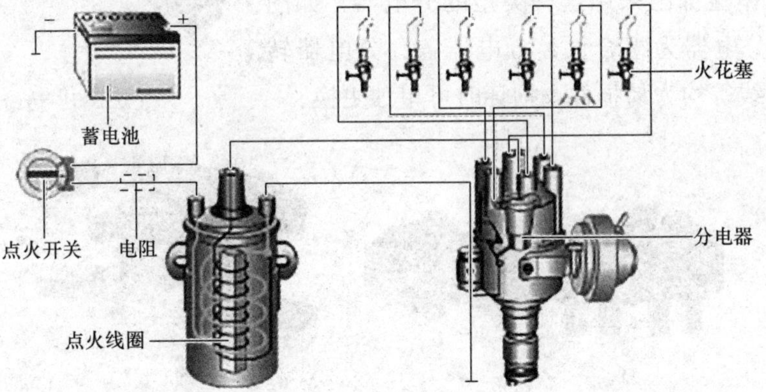

图 2—63　传统点火系的组成

传统点火系组成部件如下：

1. 点火线圈

点火线圈是产生点火所需高压电的装置。点火线圈利用电磁互感原理将蓄电池或发电机所供给的 12 V 低压直流电转变为 15～20 kV 的高压直流电，再分配给各火花塞。近几年国内生产的较新车型的点火线圈，如图 2—64 所示。点火线圈是易损件，其使用寿命为 20 000～30 000 km。电子点火线圈不易损坏，其使用寿命一般为 2×10^5 km 以上。

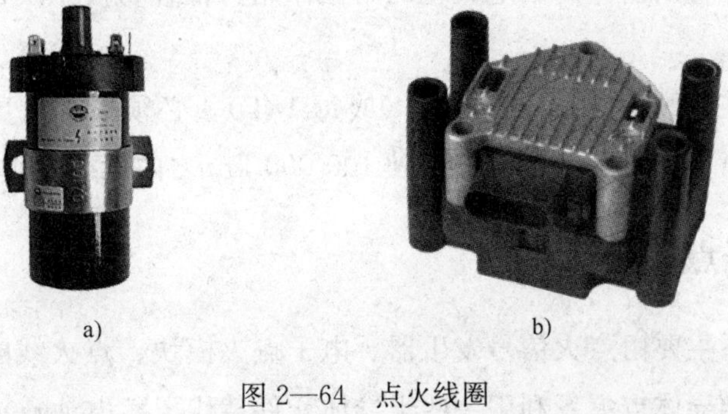

a）　　　　　　　　　　b）

图 2—64　点火线圈

a）传统点火线圈　b）电子点火线圈

2. 分电器

图 2—65　传统分电器

分电器的作用是根据发动机转速和负荷自动调节点火时刻。如图 2—65 所示的是传统分电器。分电器有机械触点式和电磁无触点式两种。机械触点式分电器用于传统点火系，电磁无触点式分电器用于普通电子点火系。由于无触点式分电器可靠耐用，所以目前国产的大部分车型都已采用这种类型的分电器，如图 2—66 所示。分电器为组合件，分电器盖、分电器转子和分电器接线等均为易损件，损坏时可单独更换。

a)　　　　b)

图 2—66　电子点火模块及无触点分电器

a）点火模块　b）无触点分电器

3. 火花塞

火花塞的功用是将高压电引入燃烧室，击穿其电极间隙产生电火花，点燃混合气。火花塞如图 2—67 所示。

火花塞的工作环境十分恶劣，在高压、高温下工作，同时受到燃烧后可燃气体的强大冲击，以及承受高压电的击穿力和电火花的熔蚀作用，很容易被积炭污染，因此属于易损零件。

一般规定汽车在行驶 10 000 km 之后（或每 1 年），必须检查或更换火花塞。白金电极的火花塞使用寿命更长，一般在汽车行驶 100 000 km 之内无须检查更换。

二、普通电子点火系

普通电子点火系主要由点火信号发生器、电子点火模块、点火线圈、分电器、高压线和火花塞等组成。半导体点火系利用一些半导体元件替代了蓄电池点火系中的断电器，产生脉冲信号点火，如图 2—68 所示。

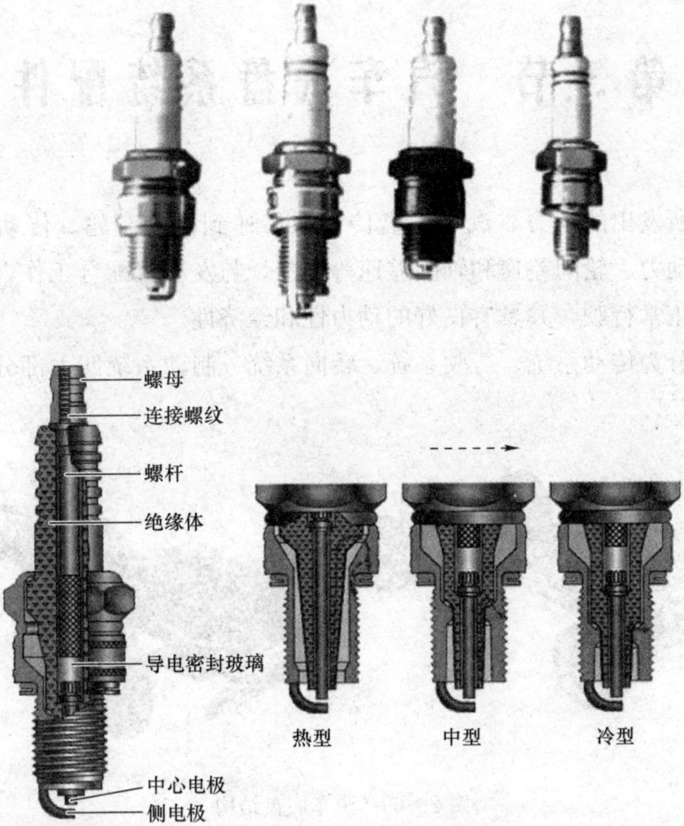

图 2—67　火花塞及类型

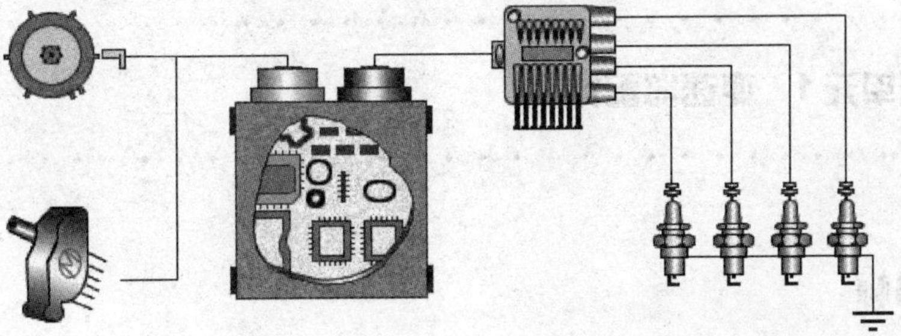

图 2—68　半导体点火系

随着计算机技术的迅速发展和人们对汽车排放及其他性能要求的提高，微机控制的点火系在普通电子点火系的基础上结合计算机技术得到了进一步的发展。

第 3 节　汽车底盘系统配件

汽车发动机所发出的动力靠汽车底盘传动系传递到驱动车轮。传动系具有减速、变速、倒车、中断动力、轮间差速和轴间差速等功能，与发动机配合工作，能保证汽车在各种工况条件下的正常行驶，并具有良好的动力性和经济性。

汽车底盘可分为传动系统、行驶系统、转向系统、制动系统四大部分。汽车底盘结构如图 2—69 所示。

a)　　b)

图 2—69　汽车底盘结构

a）轿车底盘　b）货车底盘

学习单元 1　变速器配件

学习目标

了解汽车变速器主要配件的功能

掌握汽车变速器的易损配件

知识要求

变速器是一种能够改变汽车发动机输出转矩、转速范围和动力旋转方向，并将动力传递给传动系的装置。它具有三种功能：改变传动比，扩大驱动轮转矩和转速的变化范围，以适应复杂变化的路况条件，如起步、加速、上坡等，同时使发动机在有利的工况下工作；提供倒挡，在保证发动机工作的旋转方向不改变的情况下使汽车能倒退行驶；利用空挡，中断动力传递，以使发动机能够起动、怠速，并便于变速换挡或进行动力输出。

汽车变速器按照变速换挡机构分类，可分为手动变速器（简称 MT）、自动变速器（简称 AT）、手动/自动一体变速器（AMT）和无级变速器（CVT）。目前在汽车上应用最广的是手动变速器和自动变速器，如图 2—70、图 2—71 所示。

图 2—70　手动变速器

图 2—71　自动变速器

一、手动变速器

手动变速器是一种变速装置，通过拨动变速杆改变变速器内的齿轮啮合状态，在原地起步、爬坡、转弯、加速等各种工况下，使汽车获得不同的牵引力和速度，同时使发动机在较为有利的工况范围内工作。

按车辆的驱动方式不同，变速器的外部形状差异较大，但其基本组成结构是相同的，一般由轴/轮系、变速操纵机构、壳体及相关零件等组成，如图 2—72 所示。

1. 变速器壳体及相关零件

变速器壳体及相关零件主要是指变速器壳体和变速器支撑件等零部件。

（1）变速器壳体。变速器壳体是变速器的基本零件。变速器壳体装载着变速器的所有零件与变速机构，是实现变速器功能的基础件，一般由变速器壳、变速器盖组成。变速器壳体结构形状因车型的不同及车上布置位置的不同而存在较大差异，如图 2—73 所示。

变速器壳体在正常的使用情况下基本不会损坏，其损坏主要是受到外力撞击或者由于变速机构断裂撞击，导致壳体破裂。根据损坏程度，变速器壳体一般采取更换壳体或者总成的方式修复。

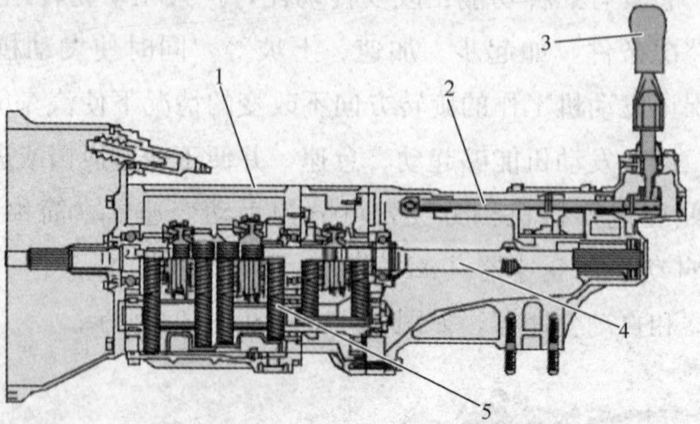

图 2—72　手动变速器结构

1—变速器壳体　2—变速连动杆　3—变速杆　4—轴系　5—轮系

图 2—73　变速器壳体

(2) 变速器支撑件。变速器支撑件根据变速器在车身的安装位置不同而略有差异，一般情况下，变速器支撑件主要由变速器支架、变速器支架缓冲垫、变速器托架等组成，根据位置的不同，其形状各异，如图 2—74 所示。

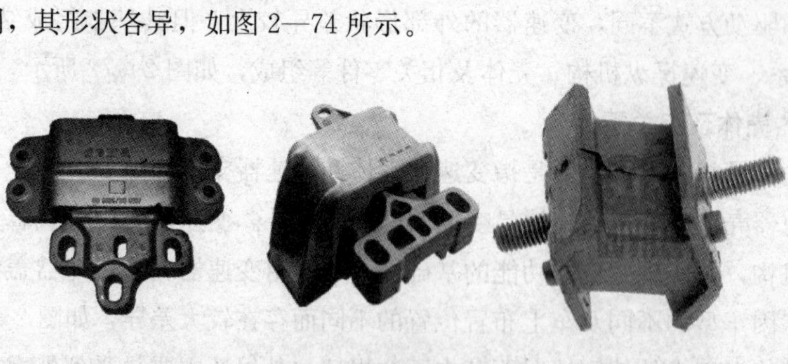

图 2—74　变速器支撑件

变速器支撑件中易损坏的零件是变速器支架缓冲垫，这主要是由于车辆行驶过程中，缓冲垫不断承受着交变应力的作用导致疲劳失效或疲劳破裂。支架或托架只有受到较大外力的撞击时才会出现变形或断裂。变速器支撑件损坏时一般采取更换操作。更换时要注意车辆的年、厂、型及变速器的型号等。

2. 轴/轮系

轴/轮系也称变速器的变速机构。常见的轴/轮系有两种，即三轴式变速器和两轴式变速器。

一般情况下，只要保持变速器的润滑良好，轴/轮系的零件不易损坏。如果出现损坏，其主要易损件有第一轴、各挡齿轮、各挡同步器等。在更换齿轮时，最好是成对更换相互啮合的齿轮。轴/轮系易损零件如图 2—75 所示。

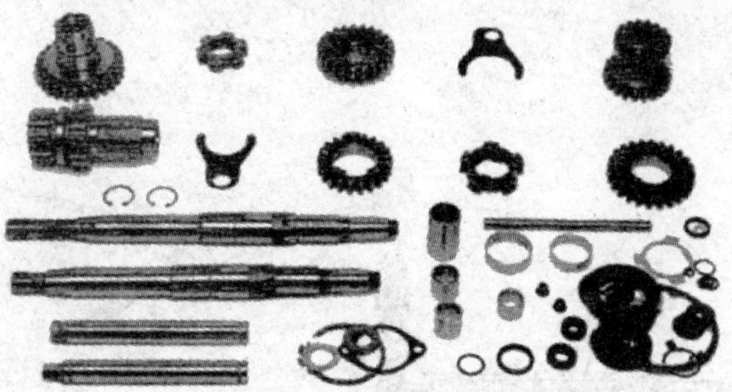

图 2—75　轴/轮系易损零件

3. 变速操纵机构

变速操纵机构也称换挡机构，用于执行驾驶员的换挡操作，改变变速器的齿轮啮合状态，使变速器挂入某个挡位，并可根据路况使变速器退到空挡状态。

(1) 直接操纵式变速操纵机构。直接操纵式变速操纵机构的变速器位于驾驶员座位附近，变速杆从地板伸出后，驾驶员可直接操纵换挡，如图 2—76 所示。

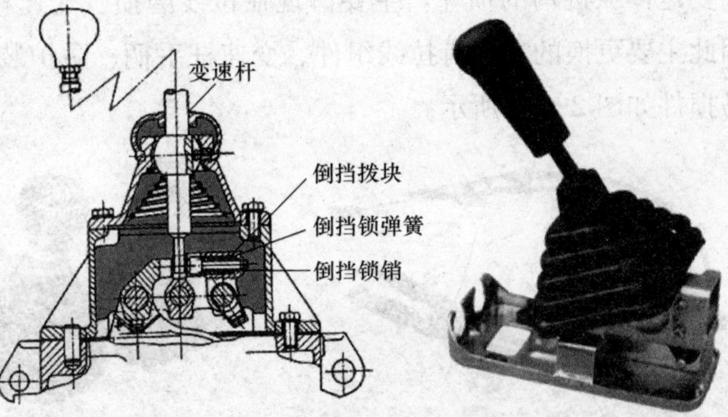

图 2—76　直接操纵式变速操纵机构

（2）远距离操纵式变速操纵机构。远距离操纵式变速操纵机构又称遥控式换挡机构或换挡操纵装置。驾驶员座椅距离变速器较远，在变速杆与拨叉之间需用一套传动机构连接。

1）杆式远距离变速操纵机构，如沈阳金杯、上海大众桑塔纳的手动变速器采用的是杆式远距离变速操纵机构，如图 2—77 所示。

杆式远距离变速操纵机构的损坏主要体现在铰链松旷、操纵杆手柄磨损、防护装置的老化。主要结构件——中间连接杆、变速操纵杆在正常使用条件下不需要更换。

2）拉线式远距离变速操纵机构，如上海大众波罗的手动变速器采用的是拉线式远距离变速操纵机构，如图 2—78 所示。此操纵机构由变速操纵杆、限位及防护装置、拉线组件等组成。

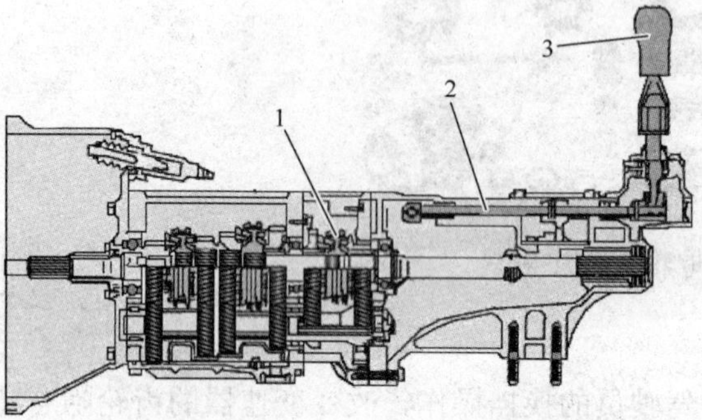

图 2—77　远距离操纵式变速操纵机构

1—拨叉接合套　2—变速连动杆　3—变速杆

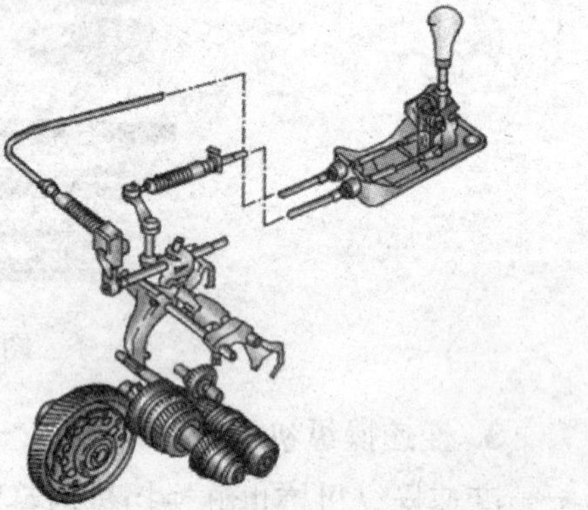

图 2—78　拉线式远距离变速操纵机构

拉线式远距离变速操纵机构的损坏，主要体现在拉线磨损、变速杆手柄磨损或开裂、防护装置老化，因此主要更换的零件有拉线组件、变速杆手柄、防护装置等。拉线式远距离变速操纵机构易损件如图 2—79 所示。

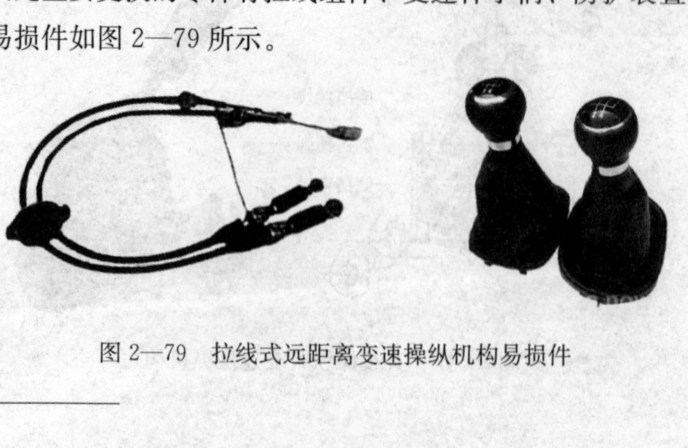

图 2—79　拉线式远距离变速操纵机构易损件

二、自动变速器

自动变速器，是指汽车在行驶过程中，变速器的操纵和换挡全部或者部分实现自动化控制的变速器。图 2—80 所示是几种常见的自动变速器。车辆的驱动方式不同，自动变速器的外部形状差异较大，但其基本组成结构是相同的，一般包括液力变矩器、换挡控制系统、轴/轮系、变速操纵机构、壳体及相关零件等。

图 2—80　常见的自动变速器

学习单元 2　汽车传动系统配件

学习目标

了解汽车传动系统配件的功能

掌握汽车传动系统的易损配件

知识要求

传动系统的作用是将发动机发出的动力传给驱动轮，对驱动轮产生驱动力，从而推动汽车行驶。传动系统具有减速、变速、倒车、中断动力、轮间差速和轴间差速等功能，与发动机配合工作，能保证汽车在各种工况条件下的正常行驶，并具有良好的动力性和经济性，如图 2—81 所示。

图 2—81　传动系统的组成

一、动力传动系统

1. 离合器

离合器的功用是保证汽车起步平稳、保证传动系统换挡工作平顺、防止传动系统过载。离合器的结构形式很多，主要有膜片弹簧式离合器、单片干式离合器和双片干式离合器三种。目前在中小型轿车，如上海大众桑塔纳、一汽大众捷达、神龙富康、天津夏利等轿车及部分大型车辆上都采用了膜片弹簧式离合器（见图 2—82）。

离合器基本上由主动部分、从动部分、压紧机构和操纵机构四部分组成，主要部件有飞轮、离合器从动盘、离合器压盘、分离轴承和分离叉等。由于离合器频繁分离与接合，这些组件承受的负荷十分复杂，所以易损坏。离合器一般不以总成的形式供货，经营中只需储备易损配件即可。

（1）离合器从动盘。离合器从动盘分为带扭转减振器和不带扭转减振器两种。为了使汽车能平稳起步，离合器应能柔和接合，这就需要离合器从动盘在轴向具有一定弹性。

离合器从动盘被紧压在压盘和飞轮之间，磨损较大，属于易损件，如图 2—83 所示。离合器从动盘的前后两面铆有摩擦片，摩擦片也是易损件，有的离合器从动盘摩擦片可以单独更换。

图 2—82　膜片弹簧式离合器

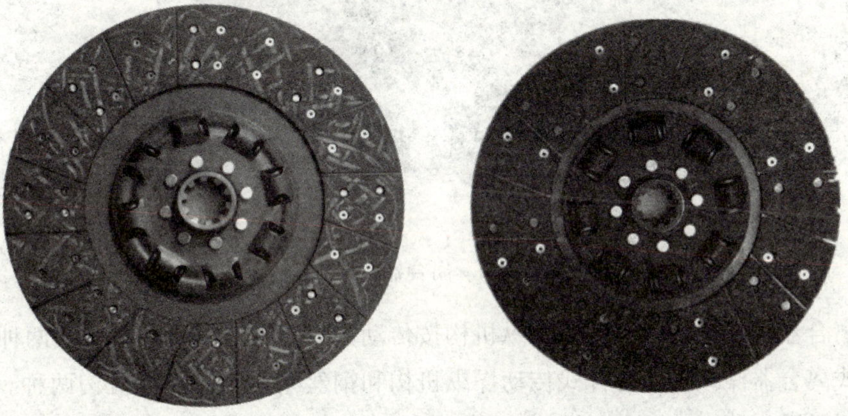

图 2—83　离合器从动盘

（2）离合器压盘组件。离合器压盘组件的功用是以足够的力将离合器从动盘压到飞轮上，从而有效地传递发动机转矩，以及当其与离合器从动盘分离时使其停止转动。离合器压盘组件由离合器压盘、膜片弹簧和离合器盖组成。离合器压盘组件一般有两种类型：带螺旋弹簧的和带膜片弹簧的，如图 2—84 所示。

对于汽车维修来说离合器压盘组件是易损件，一般是将离合器压盘组件整体更换。

（3）离合器分离轴承。离合器分离轴承通常是密封的，是预润滑的球轴承，如图 2—85 所示，属于易损件。

图 2—84　离合器压盘组件

图 2—85　离合器分离轴承

（4）离合器操纵机构。离合器操纵机构按传动方式分有机械式、液压式两种。

机械式离合器操纵机构有杆式传动操纵机构和钢丝绳索传动操纵机构两种。杆式传动操纵机构（见图 2—86）中关节点多，所以摩擦损失大。车身和车架的变形会影响其工作。当离合器需要远距离操纵时，较难合理安排杆式传动操纵机构。钢丝绳索传动操纵机构（见图 2—87）的结构简单，装置布置灵活，不受车身和车架变形的影响，但传递的力比较小，是易损件。

液压式离合器操纵机构（见图 2—88）省力、平稳、噪声小，在轿车上得到了广泛应用。液压式离合器操纵机构主要由踏板、总泵（见图 2—89）、分泵（见图 2—90）和管路组成。

2. 分动器

分动器是一个齿轮传动系统，单独固定在车架上，其输入轴与变速器的输出轴用万向传动装置连接，分动器的输出轴有若干根，分别经万向传动装置与各驱动桥相连。

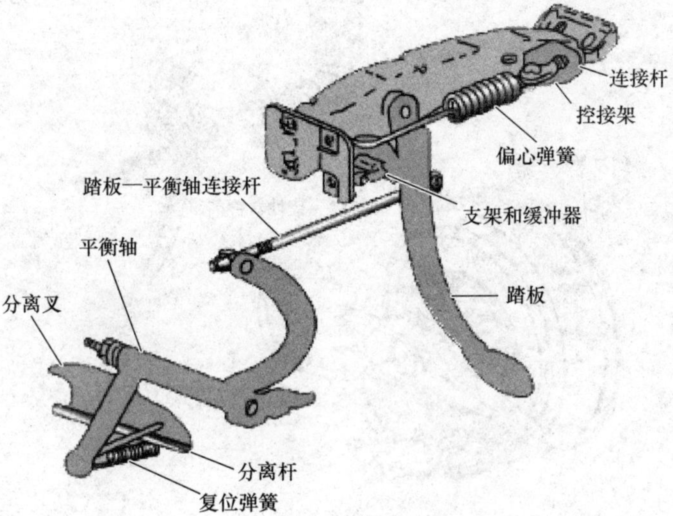

图 2—86　杆式传动操纵机构

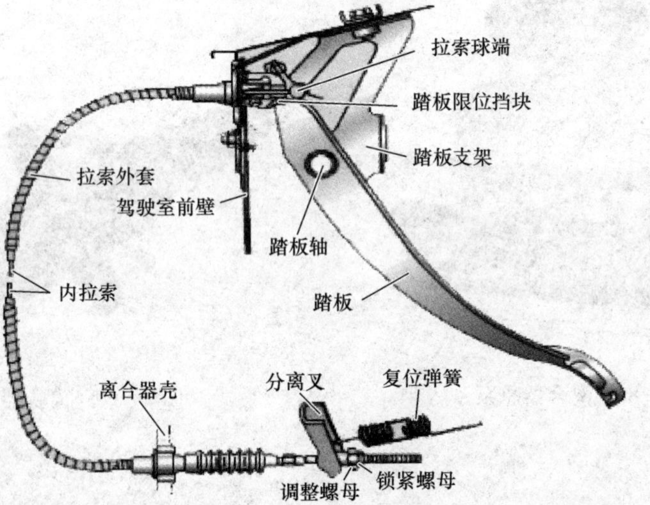

图 2—87　钢丝绳索传动操纵机构

分动器可以分为单速式和双速式两种，如图 2—91 所示，主要由壳体、齿轮传动系统和操纵机构等组成。其比较容易发生损坏的零件主要有主动轴、后桥传动轴、主动齿轮、后桥滑动齿轮、中间轴高挡齿轮等。

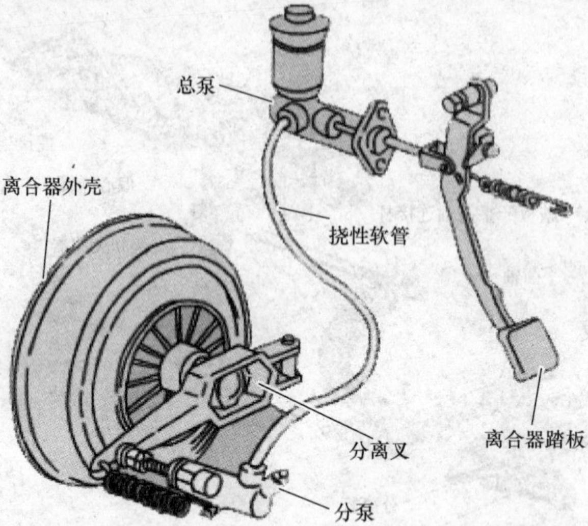

图 2—88　液压式离合器操纵机构

图 2—89　离合器总泵

图 2—90　离合器分泵

3. 传动轴

传动轴的功能是将变速器的转矩传递到驱动桥。对发动机前置后轮驱动的车来说是把变速器的转动传到主减速器的轴，它可以是好几节的，节与节之间可以由万向节连接，而对于发动机前置前轮驱动的车辆，传动系统则省去了万向传动装置。如图 2—92 所示，管式传动轴重量轻，应用较广，一般由无缝钢管或低碳钢板焊接而成。

有些轿车没有传动轴，由变速器输出轴直接驱动左右半轴，如富康、桑塔纳、夏利、奥迪等。有些汽车的传动轴是两段式的，在连接处装有中间轴承（见图 2—93），这种类型的传动轴可有效避免因共振造成的破坏。

a) b)

图 2—91　两种不同型号分动器

a）单速式　b）双速式

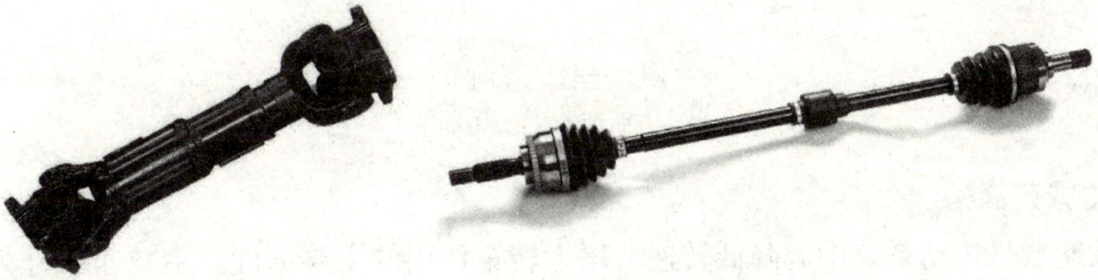

a) b)

图 2—92　传动轴

a）带万向节的传动轴　b）装有中间轴承的传动轴

图 2—93　传动轴中间轴承

传动轴主要零件有轴管、传动轴凸缘、传动轴凸缘叉、中间轴花键轴、传动轴花键轴、滑动叉、万向节总成等。销售中一般成套供应传动轴花键轴和滑动叉以降低维修成本。传动轴本身有一定的抗扭、抗弯性，所以不属于易损件，其连接件和焊接件属于易损件，需要备货。

目前传动轴上广泛应用的是普通十字轴刚性万向节（见图 2—94）。万向节工作环境恶劣，承受很大的扭力、振动等负荷，属于易损件。万向节相关的部件还有防尘罩和卡箍等，如果发现有损坏应及时更换。

图 2—94　万向节

a）万向轴承　b）万向节

4. 主减速器

主减速器是传动系统中起降低转速、增大转矩作用的主要部件。主减速器分为单级和双级齿轮式，如图 2—95 所示。

近年来国产汽车的主减速器广泛采用双曲线圆锥螺旋主从动齿轮。不管是圆锥主从动齿轮还是圆柱主从动齿轮，都以成套的形式销售。

减速器的其他部件如减速器壳、轴承盖、轴承座等也属于非易损件。

5. 差速器

汽车差速器可以在汽车转向或在不平路面行驶时，使左右驱动轮以不同的转速滚动，避免车轮打滑。

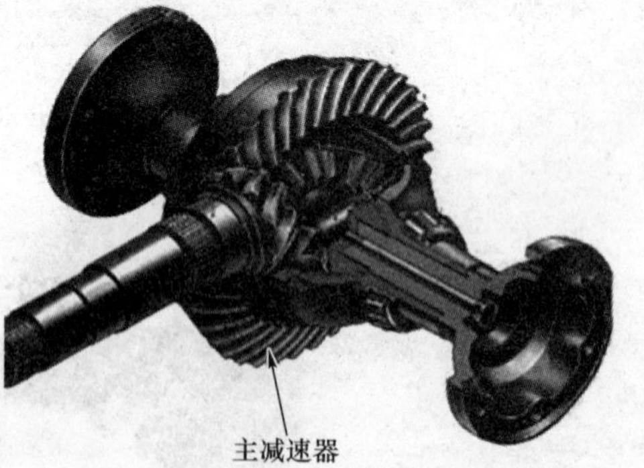

图 2—95　典型主减速器

差速器的主要部件有差速器壳、半轴齿轮、行星齿轮和行星齿轮轴，如图 2—96 所示。差速器总成为组合件，是非易损件，一般都成套（如差速器半轴齿轮和行星齿轮总成）供应。

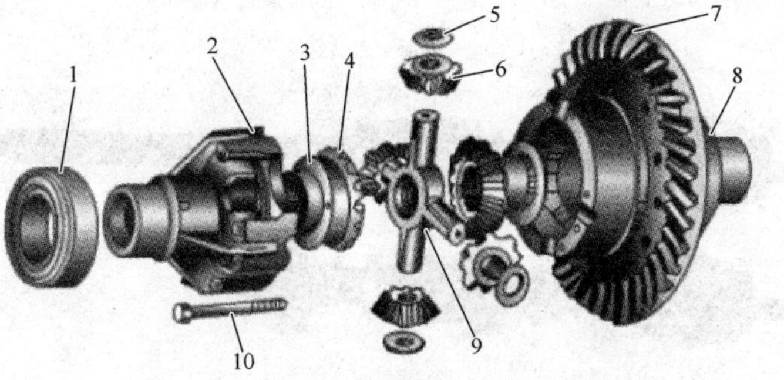

图 2—96　差速器

1—轴承　2—左外壳　3—垫片　4—半轴齿轮　5—垫圈　6—行星齿轮
7—从动齿轮　8—右外壳　9—十字轴　10—螺栓

6. 桥壳和半轴

(1) 驱动桥壳。驱动桥壳是汽车的基础件，主要作用是支承并保护主减速器、差速器和半轴等。同时，它又是行驶系统的主要组成件之一，如图 2—97 所示。驱动桥壳一般由主减速器壳和半轴套管组成。桥壳承受多半重量且在各个方向上都有弯曲力作用，偶有裂纹和折断，但不属于易损件。

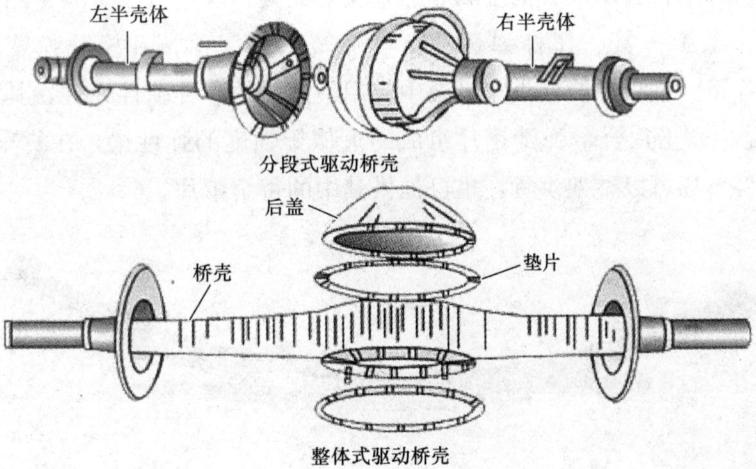

图 2—97　驱动桥壳

(2) 半轴。半轴是差速器和驱动轮之间的传动件，如图 2—98 所示。按支承形式半轴可分为全浮式和半浮式两种。全浮式半轴广泛应用于各类汽车上。半浮式半轴支承结构简单、成本低，因而被广泛用于反力弯矩较小的各类轿车上。汽车行驶中，若半浮式半轴折断则易造成车轮飞脱的危险。半轴常见的损坏形式有弯曲、折断和键齿磨损等，是易损件。

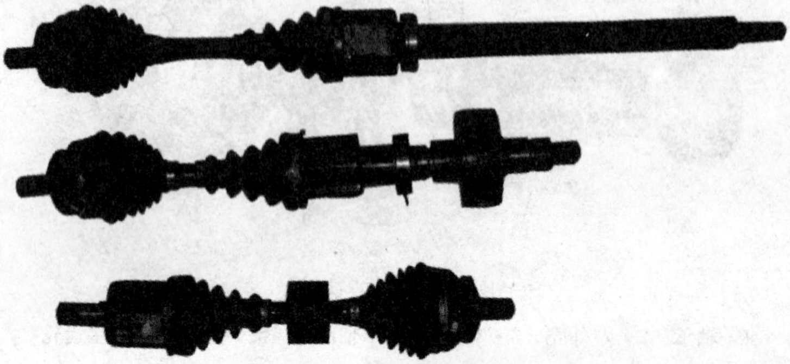

图 2—98　半轴

二、其他附件

1. 弹性元件

弹性元件是悬架系统中承受并传递垂直载荷并具有缓和及抑制路面冲击作用的元件。弹性元件根据所选用材料不同分为金属和非金属两大类。现代汽车悬架常用的弹性元件主要有钢板弹簧、螺旋弹簧、扭杆弹簧、空气弹簧、油气弹簧和橡胶弹簧等。

（1）钢板弹簧。钢板弹簧是汽车悬架中应用最广泛的一种弹性元件，其一般构造如图 2—99 所示，是由若干片合金弹簧钢片组成的近似等强度的弹性梁，在货车上应用很广。钢板弹簧在配件市场可以整架供货，也可提供其中的每个单片。

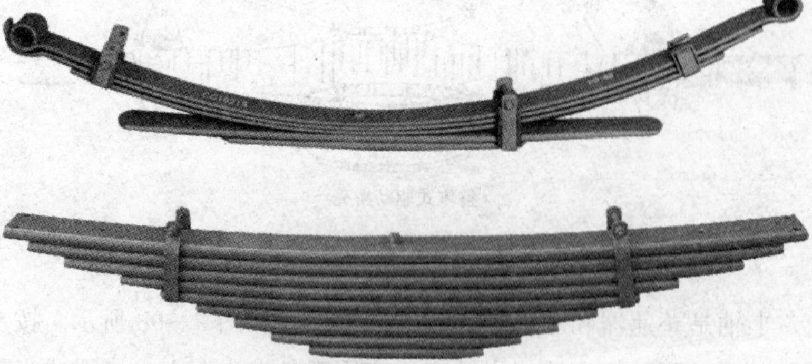

图 2—99　钢板弹簧

如果需更换主片，请提示客户检查主片卷耳的衬套和弹簧销是否需要同时更换。提醒客户更换隔音垫，并在各片间涂抹润滑脂（石墨润滑脂或锂基润滑脂）。为防止污染和能长期使用，减少维护工作量，可以建议客户为钢板弹簧选择合适的护套。

（2）螺旋弹簧。螺旋弹簧广泛应用于独立悬架，特别是前轮独立悬架中。然而在有些轿车的后轮非独立悬架中，其弹性元件也采用螺旋弹簧，如图 2—100 所示。

螺旋弹簧在拆卸时一般应使用专用的拆卸工具。

（3）扭杆弹簧。扭杆弹簧本身是一根由弹簧钢制成的杆，如图 2—101 所示。

图 2—100　螺旋弹簧

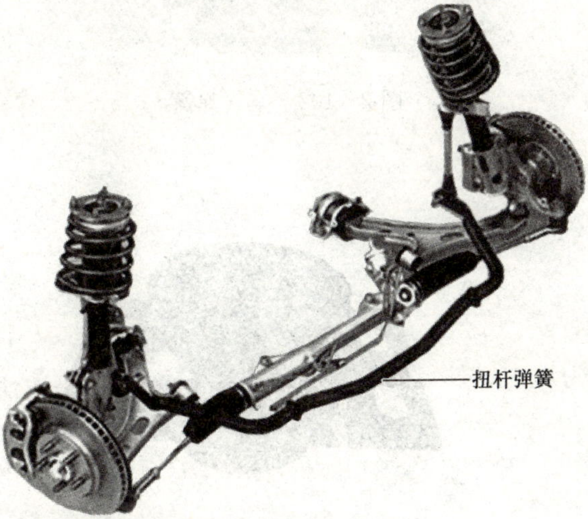

图 2—101　扭杆弹簧

扭杆弹簧有左右之分，在产品上也刻有不同的标记，提示客户在使用过程中切勿装反，也不要代用。扭杆弹簧拆装需要使用专用工具，在储存时需要在花键端头涂抹保护性油脂，杆身涂保护性油液或油脂，采用牛皮纸包装，切勿暴露在空气中散放。

（4）空气弹簧。空气弹簧由橡胶气囊、上盖板、下盖板、腰环等组成，如图 2—102 所示。空气弹簧在重型货车和大型豪华客车上得到了广泛应用。

（5）油气弹簧。油气弹簧的特点是具有变刚度特性，兼起减振器作用。油气弹簧主要应用于商用货车和自卸车上。油气弹簧如图 2—103 所示。

（6）橡胶弹簧（缓冲块）。橡胶弹簧由橡胶制成。橡胶弹簧主要用于做副簧和缓冲块，利用橡胶的弹性起到弹性元件的作用，如图 2—104 所示。

2. 减振器

减振器能在较短的时间内衰减弹性系统的振动，提高乘坐的舒适性，是汽车悬架中十分重要的零件，如图 2—105 所示。目前在汽车上广泛使用的是双向作用筒式减振器。

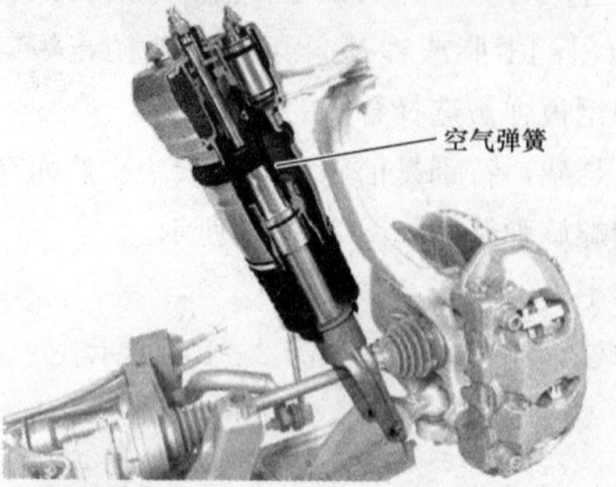

图 2—102　空气弹簧

图 2—103　油气弹簧

图 2—104　橡胶弹簧

图 2—105　减振器

减振器是易损件，使用寿命大约为 60 000 km，其损坏形式一般表现为油液渗漏，导致阻尼失效。在市场上一般以总成形式供货，很少零售内部散件。

学习单元 3　悬架与转向系统配件

学习目标

了解汽车悬架与转向系统配件的功能

掌握汽车悬架与转向系统的易损配件

知识要求

汽车行驶系统由车架、车桥、悬架和车轮组成。它能接受发动机经传动系统传来的转矩，产生驱动力，保证汽车正常行驶；传递并承受路面与车架之间的各种力和力矩；保证汽车行驶的平顺性和操纵的稳定性。

一、悬架

悬架的作用是传递作用在车轮和车架之间的力和力矩，缓冲由不平路面传给车架或车身的冲击力，并减少由此引起的振动，以保证汽车能平顺地行驶。现代汽车的悬架一般由弹性元件、减振器和导向机构三部分组成。根据悬架结构形式的不同，可以将悬架分为独立悬架和非独立悬架两种，如图 2—106 所示。

1. 非独立悬架

如图 2—107 所示，非独立悬架具有零件少、结构简单、坚固耐用、承载能力强、便于维护的优点，因此在货车，特别是大型、重型货车上得到了广泛应用。

2. 独立悬架

独立悬架（见图 2—108）是指将两侧车轮各自独立地与车架（或承载式车身）弹性连接，两侧车轮可以单独运动，互不影响。独立悬架在现代汽车上得到了广泛应用。

近年来新型的多连杆式独立悬架的应用也日益广泛。

二、转向系统

转向系统是一套用来体现驾驶员意志，改变或恢复汽车行驶方向的专设机构。它是汽车操纵系统中重要的安全部件，需要定期检查，认真维护。它一般由转向盘、转向柱、转向器、转向传动机构和转向助力系统等组成，如图 2—109 所示。转向盘、转向轴、转向

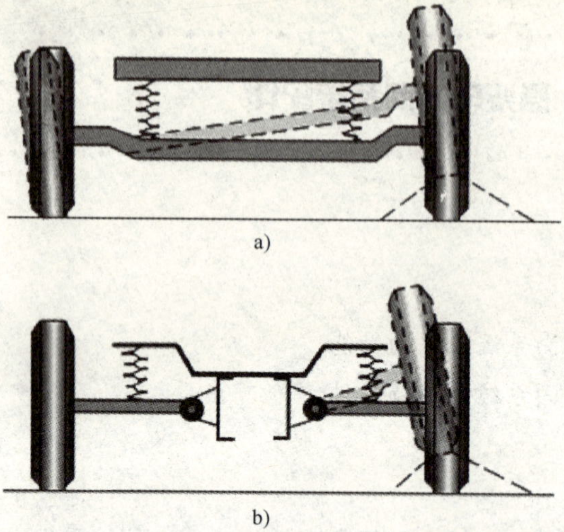

图 2—106　悬架

a）非独立悬架　b）独立悬架

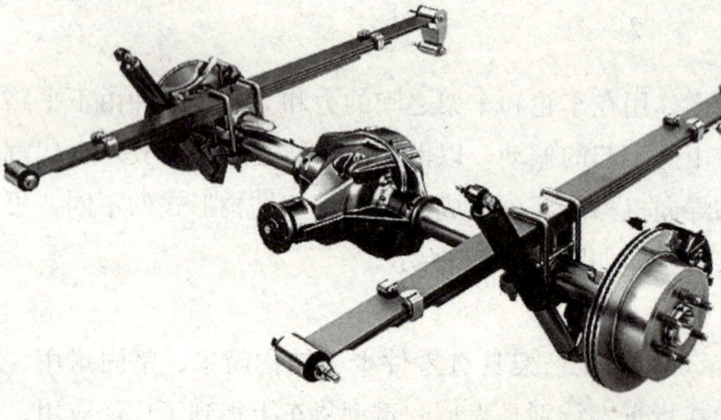

图 2—107　非独立悬架

柱管、衬套、转向柱及其他相关零件共同组成了转向操纵机构。图 2—110 所示为转向操纵机构。

1. 转向盘/转向柱

（1）转向盘。转向盘属于非易损件，如图 2—111 所示。在汽车发生碰撞事故后只要更换损坏的零件即可恢复功能。若表皮磨损严重，车主自己也可以要求更换新件。

带安全气囊的转向盘在储存和运输时，请遵循厂家的安全规范，以免伤人或损坏零件。

（2）转向柱。转向柱的主要零件有转向柱支架、转向柱管和转向轴等。

图 2—108　独立悬架

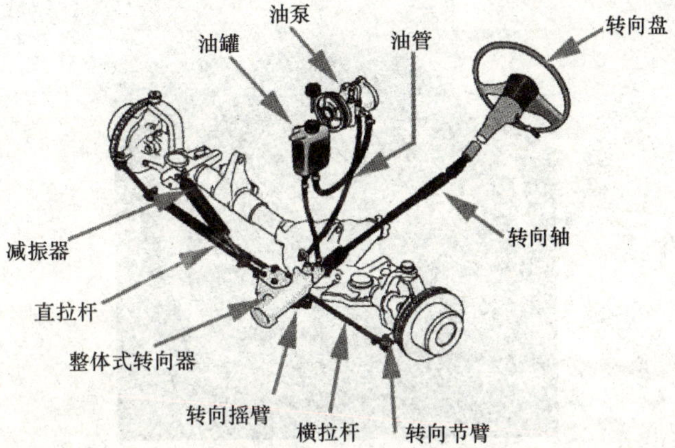

图 2—109　转向系统

转向柱支架在车辆发生碰撞事故后，不管是否损坏都应仔细检查，如发现存在安全隐患时，必须进行修理或更换。转向柱管在车辆发生碰撞事故后，不管是否损坏都应仔细检查，如发现存在安全隐患时，必须进行修理或更换。

在碰撞修复过程中，应更换转向轴的柔性连接零件，对于万向节连接则应更换连接销。

2. 转向器

转向器是转向系统的减速传动装置。目前广泛采用的是齿轮齿条式转向器和循环球式转向器。

（1）齿轮齿条式转向器。齿轮齿条式转向器一般由转向器壳体、转向齿轮、转向齿条、弹簧、压块、防尘罩等组成，如图 2—112 所示。

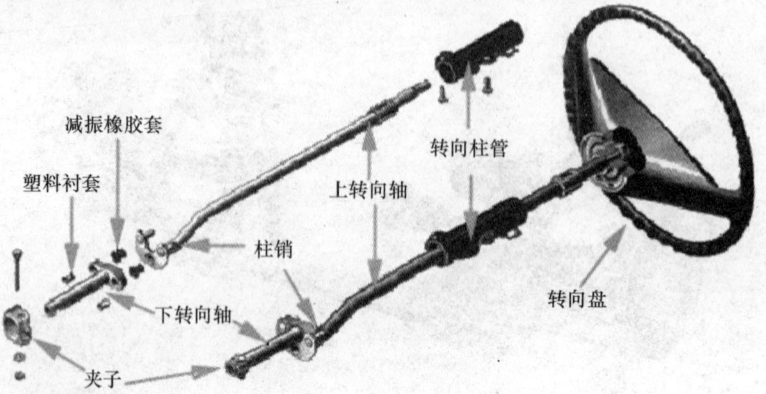

图 2—110　转向操纵机构

图 2—111　带安全气囊转向盘

为保证车辆行驶的安全性，厂家一般规定在 20×10^4 km 左右更换转向齿轮和转向齿条，而且建议齿轮和齿条成套更换。

压紧弹簧一般与调节螺栓（或其他调节方式）、压块配合，确保齿轮齿条啮合紧密。出现相关故障，首先考虑更换弹簧。

近年来，随着模块化快速修理的盛行，越来越多的厂家采用整体供货的方式，直接向用户提供转向器总成，如有损伤，整体更换即可恢复正常功能。

（2）循环球式转向器。循环球式转向器是汽车上较为常见的一种转向器，在各类车辆，特别是商用车和越野车上获得了广泛应用。

循环球式转向器主要由转向器壳体、转向轴（蜗杆）、钢球、钢球套管、转向垂臂等组成，如图 2—113 所示。

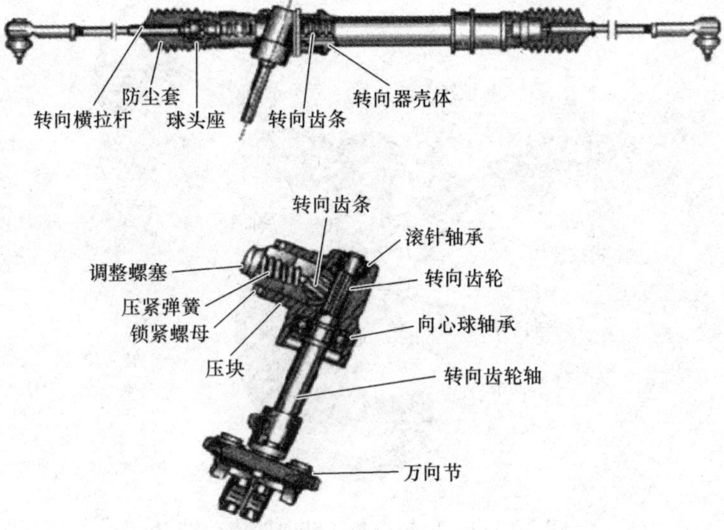

图 2—112 齿轮齿条式转向器的结构

一般厂家要求，15×10⁴ km 更换转向轴（带蜗杆），20×10⁴ km 左右更换转向垂臂。

图 2—113 循环球式转向器

对于系统中的密封元件，如油封、橡胶垫圈，一旦发现老化、渗漏的情况，也应立即更换，以免造成重大损失。

汽车制造厂家也提供转向器总成以供快速修复之用，对于损坏严重，已无维修价值的转向器建议整体更换。

（3）其他类型的转向器。除齿轮齿条式转向器和循环球式转向器外，还有蜗杆曲柄指销式、循环球曲柄指销式、蜗杆滚轮式。其中蜗杆曲柄指销式是齿轮齿条式的变形型式，循环球曲柄指销式是循环球式的变形型式，蜗杆滚轮式则较为少见。

3. 转向传动机构

转向传动机构由转向连杆机构和转向节等零件组成，将转向器提供的转向意图体现到车轮的偏转上。

（1）转向连杆机构。齿轮齿条式转向器传动机构比较简单，直接采用转向横拉杆与转向节臂连接，如图 2—114 所示。

循环球式转向器（或其他型式）的转向传动机构一般由转向摇臂、转向直拉杆、转向横拉杆、转向节臂、转向梯形臂等零件组成，如图 2—115 所示。

1）转向摇臂、转向节臂、转向梯形臂。转向摇臂是转向器与直拉杆之间的传动元件，

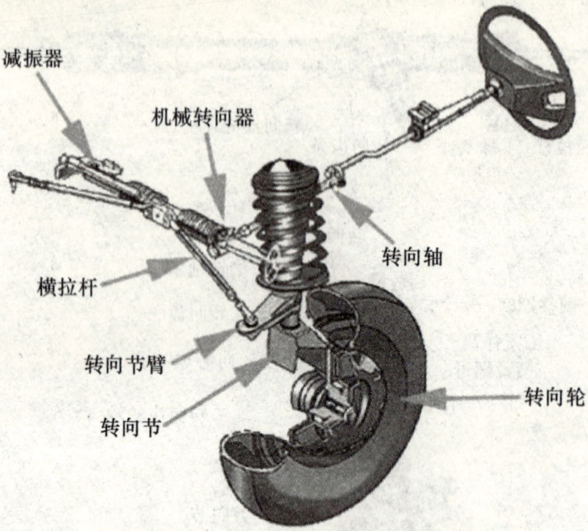

图 2—114　齿轮齿条式转向器传动机构

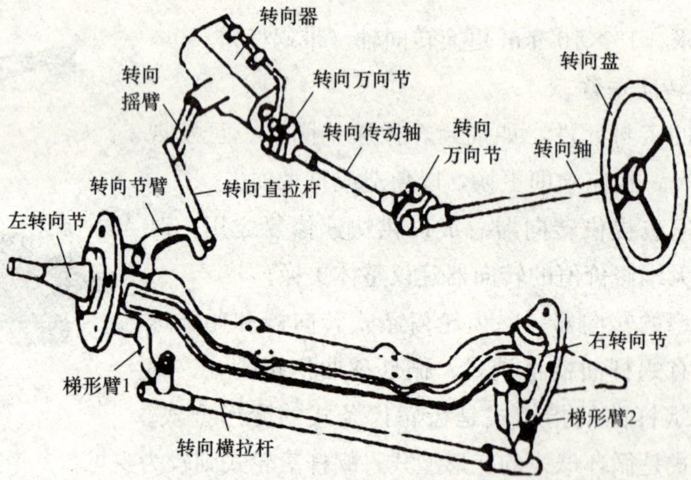

图 2—115　循环球式转向器传动机构

一般为合金钢锻件，属于非易损件。其损坏形式主要表现为裂纹、扭曲，连接螺纹（或花键）缺牙、乱扣，在损坏后应立即更换。

转向节臂、转向梯形臂一般采用合金钢锻造，强度和可靠性很高，属于非易损件，如图 2—116 所示，损坏形式与转向摇臂基本相同，在损坏后更换即刻恢复其功能。

三种转向传动臂由于采用了优质的材料和锻造加工工艺，使用寿命均较长，一般厂家推荐的更换里程为 25×10^4 km 左右。

图 2—116　转向摇臂、转向节臂、转向梯形臂

2）横（直）拉杆。横拉杆和直拉杆总成的基本结构是相同的，由拉杆（套管）、拉杆球头（见图 2—117）、球头销及螺母、球头座等零件组成。

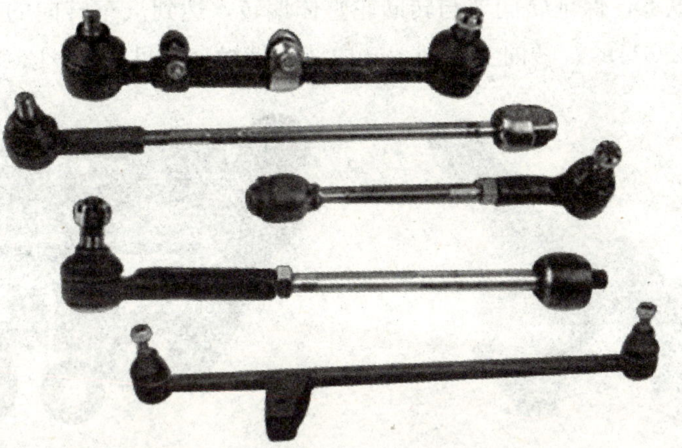

图 2—117　各种横（直）拉杆及球头

在拉杆总成中，拉杆使用寿命较长，拉杆球头及其他部件属于易损件，常见损坏形式有磨损、螺纹损坏和弹簧失效等，如有损坏应及时更换相关零件。

“拉杆球头销和螺母”在供货中一般作为一个零件提供，如果只说“拉杆球头销”，请确认是否带螺母。不管是更换“拉杆球头销”，还是“球头座”，建议客户更换球头销弹簧和防尘垫，加注润滑脂，以确保密封和润滑，维持良好的传动性能。如果“拉杆球头销”和“球头座”磨损严重，均需更换，建议客户直接购买“拉杆球头总成”。如果拉杆球头和拉杆均已损坏，建议客户直接购买“拉杆总成”，节省维修费用。

3）转向减振器。为减轻车辆行驶过程中对转向连杆系统的冲击力，某些车型在转向系统中增加了转向减振器，如图 2—118 所示。

转向减振器不属于易损件。

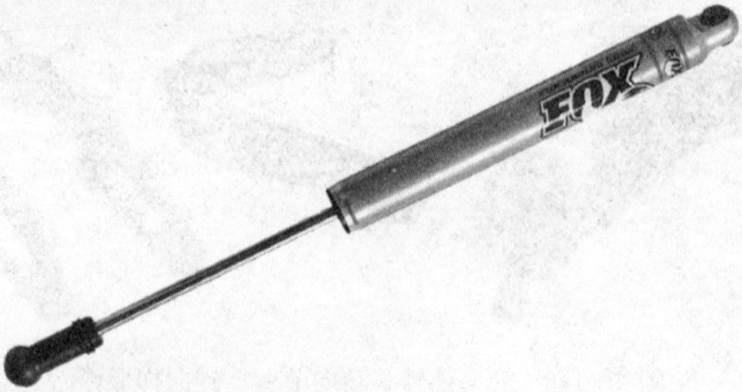

图 2—118　转向减振器

（2）转向节及其部件。转向节上安装车轮及制动器，通过转向节主销与转向桥连接，在转向机构的操纵下，保证转向节与转向轮整体偏转，达到汽车转向的目的。该机构主要由转向节（见图 2—119）、转向节主销、转向节主销衬套（见图 2—120）组成。

图 2—119　转向节

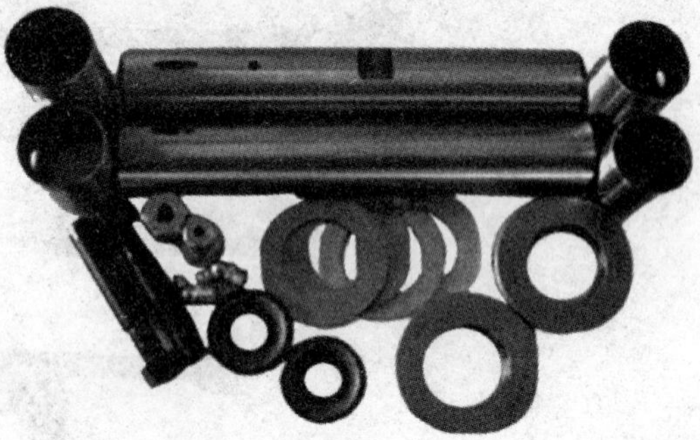

图 2—120　转向节主销衬套

转向节机构常见损坏形式有：各部件磨损严重，配合间隙超出要求，导致漏油及转向响应失灵等。其中衬套、油封、主销、主销锁销和螺母是售后市场的常备零件，一旦损坏应立即更换，以免造成重大安全隐患。

4. 转向助力系统

为改善车辆的转向特性，使驾驶更为轻松，现代汽车广泛采用了转向助力系统，在厂家的宣传中也常被称为“动力转向”。按传动介质分类，转向助力系统可分为气压式、液压式和电动式三种。气压式转向助力系统由于工作压力较低，反应不够灵敏，因此应用范围较小，在此不再介绍。液压式转向助力系统工作压力大，部件结构简单紧凑，反应迅速，能缓和冲击，在现代汽车上得到了广泛的应用。电动式转向助力系统是近年来发展出的一种新技术，应用还不是十分广泛。

（1）液压式转向助力系统。液压式转向助力系统一般由液压泵、油罐、管路等零件组成，如图 2—121 所示。

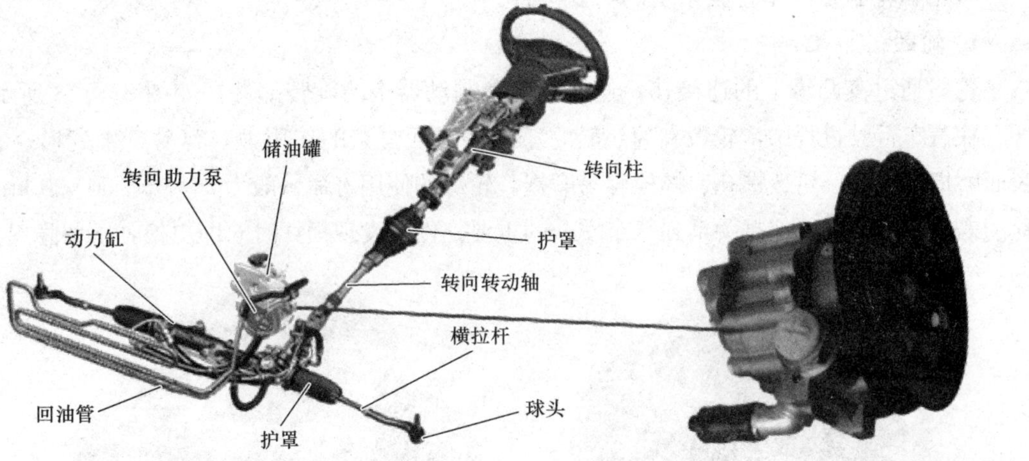

图 2—121　液压式转向助力系统

（2）电动式转向助力系统。电动式转向助力系统是用一部直流电动机代替传统的液压助力缸，用蓄电池和电动机提供动力，如图 2—122 所示。

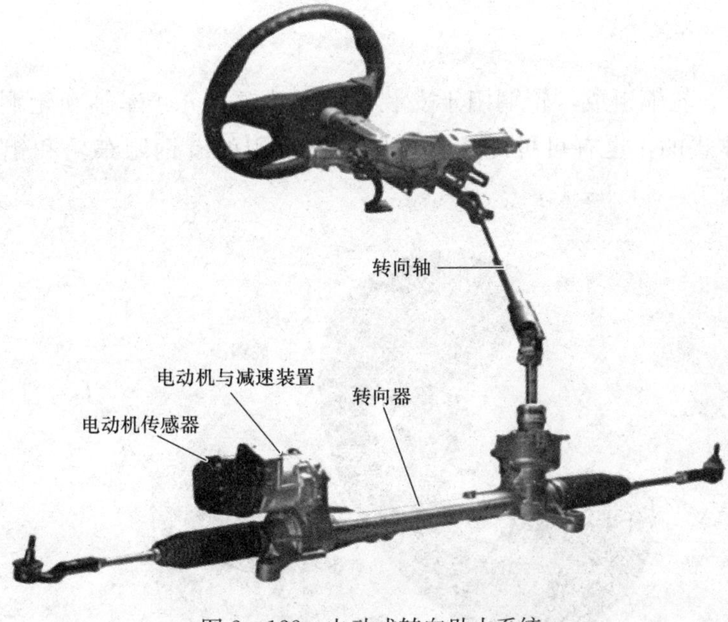

图 2—122　电动式转向助力系统

三、车轮和轮胎

车轮和轮胎是汽车行驶系统的重要零件。

1. 轮毂

轮毂通过其凸缘上的连接孔，连接车轮和制动器中的旋转部件，如图 2—123 所示。

在汽车行驶过程中，轮毂高速运转，承受多方面复杂的作用力，容易产生变形、裂纹、表面磨损等损坏，轮毂螺孔、螺栓容易磨损。轮毂的使用寿命一般为 20 000～50 000 km，螺栓的寿命更短，它们都是关系到行车安全的重要部件，发现损坏时立即更换，不留隐患。

图 2—123　轮毂

2. 车轮

车轮由轮辐、轮辋组成，轮辋用于安装轮胎，轮辐是介于车轴和轮辋之间的支承部分。车轮有整体式的，也有可拆卸的，现代汽车常用的有钢制车轮和铝合金车轮，如图 2—124 所示。

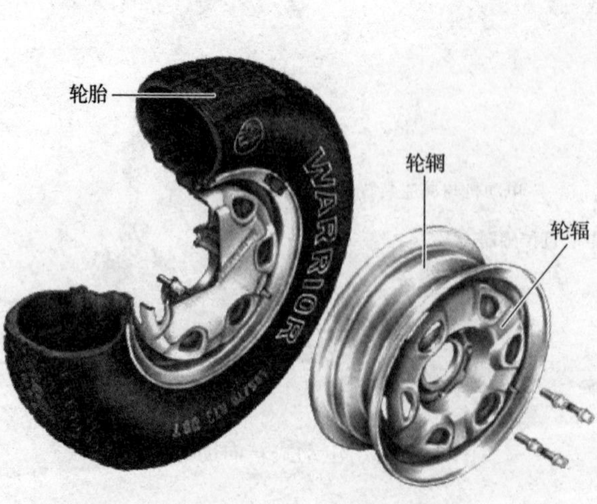

图 2—124　车轮

车轮在高速运转中承载全车的重量并受到多种复杂作用力的影响，容易产生疲劳变形甚至断裂，一般厂家要求在 25×10^4 km 左右更换车轮。车轮螺柱承受着较大的作用力，在使用过程中容易松动变形或折断，一般在 6×10^4 km 左右就该更换。

车轮螺柱和螺母一般成套销售，同时更换，相关的垫圈、垫片也一起更换。

3. 轮胎

轮胎按组成结构不同可分为有内胎轮胎和无内胎轮胎；按胎体中帘线排列方向不同可以分为普通斜交胎和子午线胎。其中子午线胎在轿车上已被普遍采用，在货车上的应用也越来越广泛。

指导车主选择轮胎时需要注意，一是轮胎的规格型号，二是胎面的花纹。

（1）轮胎的规格型号。充气轮胎尺寸代号如图 2—125 所示。

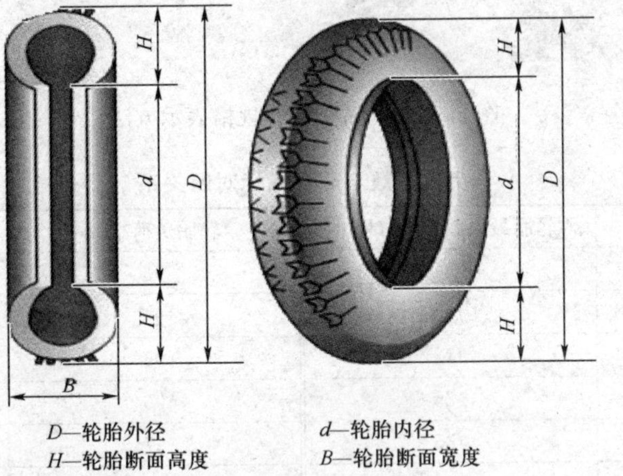

图 2—125　充气轮胎尺寸代号

轮胎断面高度 H 与宽度 B 之比以百分比表示，称为轮胎的扁平率。

轿车轮胎规格表示方法如图 2—126 所示。

上述表示方法中的名词具体含义如下：

1）断面宽度 B，英制标准中单位为英寸，其他单位是 mm。

2）扁平率（高宽比 H/B）取百分数数值，如 H/B 等于 70%则标记为 70。

3）结构标记，表示轮胎的结构，“—”代表低压胎，“R”代表子午线轮胎。

4）轮辋直径 d，单位为英寸。

5）负荷指数，表示轮胎的载重指标，其指数与载重量对照关系见表 2—6。

6）车速级别标志，表示适用的最高车速，其代号与车速的对照见表 2—7。

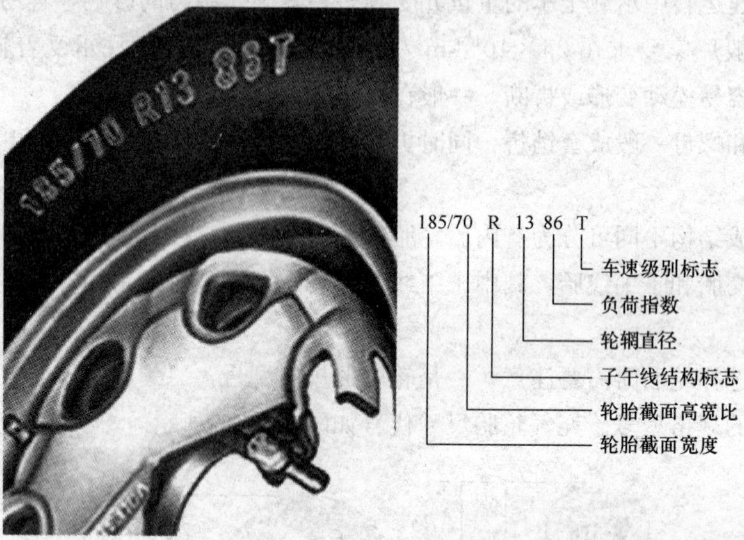

图 2—126　轿车轮胎规格表示方法

表 2—6　　负荷指数与载重指标对照关系

轮胎负荷指数	轮胎最大载重量（kg）	轮胎负荷指数	轮胎最大载重量（kg）
75	387	93	650
76	400	94	670
77	412	95	690
78	425	96	710
79	435	97	730
80	450	98	750
81	462	99	775
82	475	100	800
83	487	101	825
84	500	102	850
85	515	103	875
86	530	104	900
87	545	105	925
88	560	106	950
89	580	107	975
90	600	108	1 000
91	615	109	1 030
92	630	110	1 060

表 2—7　　　　车速级别标志代号与车速对照

车速级别标志	轮胎最高行驶速度（km/h）	车速级别标志	轮胎最高行驶速度（km/h）
N	140	T	190
P	150	U	200
Q	160	H	210
R	170	V	240
S	180	Z	超过 240

在向客户销售轮胎时建议最好选用原厂要求的轮胎规格。变换轮胎规格会影响速度表、里程表的准确指示，严重的会导致轮胎异常磨损甚至转向故障。

（2）轮胎花纹。汽车轮胎花纹即轮胎胎面上各种纵向、横向、斜向组成的沟槽。轮胎花纹的主要作用是：增大轮胎与地面的摩擦力、降低胎噪增强舒适性、为轮胎散热、排水、提升车辆操控性能、美观、提升视觉效果。

轮胎花纹对轮胎性能影响很大，各大轮胎生产厂商如米其林、固特异、普利司通等都拥有一系列具有不同花纹的轮胎产品，以适应不同的道路条件、气候条件和行驶状况。

不同花纹的轮胎如图 2—127 所示。在销售轮胎时应指导客户根据车辆的使用状况、道路条件、气候条件及个人喜好，选择合适花纹的轮胎。

图 2—127　不同花纹的轮胎

a）混合花纹轮胎　b）不对称花纹轮胎　c）单导向花纹轮胎　d）SUV 轮胎

（3）磨损标记。为了确保花纹作用的有效性，世界各国都对轮胎花纹磨损极限（见表 2—8）制定了明确的法规，并在轮胎胎肩沿圆周的若干等分处模刻轮胎磨耗极限警报标记“△”或（和）“TWI”英文标记（见图 2—128）。当花纹块凸面磨损距离花纹沟槽底部约 1.6 mm 时，标记处的花纹已经被磨平，露出窄横条状的光胎面，警示驾驶员必须更换轮胎了。

表 2—8　轮胎胎面花纹深度磨损极限　mm

国家或地区	轿车	货车、客车
美国	≥1.6	≥2.0
西欧	≥1.0	≥2.0
日本	≥1.6	≥3.2
中国	≥1.6	≥2.0

图 2—128　轮胎胎面花纹深度磨损极限标记

学习单元 4　制动系统配件

学习目标

了解汽车制动系统配件的分类与用途

掌握汽车制动系统的易损配件

知识要求

汽车制动系统是使行驶中的汽车按照驾驶员的要求进行强制减速直至停车，使已停驶的汽车在各种道路条件下（包括在坡道上）稳定驻车，使下坡行驶的汽车速度保持稳定的系统。制动系统可分为行车制动系统、防抱死制动系统（辅助制动系统）和驻车制动系统等。

一、行车制动系统

行车制动系统是使行驶的汽车降低速度直至停车的装置，按制动能量的传输方式可分为机械式、液压式、气压式、电磁式等。同时采用两种以上传能方式的制动系统称为组合式制动系统。它主要由制动器、制动传动机构组成。

1. 制动器

常见的制动器有鼓式制动器、盘式制动器和辅助制动器。

（1）鼓式制动器。鼓式制动器广泛应用于货车上，很多轿车后轮上也采用鼓式制动器，如上海大众桑塔纳轿车等。常见的鼓式制动器由制动底板、挡油盘、轮缸、制动蹄及摩擦片、回位弹簧等组成。其基本结构如图 2—129 所示。

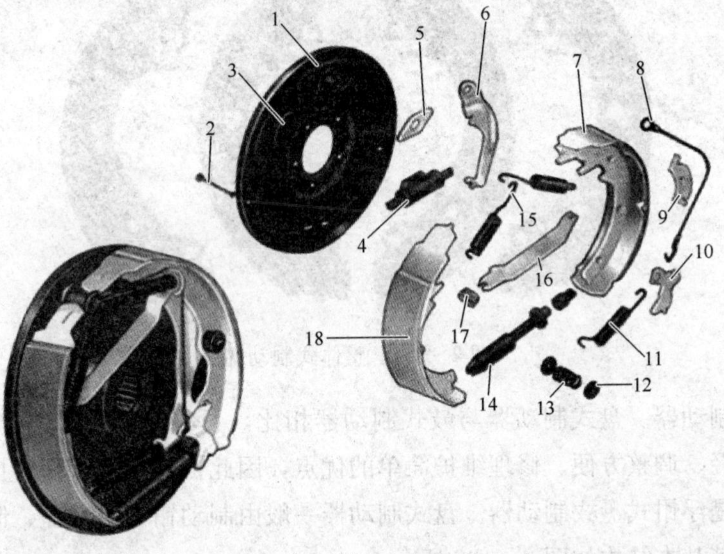

图 2—129　鼓式制动器的基本结构

1—制动底板　2—拉紧销钉　3—凸台　4—轮缸　5—制动蹄导向板　6—停车制动拉臂　7—从蹄　8—调整拉线　9—拉线导向块　10—调整棘片　11—调整蹄拉簧　12—弹簧保持器　13—压紧弹簧　14—调整螺栓总成　15—回位弹簧　16—停车制动导向板　17—弹簧　18—领蹄

在制动器中，制动鼓（见图 2—130）属于非易损件，制动衬片属于消耗件，一般 20 000～30 000 km 就要更换，在山区、矿区等行驶条件恶劣的地区使用寿命更短。当制动衬片磨损严重时只需单独更换衬片即可；整体式制动蹄（见图 2—131）常用于轿车、微型车和轻型车辆，它的使用寿命较长，可达 80 000 km 左右，磨损严重时直接更换制动蹄即可。

图 2—130　制动鼓

图 2—131　整体式制动蹄

（2）盘式制动器。盘式制动器与鼓式制动器相比，具有制动效能稳定、涉水性能好、体积小、重量轻、调整方便、修理维护简单的优点，因此在轿车上获得了广泛应用。现代汽车上常用的是浮钳式盘式制动器。盘式制动器一般由制动钳、制动盘、制动块、防护罩等零件组成。其基本结构如图 2—132 所示。

在盘式制动器中，制动摩擦片（见图 2—133）属于易耗件，需要根据厂家提出的要求定期检查，及时更换。

制动摩擦片一般成套供应，需要一次性更换左右车轮的所有制动摩擦片。

（3）辅助制动器。常见的辅助制动器有排气制动、液力缓速器和电磁缓速器三种，主要应用在大型客车和重型货车上，提供辅助制动力。

排气制动在国内俗称缸盖制动，基本原理是切断供油，堵塞排气门，利用发动机压缩

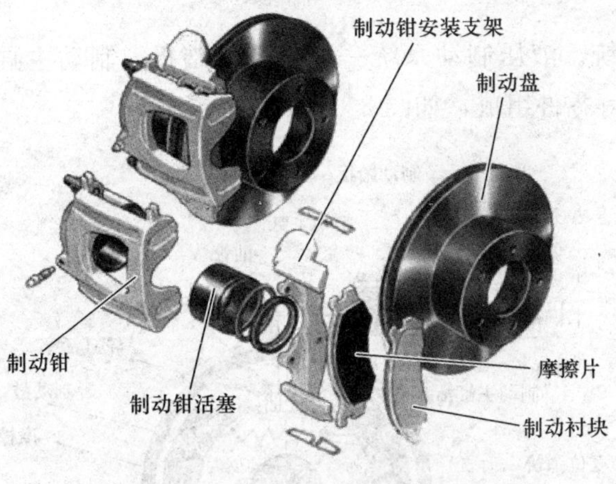

图 2—132　盘式制动器的基本结构

图 2—133　制动摩擦片

空气的功率消耗来进行制动。国内生产的很多柴油机都具有该装置，如重庆康明斯的 M11 等。

在欧洲，电磁（或液力）缓速器是保证重型车辆安全的标准配置，而且它能延长制动器寿命 7～8 倍，具有良好的经济效益，因此得到了十分广泛的应用。近年来，我国的大型客车和重型货车生产企业也开始在部分车型上配备电磁缓速器。国际上较为著名的液力缓速器生产厂家是德国的 ZF 公司，比较知名的电磁缓速器生产厂家有法国的 Telma 和德国的 Voith。

2. 制动传动机构

从制动踏板到轮边制动轮缸的所有提供和传递制动压力的零部件统称为制动传动机构。

根据传动介质的不同，制动传动机构可以分为液压制动系统和气压制动系统。轿车、轻型客货车多采用液压制动，中型以上客货车由于载重量较大，多采用气压制动，两类系统部件有较大的差异。

（1）液压制动系统。液压制动系统一般由制动踏板、制动主缸、制动管路、制动软管、阀门、制动轮缸等零件组成，如图 2—134 所示。

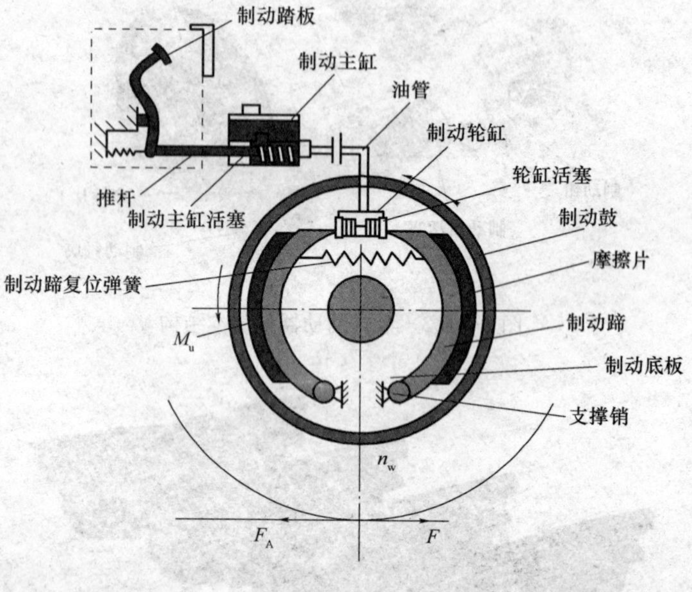

图 2—134　液压制动系统

1）制动主缸。制动主缸又称制动总泵，是液压制动系统的核心，有与储液罐制成一体的整体式，也有两者分开的分体式，如图 2—135 所示，很多轻型汽车的制动系统中还增加了真空助力器（见图 2—136）。

图 2—135　制动主缸

制动主缸的皮碗、皮圈、防尘套一般为橡胶零件，在市场上一般以主缸修理包的形式供货。

2）制动轮缸。制动轮缸又称制动分泵，其典型的形式如图 2—137、图 2—138 所示。

图 2—136　真空助力器

在车辆行驶过程中，制动轮缸时常出现漏油、锈死等故障，出现这种情况一般需要更换制动轮缸修理包即可恢复制动性能，如果损坏比较严重则需更换制动轮缸总成。

图 2—137　鼓式制动器制动轮缸

图 2—138　盘式制动器制动轮缸

盘式制动器制动轮缸一般与制动钳壳体是一体的，发生损坏时需整体更换，同时还要更换相关密封组件。密封组件是常备零件，如果要更换主缸或轮缸的活塞皮碗，建议同时更换制动液。

3）制动管路、制动软管。制动管路一般采用镀锌或镀铜的双壁钢管制成，接头多用钢或黄铜制成，制动软管一般采用合成橡胶浸渍过的多层纤维制成，如图 2—139 所示。

制动管路和软管的常见故障是渗漏和破裂，如有损坏，必须及时更换相应的新件，并检查是否需要添加制动液，保证车辆时刻具有良好的制动效能。制动管路的固定零件，如卡子、挂板等，一旦损坏，应提醒客户要立即更换，以免固定不良的管路与其他部件发生干涉，导致管路故障甚至制动失效，造成严重事故。

4）制动阀门。液压制动系统中常见的制动阀门有压差阀、节压阀、比例阀。

压差阀的作用是操作报警灯开关，提醒驾驶员制动液压系统中出现了压力损失，需要马上检修。节压阀能保证在后制动器起作用之前，前制动器不受压，避免前制动器抱死。比例阀能调节后制动系统的压力，并调整前后制动系统的压差，保持前后制动力的平衡。很多新型汽车将压差阀和节压阀、压差阀和比例阀或者三者组合在一起，成为一个组合阀，具有原各阀门的所有功能。组合阀如图 2—140 所示。

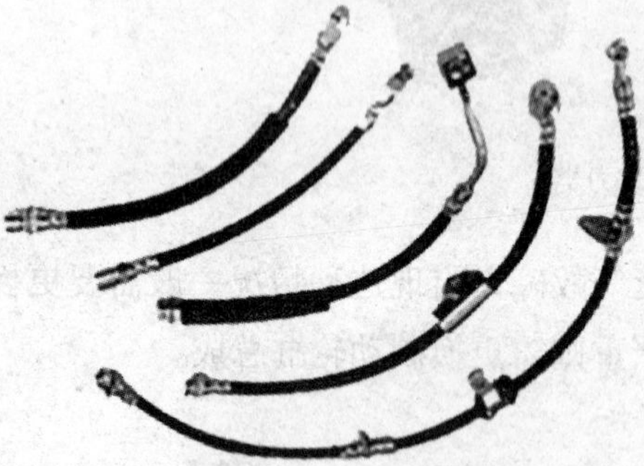

图 2—139　液压制动管、制动软管

图 2—140　制动组合阀

阀门组件一般是不可修复的，如有损坏应直接换件。

（2）气压制动系统。气压制动系统一般由制动踏板、空气压缩机、调压阀、制动阀、多回路保护阀、制动气室、储气筒、制动管路等零件组成，如图 2—141 所示。

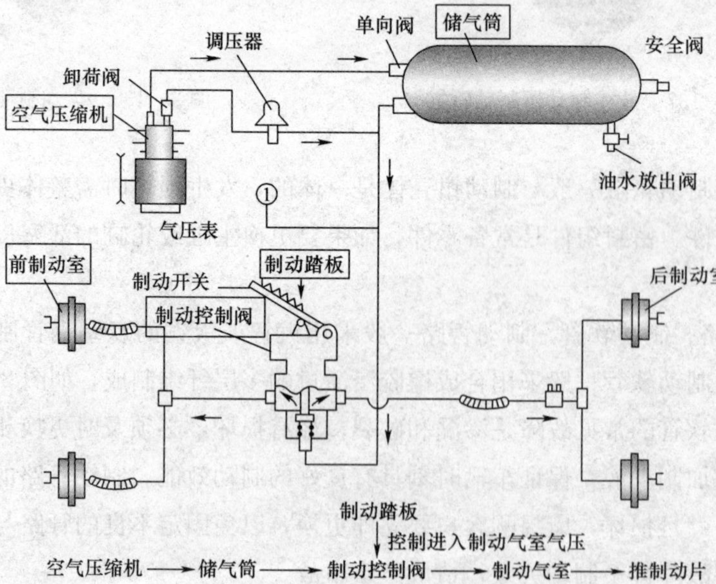

图 2—141　气压制动系统

1）空气压缩机。空气压缩机（见图 2—142）是气压制动系统的动力来源，由发动机驱动。空气压缩机具有和发动机类似的曲柄连杆机构，主要易损零件是活塞、活塞环、活塞销、缸盖垫片、连杆等。在修理中，直接更换损坏零件即可恢复效能。

空气压缩机需要采用专门的空气压缩机润滑油，请按厂家的要求向客户推荐润滑油。

图 2—142　空气压缩机

2）调压阀、制动阀、多回路保护阀和其他阀门（见图 2—143）。调压阀又称气压调节器，其主要作用是使储气筒的气压保持在额定数值范围内。

图 2—143　调压阀和多回路保护阀

制动阀是气压制动系统中的主要控制装置，如图 2—144 所示。

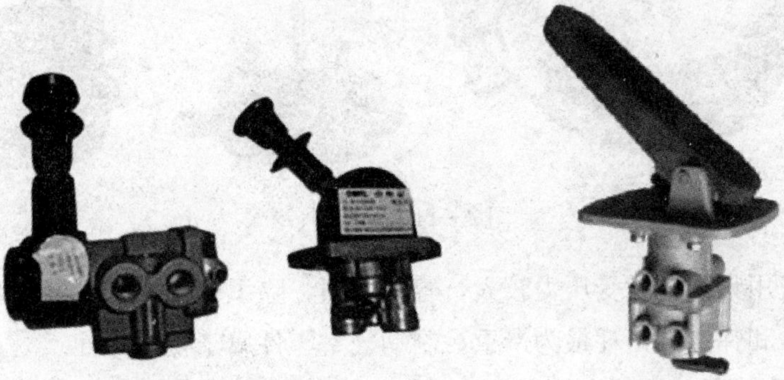

a)　　b)

图 2—144　制动阀

a）手制动阀　b）脚制动阀

为了减少制动和解除制动的滞后时间，保证汽车能及时制动和加速，气压制动系统还装备了快放阀和加速阀（见图 2—145）。快放阀主要保证解除制动时迅速排气，加速阀能缩短供气路线，减少制动时间。

图 2—145　快放阀、加速阀

在气压制动系统中，还有其他种类的阀门发挥着各自的作用。

阀门组件一般是不可修复的，如有损坏应直接整体更换。

3）制动气室。常见的制动气室有膜片式和活塞式两种，其中又以膜片式应用较广，解放、东风系列汽车均采用了膜片式制动气室，如图 2—146 所示。

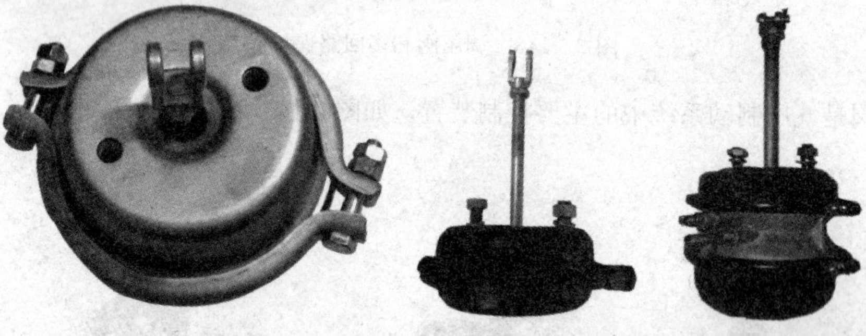

图 2—146　制动气室

制动气室使用频繁，承受压力较大，容易磨损，除了外壳，其他零件均为易损件，其中又以橡胶膜片和弹簧的损耗最为严重。制动气室零件属于安全零件。

4）制动管路。制动管路由金属管路、接头和连接软管等组成，在制动管路中，与制动气室相连的气压制动软管（见图 2—147）是常见的易损零件，更换时要注意管路尺寸及其标准。

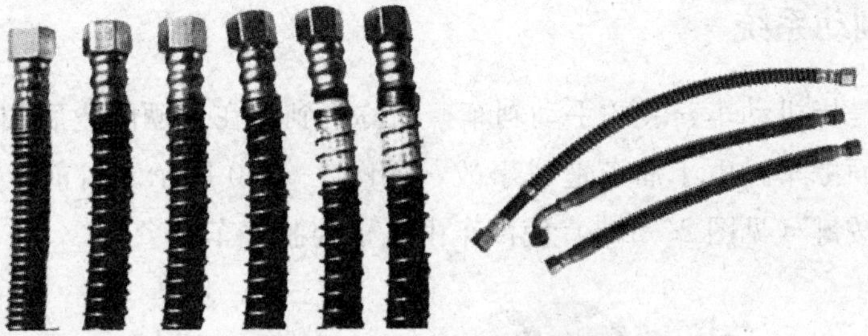

图 2—147　气压制动软管

二、防抱死制动系统

防抱死制动系统简称 ABS（antilock brakes system），是在汽车制动时，自动控制制动器制动力的大小，使车轮不被抱死，处于边滚边滑的状态，以保证车轮与地面的附着力在最大值。目前，所有轿车都配置防抱死制动系统。

在 ABS 中，轮速传感器（见图 2—148）和齿圈（见图 2—149）属于易损零件，损坏后更换新件即可恢复功能。

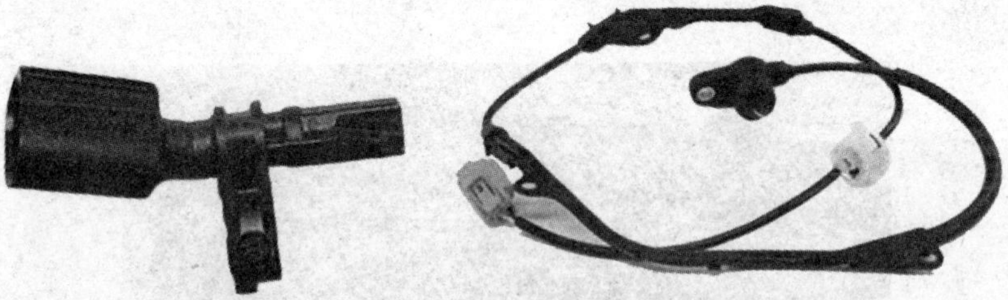

图 2—148　轮速传感器

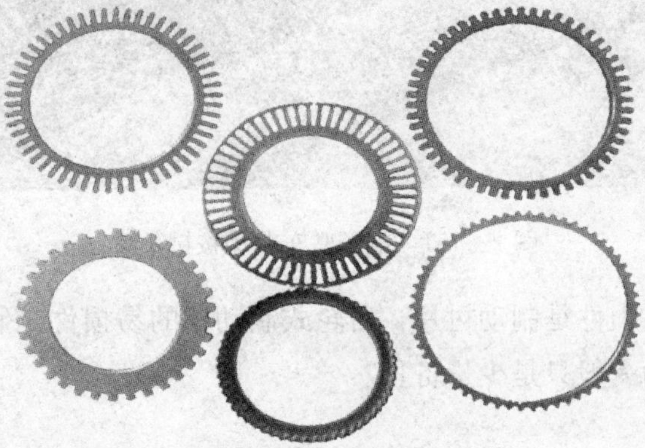

图 2—149　ABS 齿圈

三、驻车制动系统

驻车制动器是指机动车安装的手动刹车，简称手刹，在车辆停止后用于稳定车辆，避免车辆在斜坡路面停车时由于溜车造成事故，如图 2—150 所示。目前，较先进的轿车使用电子驻车制动按键（见图 2—151）使汽车由电子控制停车。

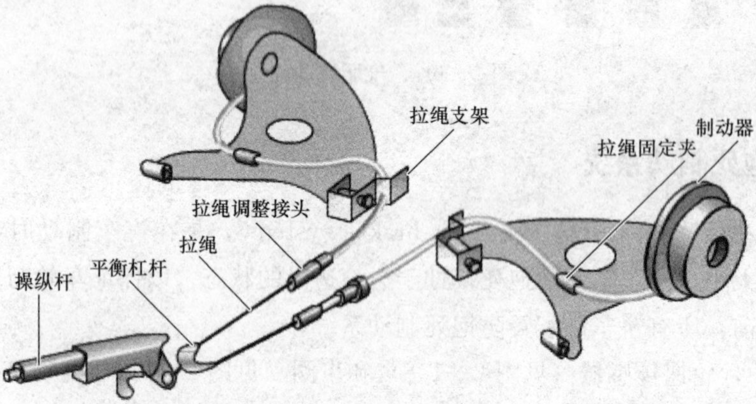

图 2—150 驻车制动器

图 2—151 电子驻车制动按键位置

中央式制动器的易损件是制动衬片，后轮式制动器的易损件是制动拉索，该系统部件损耗较小，因此经销商一般只是少量备货。

第 4 节　汽车电子电气系统与附件

学习单元 1　电子电气系统

学习目标

了解汽车电子电气系统的种类与用途
掌握汽车电子电气系统的易损部件

知识要求

随着汽车工业的发展，汽车电子电气技术也同步发展，现代汽车已经成为汇集各种高新技术的机电一体化设备。

一、电气系统

汽车电气系统主要由灯光和照明系统、起动和充电系统、蓄电池、仪表板/仪表、雨刮系统和电动座椅等组成。

1. 灯光和照明系统

为了保证行车安全，提高行驶速度，汽车都装有灯光和照明系统。灯光和照明系统分为灯光和照明两部分。灯光又称灯光信号系统，采用声光信号向驾驶员和其他行人或车辆发出警告或示意等信号，主要包括灯光指示信号和灯光报警信号。灯光指示信号主要有转向灯、制动灯、停车灯、远近光指示灯等，灯光报警信号包括燃油报警灯、水温报警灯、机油压力报警灯、气压报警灯等。

照明系统是在夜间或能见度较低的情况下提供照明的光源，由车外照明灯和车内照明灯组成。车外照明主要包括组合前照灯（见图 2—152）、组合尾灯（见图 2—153）、牌照灯等；车内照明（见图 2—154）有顶灯、门灯、阅读灯、仪表灯、行李箱灯等。

现在很多厂家将车灯制成一个总成件，不可拆解，维修中需要直接更换总成。

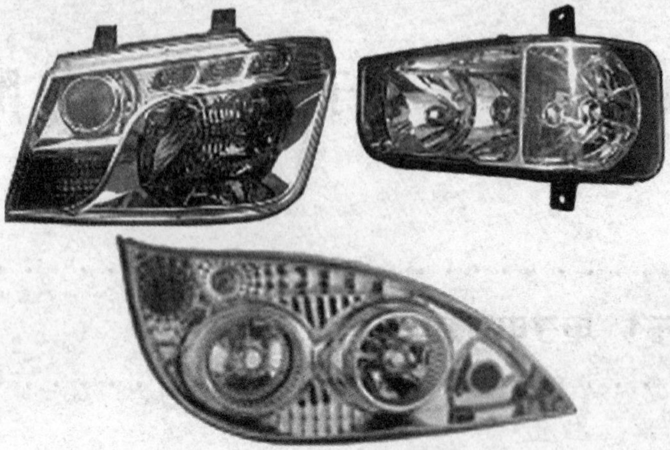

图 2—152　组合前照灯

图 2—153　组合尾灯

图 2—154　车内照明

汽车灯具一般由灯座、灯泡（灯芯）、灯壳、灯罩等零件组成，其中灯泡（灯芯）是易损零件，如有损坏应直接更换。灯泡如图 2—155 所示。

图 2—155　灯泡

国家对灯光和照明系统制定了严格的强制性安全标准，此系统不合格的车辆不能通过车辆年检，更不允许上路行驶。更换灯泡时，注意采用厂家推荐规格的灯泡，不要擅自更改。

灯光依据不同的用途和重要性有不同的功率范围，如尾灯、牌照灯的灯泡一般是 5～8 W，制动灯、转向灯、后雾灯的灯泡多是 21 W，卤素大灯近光的灯泡为 50 W，远光的灯泡为 70 W，前雾灯的灯泡为 50 W 等。

汽车灯光依照不同的用途有不同的光色和亮度，绝对不能混淆。一般前转向灯灯罩为橙色，前示宽灯的灯罩为白色或橙色，一般外侧为转向灯，内侧为示宽灯；后灯中制动灯和示宽灯的灯罩为红色，转向灯的灯罩为橙色或红色，倒车灯的灯罩为白色；雾灯多采用黄色灯泡壳或黄色配光镜。

2. 仪表板/仪表

仪表板是仪表的载体，为了保证行车安全和提高车辆的可靠性，除有各种仪表外，还装有一套报警装置。

（1）仪表板或组合仪表板。仪表板俗称仪表台，如图 2—156 所示。仪表板一般由仪表板本体、盖板及其他附件等组成。仪表板零件一般采用塑料制造，为了美观，有些厂家还采用了皮革、金属和木材等制作外观零件。

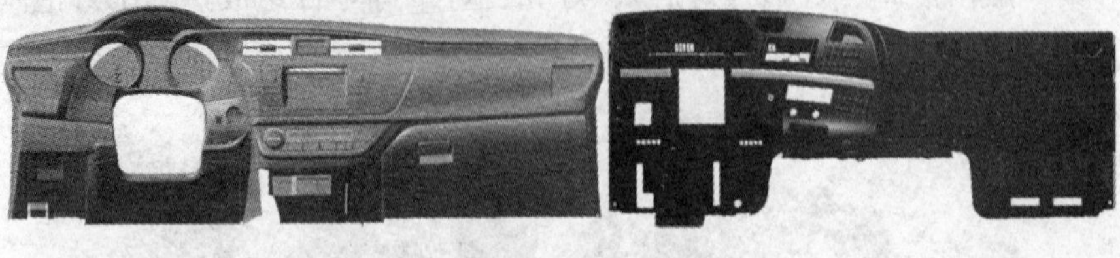

图 2—156　仪表板

仪表板中常损坏的是外观零件（如出风口、各种盖板等），但大都不影响车辆的正常使用，为了保持车辆的美观，可以建议客户更换损坏的零件。

（2）仪表。反映汽车安全行驶和技术经济性能的指示装置称为仪表。仪表是驾驶员行车所依赖的重要装备，常见的仪表有燃油表、转速表、车速里程表、机油压力表、水温表、电流表、气压表等，如图 2—157 所示。现代轿车常将多种仪表连同相关的指示灯安装在同一壳体内，制成组合仪表，如图 2—158 所示。在维修中，更换损坏的仪表或传感器即可恢复功能，市场上也有采用“仪表总成”形式供货的。

图 2—157　汽车单个仪表

图 2—158　汽车组合仪表

3. 雨刮系统

为了清除前风挡玻璃上妨碍驾驶员视线的雨水、雪花和尘土，汽车都配置了雨刮器。根据雨刮器的驱动力来源不同可分为气动式和电动式，其中气动式应用极少，绝大多数汽车上采用的都是电动式雨刮器。雨刮器和风挡洗涤器配合使用，一起组成汽车雨刮系统。

（1）雨刮器。雨刮器一般由雨刮电动机、驱动杆、刮水刷臂、刮水刷片等零件组成，如图 2—159 所示。刮水刷片由刮片杆、刮片支座、橡胶刮片组成，一般都作为一个总成直接供货，如图 2—160 所示。雨刮器的易损件为刮片杆和刮片，损坏后直接更换即可恢复其功能。

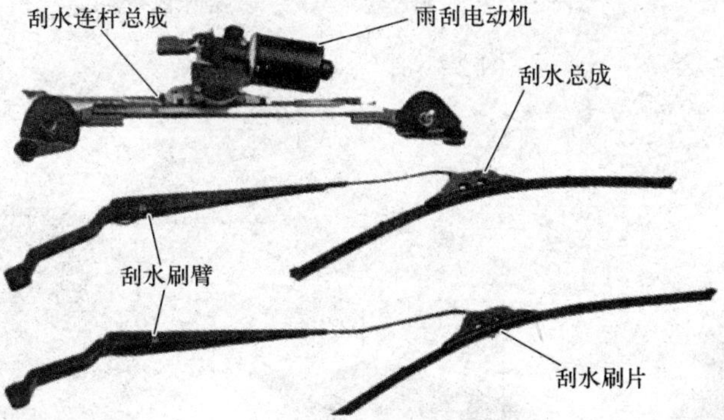

图 2—159　雨刮器

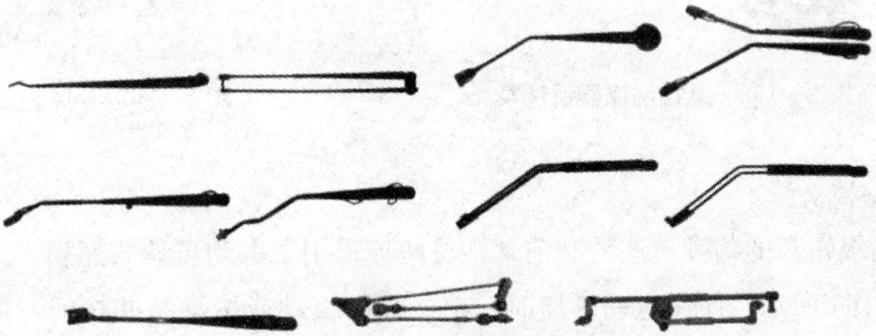

图 2—160　刮水刷片

（2）风挡洗涤器。风挡洗涤器（见图 2—161）由清洗泵（见图 2—162）、储液罐（见图 2—163）、喷头等零件组成。风挡洗涤器的零件损坏后直接更换即可恢复其功能。

风挡洗涤器中的清洗液属于耗材，存量不足时应及时补充。

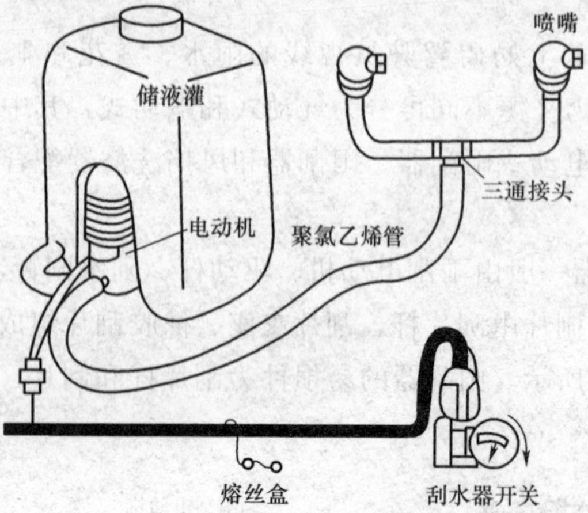

图 2—161　风挡洗涤器

图 2—162　风挡洗涤器清洗泵

图 2—163　风挡洗涤器储液罐

4. 电动座椅

目前中高级轿车的驾驶员座椅和前部乘员座椅采用了电动可调式座椅，故称为电动座椅，如图 2—164 所示。使用电动座椅时，乘员只需扳动或按动某些按钮，便可以实现座椅的前移后退和靠背的前后移动等。电动座椅一般由坐垫、靠背、靠枕、骨架、悬挂和调节机构等组成，其中调节机构是最关键、最重要的部件。调节机构一般由双向电动机、传动装置和座椅调节器组成。

出于舒适性和美观方面的考虑，一般建议客户更换损坏的座椅零件甚至总成，车主如果对原厂配置的座椅不太满意，也可直接选购更舒适、更豪华的座椅总成。

图 2—164　电动座椅

二、电子系统

1. 乘员约束系统

现代汽车的乘员约束系统一般由安全带和安全气囊组成。其中安全带是法律规定的强制式安全装置，所有车辆必须配备，安全气囊近几年在国内主要应用于轿车。在欧洲、北美和日本等地，安全气囊已成为标准配置。

(1) 安全带。安全带是在发生意外碰撞时保护乘员安全的安全防护装备，鉴于强制性法规的要求，安全带十分坚固耐用，一般只有在车辆发生碰撞事故中才会损坏，因此不是经销商的常备配件。安全带按结构可分为两点式（见图 2—165）和三点式（见图 2—166）两种。

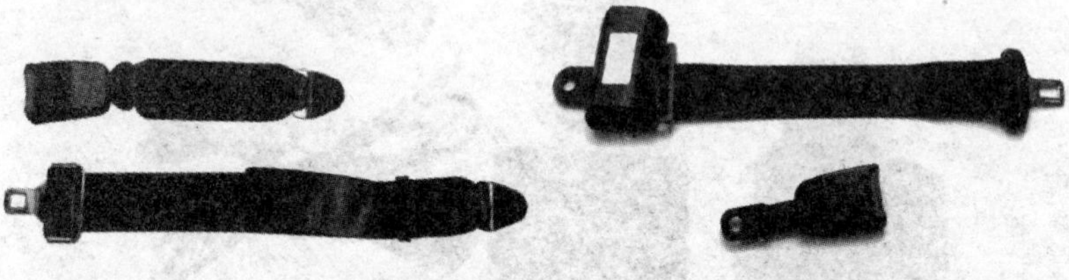

图 2—165　两点式安全带

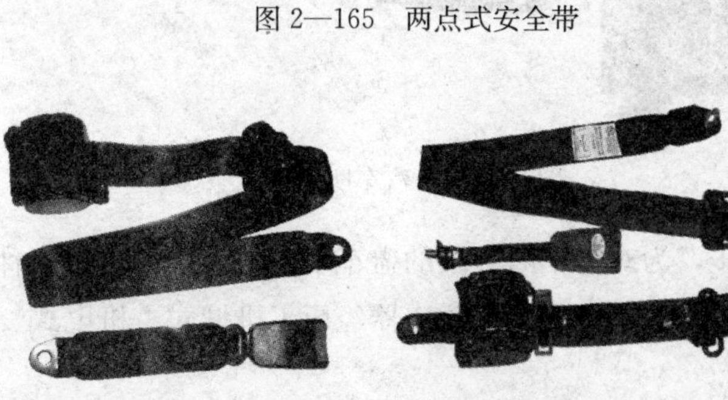

图 2—166　三点式安全带

（2）安全气囊。根据触发和控制机构的不同，安全气囊可分为机械式和电子式两种；按照数量可分为单安全气囊、双安全气囊（见图 2—167）和多安全气囊（见图 2—168）所示。

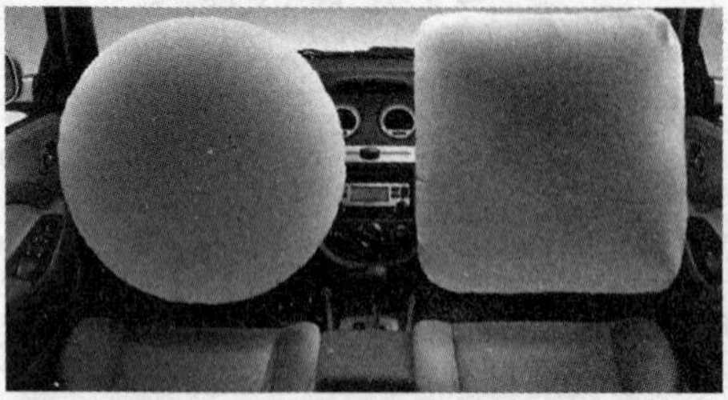

图 2—167　双安全气囊

图 2—168　多安全气囊

安全气囊起爆后应更换相关零件，如果汽车发生过碰撞但安全气囊没有打开，必须检查或更换相关零件，具体需要更换的零件应参照各汽车制造厂家的维修手册。

2. 防盗系统

汽车防盗器是一类安装在汽车上，用来增加盗车难度，延长盗车时间的装置，部分品种还具有报警功能，是汽车的保护神，如图 2—169 所示。它通过将防盗器与汽车电路配接在一起，从而可以达到防止车辆被盗、被侵犯，保护汽车并实现防盗器各种功能的目的。

图 2—169　汽车防盗器

随着科学技术的进步，为对付不断升级的盗车手段，人们研制出各种方式、不同结构的防盗器。随着科技电子化的迅速发展，防盗器经历了机械式、机电式、电子式和网络式的发展过程。

汽车电子防盗系统是目前较为理想的防盗装置。目前，汽车出厂前全部安装了电子防盗系统。遥控直接设置在汽车钥匙上，如图 2—170 所示。

图 2—170　汽车钥匙上的电子防盗系统

随着科技的快速发展，遥控式汽车防盗器还增加了许多方便实用的附加功能，如遥控中控门锁、遥控送放冷暖风、遥控电动门窗和遥控开行李舱等。现在市场上已有双向功能的电子防盗器，这种防盗器不仅能由车主遥控车辆，还能将自身状态传送给车主，如车门被开启或车窗玻璃被破坏等。但是电子防盗器普遍存在误报警现象，而且也没有根本上解决车辆丢失问题。

GPS 卫星定位汽车防盗系统属于网络式防盗器，可以在全国范围内实时监测车辆位置，还可以通过车载移动电话监听车内声音，必要时可以通过手机关闭车辆油路、电路并锁死所有门窗。如果 GPS 防盗器被非法拆卸，会自己发出报警信息，但缺点是价格较为昂贵。

3. 音响系统

汽车音响系统营造了车内的影音世界，常见的汽车音响系统由立体声收音机（磁带机）、CD 机（VCD、DVD）、扬声器等组成，如图 2—171 所示。

图 2—171　汽车音响系统

4. 电动后视镜

为了驾驶方便，目前很多轿车都采用了电动后视镜，如上海大众帕萨特轿车，驾驶员在座椅上就能方便快捷地调节左右后视镜的角度。电动后视镜系统主要由调整开关、电动机、传动和执行机构、外后视镜体等组成，如图 2—172 所示。

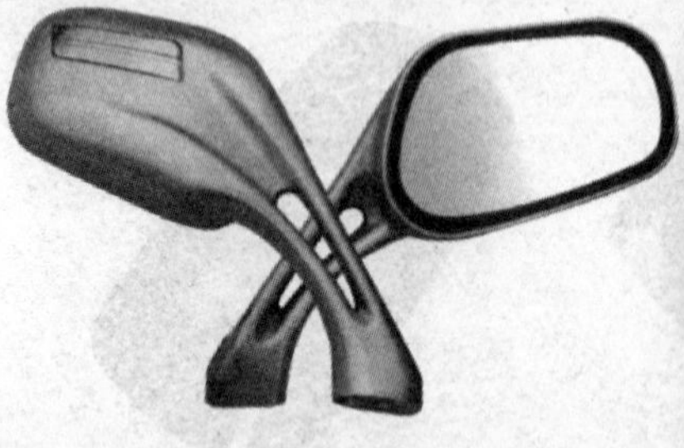

图 2—172　电动后视镜与控制按钮

后视镜是重要的行车安全零件，由于暴露在车外，而且位置突出，容易受到伤害，如有损坏需要尽快更换。在配件市场上，后视镜一般以总成的形式供货。

学习单元 2　其他附件

学习目标

了解汽车电气其他附件配件的分类及用途

掌握汽车电气其他附件的易损配件

知识要求

一、电气开关、继电器和熔断器

在汽车的整个电路系统中，电气开关、继电器和熔断装置随处可见，应用广泛，是经营汽车电子电气元件经销商的必备商品。

1. 电气开关

电气开关是汽车电路中的控制元件，汽车上常见的电气开关有点火开关、起动开关、灯光开关、空调开关、暖风开关、刮水器开关、喇叭开关等，如图 2—173 所示。

2. 继电器

继电器是实现自动控制最关键的元件之一，它具有因电流强度变化而自动通断电路的

图 2—173　电气开关

特性。汽车上常见的继电器有灯光继电器、起动机继电器、空调继电器、风扇继电器、电源继电器、喇叭继电器等，如图 2—174 所示。

图 2—174　继电器

3. 熔断器

熔断器的作用是当电流超过额定数值时，熔断器熔断，切断电路，保护用电设备。汽车上常见的熔断器有双金属片式、熔丝式、熔断片式和熔断管式，如图 2—175 所示。现代汽车普遍采用的是带熔丝的插片式熔断器。

电气开关、继电器和熔断器都是电路上的重要功能元件，直接影响车辆的正常行驶和使用，而且如有损坏或处理不当，还会波及其他相关部件，因此，一旦发生损坏，应立即更换新件，并检测相关线路和部件，确认系统运行正常。

图 2—175 熔断器

二、全球卫星定位系统（GPS）、倒车雷达和车载免提装置

1. 全球卫星定位系统（GPS）

GPS 由三部分组成：空间部分——GPS 卫星、地面控制部分——地面监控系统、用户设备部分——GPS 信号接收机，如图 2—176 所示。它的工作原理是利用 GPS 卫星、地面监控设备和 GPS 信号接收机组成全球定位系统，卫星连续不断发送动态目标的三维位置、速度和时间信息，保证车辆在地球上的任何地点、任何时刻都能收到卫星发出的信号。

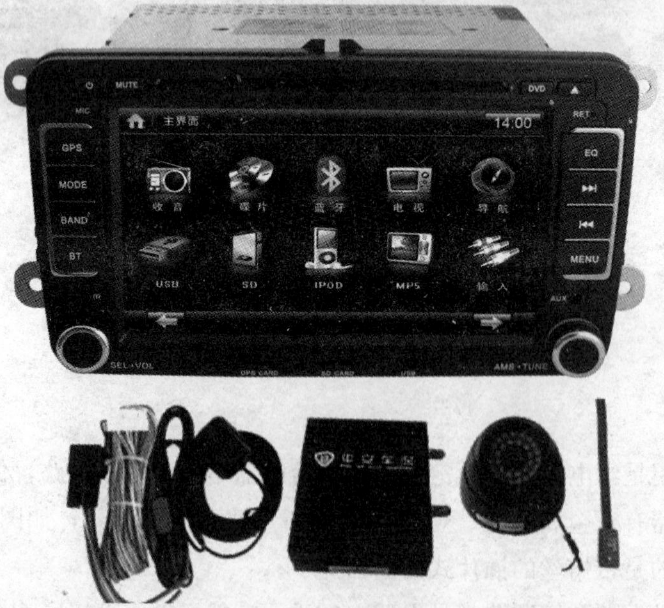

图 2—176 GPS 信号接收机

2. 倒车雷达

倒车雷达（又称测距雷达）在市场上已是热销产品。倒车雷达主要由探头、显示装置

和报警装置等组成，如图 2—177 所示。

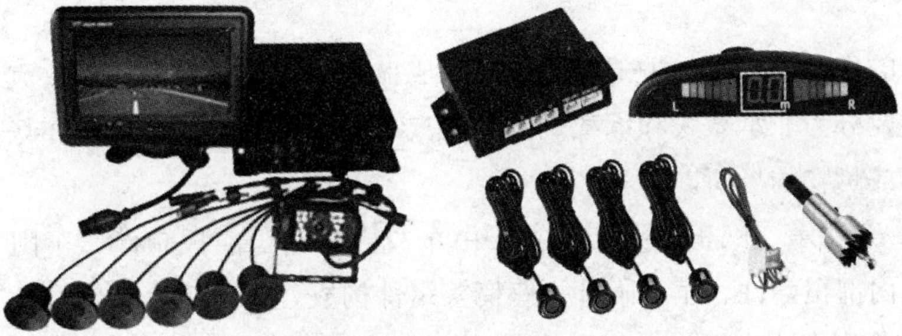

图 2—177 倒车雷达

3. 车载免提装置

车载免提装置可以让驾车、通话两不误，而且价格便宜，安装简便，如图 2—178 所示。

图 2—178 车载免提装置

第 5 节 车身配件

学习单元 1 前后保险杠配件

学习目标

了解汽车前后保险杠配件的种类与用途

掌握汽车前后保险杠的易损配件

知识要求

汽车车身的作用主要是保护驾乘人员和构成良好的空气动力学环境。汽车车身结构从形式上说，主要分为非承载式和承载式两种。汽车车身还是驾驶员的工作场所，也是车辆用来承载乘客或货物的场所。

如图 2—179 所示，汽车车身结构主要由车身壳体、车前板制件、车门、车身的外部装饰件、车身内部覆盖件、车身附件、座椅等组件构成。为了使汽车轻量化，绝大多数轿车车身都采用承载式结构，货车驾驶室大多数是非承载式结构，而客车车身是半承载式结构。

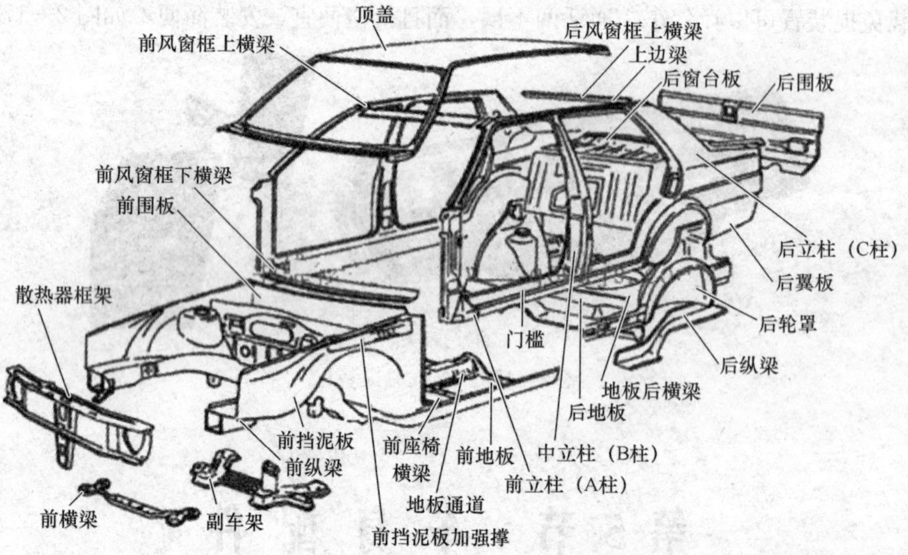

图 2—179　汽车车身结构

一、前保险杠

前保险杠（也称装饰条）位于车辆的最前端，是车身外部装饰体。前保险杠一般由非金属面罩与金属加强横梁相连而成，起到装饰、防护作用，应用于所有车辆车身，如图 2—180 所示。根据前保险杠的结构可以分为两种类型：一是以轿车、轻型客货车为代表的带保险杠壳体（见图 2—181）的前保险杠；二是以部分越野车、货车为代表的不带保险杠外皮的保险杠，如图 2—182 所示。

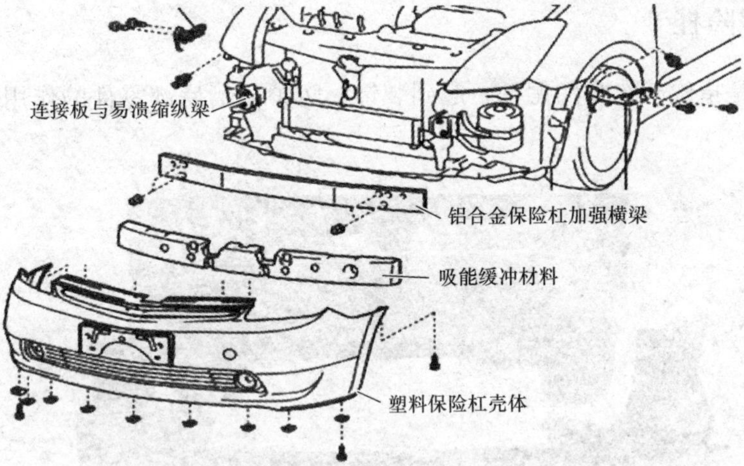

图 2—180　保险杠结构

图 2—181　轿车、轻型客货车的前保险杠壳体

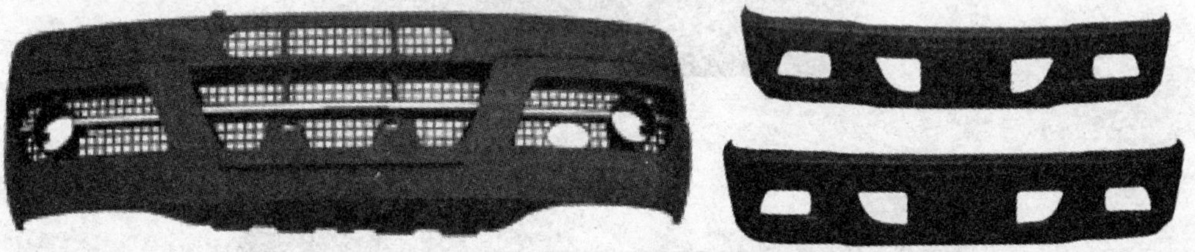

图 2—182　越野车、货车的前保险杠

前保险杠在车辆行驶过程中经常发生剐蹭、碰撞等情况，前保险杠外皮、支架、装饰条等零件比较容易受到损坏，这些部件损坏后一般直接更换新件。前保险杠杠体一般优先考虑钣金修复，而不采取换件操作。前保险杠外皮如果与车身同色，在更换后还需要进行喷烤漆处理。

二、后保险杠

后保险杠是指位于车身的尾部，起到装饰、防护车辆后部零件的作用，如图 2—183 所示。

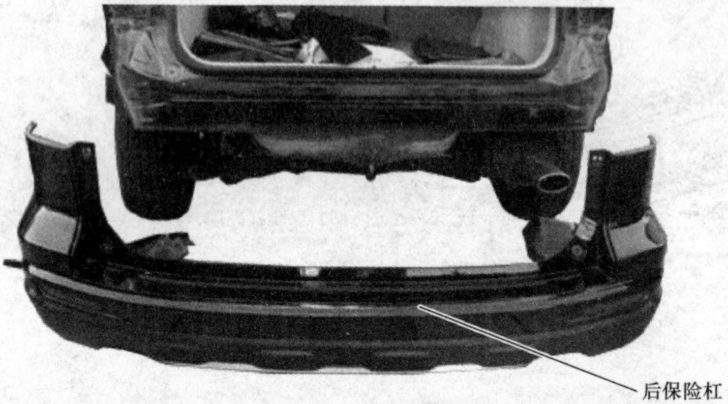

图 2—183　后保险杠

轿车的后保险杠主要包括保险杠壳体（见图 2—184）、保险杠杠体、保险杠加强件、保险杠固定支架和保险杠装饰条。部分中高级轿车的后保险杠中还装有后保险杠缓冲器，可以有效保护车辆的后部车身在碰撞时不发生变形。

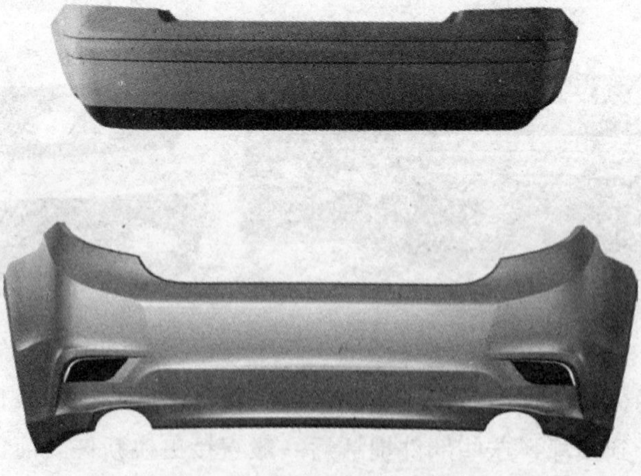

图 2—184　后保险杠壳体

在轿车后保险杠的组成零件中，除了保险杠壳体损坏时一般采取更换新件的方式外，其他钣金件都可先考虑钣金修复，损坏较为严重时更换新件。

学习单元 2　发动机罩、车门、行李箱盖

学习目标

了解汽车发动机罩、车门、行李箱盖配件的材料类别与用途

掌握汽车发动机罩、车门、行李箱盖的修复或更换方式

知识要求

一、发动机罩

发动机罩位于车辆前上部，是发动机舱的保护盖板。图 2—185 所示是发动机罩外形，图 2—186 所示是发动机罩各部件安装位置。

图 2—185　发动机罩外形

轿车的发动机罩主要由发动机罩、发动机罩隔热垫、发动机罩铰链、发动机罩支撑杆、发动机罩锁、发动机罩锁开启拉线、发动机罩密封条等零件组成，如图 2—187 所示。

在发动机罩的组成零部件中，发动机罩锁拉线、发动机罩锁总成比较容易发生损坏，只要更换新件就可恢复原有功能；撑杆、密封条和缓冲垫等一般不会损坏；发动机罩一般只是由于车辆发生碰撞等而变形，损坏不严重可采取钣金修复，一般不采取换件修复。

二、车门、车顶

1. 汽车车门

车门为驾驶员和乘客提供出入车辆的通道，并隔绝车外干扰，在一定程度上可减轻侧

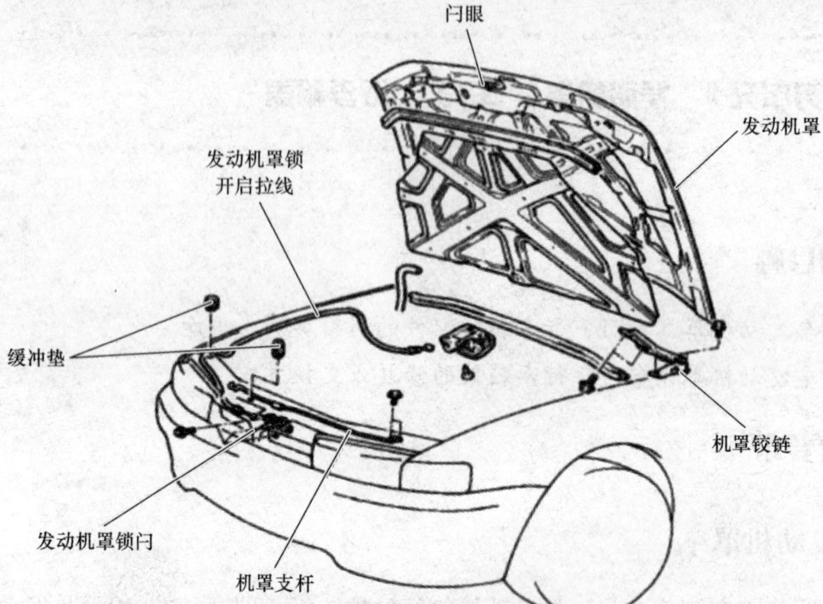

图 2—186　发动机罩各部件安装位置

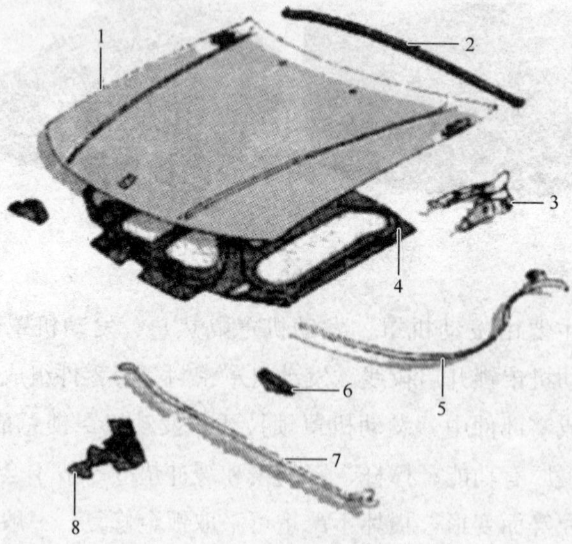

图 2—187　发动机罩结构

1—发动机罩　2—后密封条　3—铰链　4—隔热垫　5—发动机罩锁拉线
6—缓冲垫　7—发动机罩撑杆　8—发动机罩锁

面撞击，保护乘员。车门的外形如图 2—188、图 2—189 所示。车门的质量主要体现在车门的防撞性能、密封性能、开合便利性和其他使用功能等方面。按车门的开启方式可分为顺开式、逆开式、水平滑移式、折叠式、上掀式、外摆式、旋翼式等类型。按车门的位置及用途可分为前门、后门、侧门、举升门、尾门等类型。目前通用的分类方法是按照车门的位置及用途分类，该分类方式应用比较广泛，而且各个车型所拥有车门的种类也不完全相同。

图 2—188　车门正面

图 2—189　车门反面

（1）前门。前门的基本形状如图 2—190 所示。从其结构性能上看，主要由两大部分零件组成：一是车门及附件，二是玻璃及相关零部件。

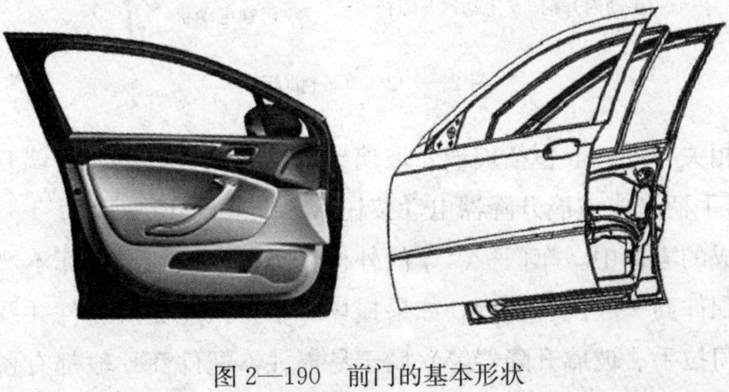

图 2—190　前门的基本形状

车门及附件主要包括车门板（车门外板和车门内板）、车门内饰板、车门密封条、车门铰链（一般包括车门上铰链、下铰链）、车门锁总成等零件，如图 2—191 所示。车门锁总成一般由锁芯、锁栓、锁扣、钥匙、车门外拉手、车门内拉手等零件组成。车门锁组件如图 2—192 所示。常见车门拉手形状如图 2—193 所示。

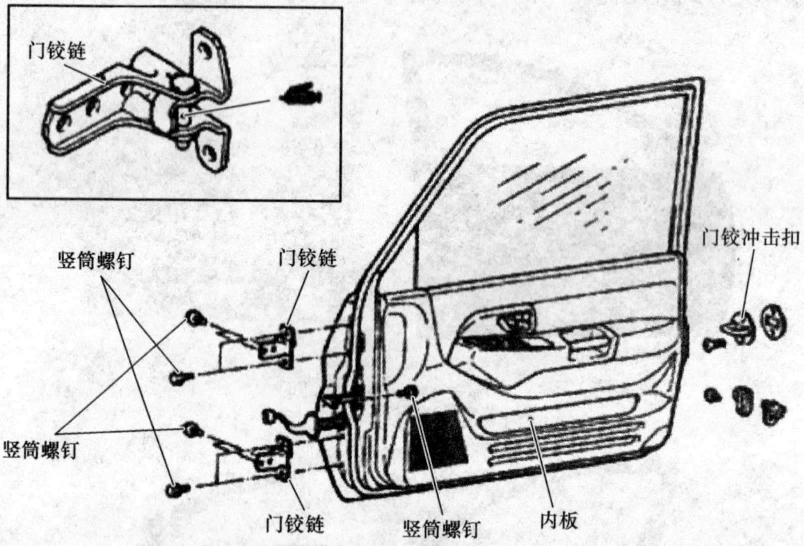

图 2—191　车门及其附件

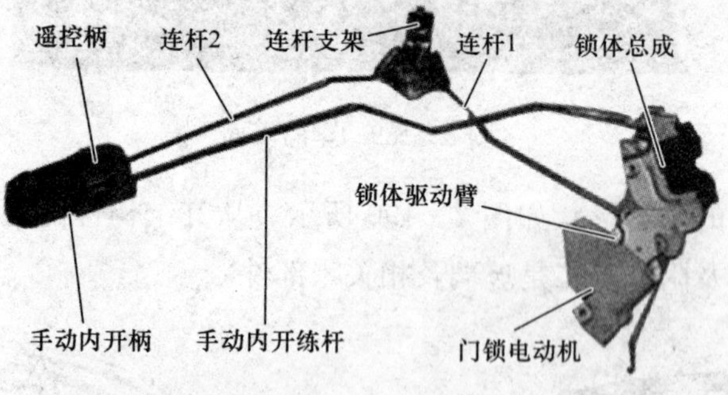

图 2—192　车门锁组件

车门玻璃及相关零件一般包括玻璃、玻璃导轨、玻璃密封条、玻璃升降器（手动或电动）、玻璃升降器手柄（或玻璃升降器电动按钮），如图 2—194 所示。

汽车前门总成的零件中，车门板（车门外板、车门内板）在损坏不严重的情况下一般采取钣金修复，配件商一般没有备货，如果损坏严重，只能更换新件并及时订货；其他零件（如门锁、车门拉手、玻璃升降器等）属于易损件，配件商一般都有备货，在损坏时只

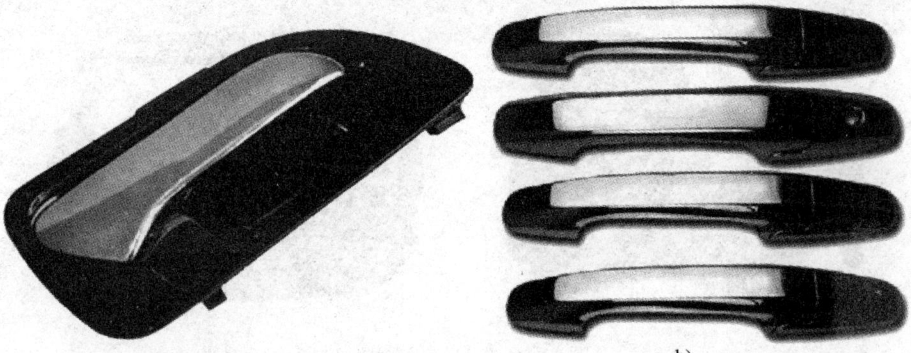

a)　　　　　　　　b)

图 2—193　车门拉手

a）内拉手　b）外拉手

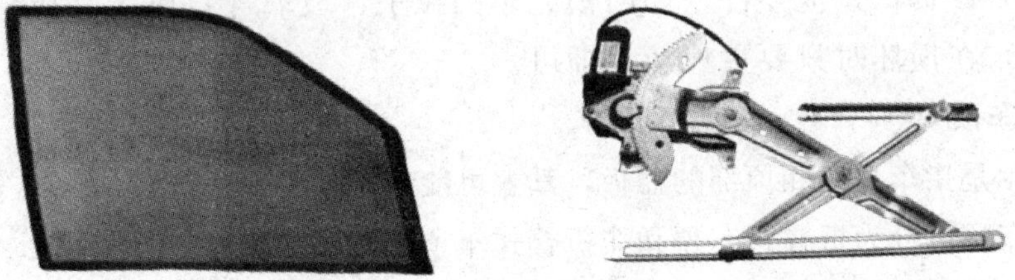

a)　　　　　　　　b)

图 2—194　车门玻璃及升降器

a）车门玻璃　b）玻璃升降器

要更换新件即可。

（2）后门。后门（见图 2—195）是指后排乘客座椅侧的供乘客上下的车门，常用于轿车、越野车、部分多功能车等车型。后门的结构和零件组成与前门基本相同，主要由两大部分组成：一是车门及附件，二是玻璃及相关零部件。

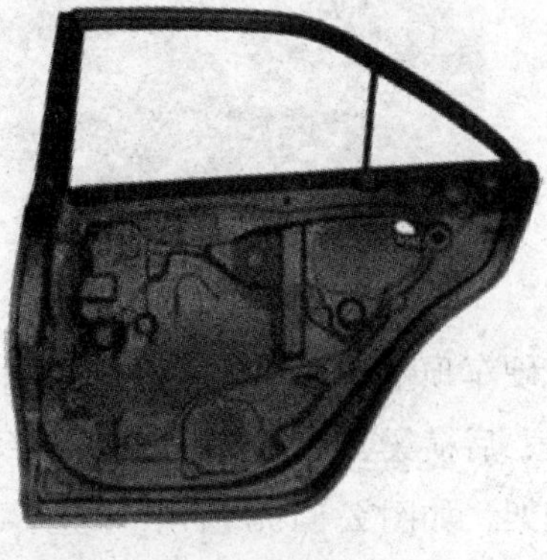

图 2—195　后门

（3）举升门或尾门。举升门是指位于车身后部的由撑杆支撑的向上翻转的车门，如图 2—196 所示。举升门常见于两厢轿车、微型客车、轻型客车、越野车、多功能车等。举升门的零件可以分成两大部分：一是车门及附件，二是玻璃及相关零部件。

图 2—196　举升门或尾门

举升门总成中，车门板（车门外板、车门内板）在损坏不严重的情况下，一般采取钣金修复，配件商一般没有备货，如果要更换新件只能临时订货；其他零件（如门锁、车门拉手、玻璃等）属于易损件，配件商一般都有备货，在损坏时只要更换新件即可。

2. 汽车车顶

汽车车顶是指车身车厢顶部的盖板，其上可能装有顶窗、换气窗或天线等。按照是否可以折叠，车顶可分为折叠式车顶和非折叠式车顶；按照车顶材料及车顶形式可分为硬车顶和软车顶，硬车顶是采用金属材料冲压加工而成，软车顶采用非金属材料制作而成，如奥迪 TTS 的帆布车顶。汽车车顶如图 2—197 所示。

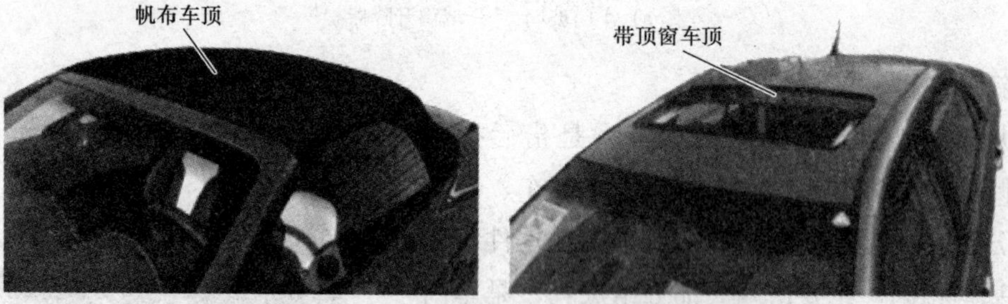

图 2—197　汽车车顶

硬车顶主要由车顶板、车顶内衬、横梁（可能有前横梁、后横梁、加强筋等）组成，有的车型还备有车顶行李架，如图 2—198 所示。

图 2—198　带行李架的车顶

在车顶的零件中，车顶内衬若损坏一般采取换件的方式，其他金属零件一般采取钣金修复，只有在损坏非常严重且无法钣金修复时采取换件修复。

高级轿车、多功能车或厢式货车等在车顶上一般都装有顶窗，具有换气和采光的功能。顶窗按照驱动方式可分为电动式顶窗和手动式顶窗，目前大多数轿车上装备的是电动式顶窗。

电动式顶窗一般由顶窗框架、顶窗玻璃、顶窗遮阳板、顶窗导轨、驱动电动机等零件组成。顶窗总成的零件一般不容易发生损坏，顶窗玻璃、顶窗导轨一般在车辆发生碰撞后才有可能发生损坏，驱动电动机、控制装置可能发生机械故障损坏，这些零件损坏时一般更换新件后即可恢复原有功能。

三、行李箱盖

在轿车中，行李箱基本位于轿车车身的后部，因此又称为后备厢；在客车中，多数位于客车车身的侧面。

行李箱的重要组件是行李箱盖，如图 2—199 所示。

图 2—199　行李箱盖

轿车的行李箱盖主要由行李箱盖板、行李箱盖衬板、行李箱铰链、行李箱支撑、行李箱密封条、锁总成等零件组成，部分轿车的行李箱盖还带有扰流板、车型品牌标识等。大容量行李箱如图 2—200 所示。

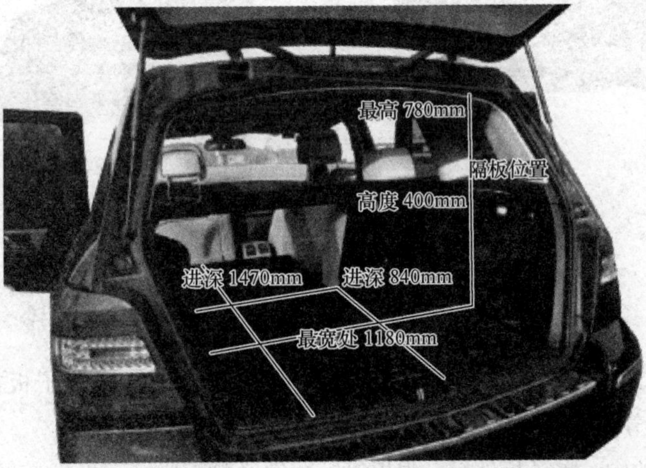

图 2—200　大容量行李箱

在行李箱盖的组成零件中，除了行李箱盖板损坏可以进行钣金修复外，其他零件损坏基本采取更换新件的方式。

学习单元 3　车身其他部位

学习目标

了解汽车车身其他部位配件的安装位置、材料类别与用途

掌握汽车车身其他部位配件的修复或更换方式

知识要求

一、前翼子板

各车型由于车型形状不同导致前翼子板外部形状差异较大（见图 2—201），但是其主要组成零件基本相同。

图 2—201　前翼子板

普通轿车的前翼子板主要由前翼子板外板、前翼子板内板、翼子板衬板和翼子板防擦装饰条等组成，部分轿车还装有翼子板轮口装饰条。

在车辆碰撞事故中，翼子板外板、内板等钣金件经常因碰撞而发生变形，此时应视损坏程度采用钣金修复或更换新件，固定卡子、固定卡扣、固定螺栓在更换翼子板时应一同更换。

二、侧围、后侧板

1. 侧围

侧围是指厢式客车、货车及大客车的左右两侧的骨架和钣金件，用于轻型以上客车的

侧面车身。图 2—202 所示为面包车的侧围板。

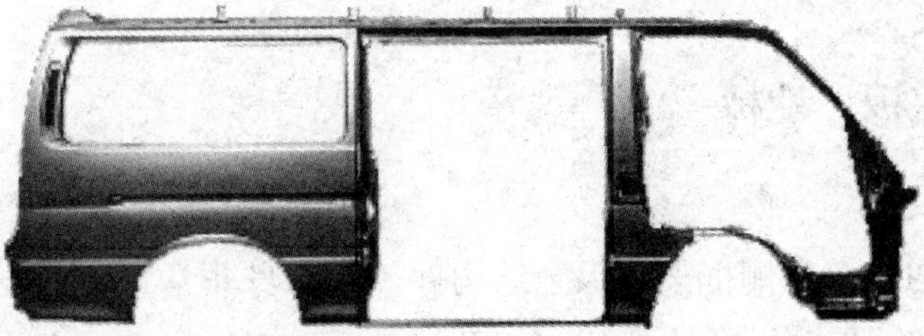

图 2—202　面包车的侧围板

图 2—203 所示为一般轿车的侧围板。

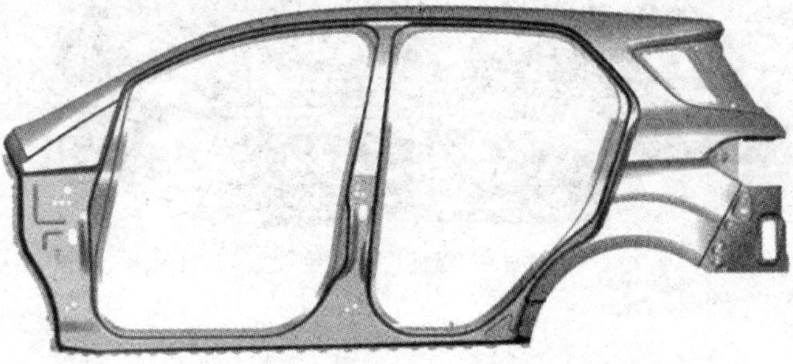

图 2—203　一般轿车的侧围板

侧围发生变形损坏时，钣金件首先考虑钣金修复，若变形严重而无法进行钣金修复，可以更换新的侧围；非金属件损坏一般更换新件即可。

2. 后侧板

后侧板一般上面有燃油箱门或天线等，主要用于轿车、吉普车等车型的后部侧面车身，有的也称为后装饰板，如图 2—204 所示。后侧板主要包括后侧板外板、后侧板内板、

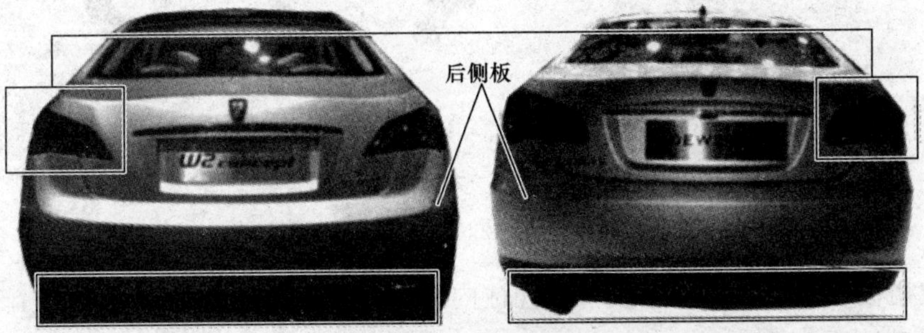

图 2—204　后侧板

后立柱、侧板内饰板和轮罩板等零件。销售或采购时一定要注意车辆开车特征或根据维修手册要求选择。

三、立柱、槛板、地板

1. 立柱、槛板

立柱、槛板是构成车身侧框架的钣金结构件，是车身非常重要的支撑件，如轿车、吉普车等车型的侧框架一般由前、中、后门框及门槛、门楣等构成一个框架结构，用来固定车门、支撑顶棚、固附车身蒙皮等，如图 2—205 所示。

图 2—205　立柱、槛板

根据立柱、槛板的供货形式，可将立柱、槛板分为两大类：一是分体式外板框架结构；二是整体式外板框架结构，均常用于两厢式、三厢式轿车和吉普车。如图 2—206 所示。

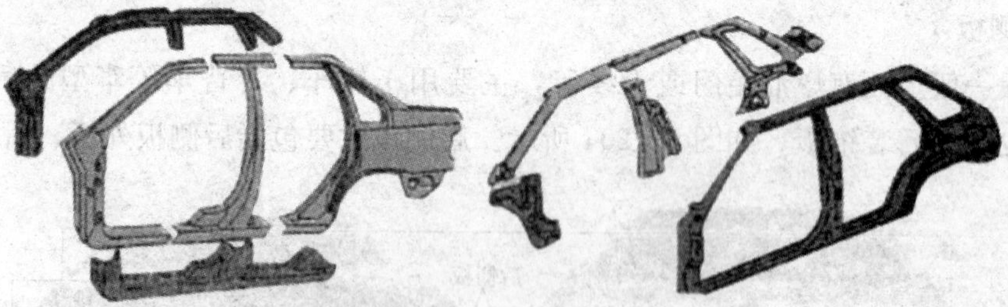

图 2—206　立柱、槛板分类

a）分体式外板框架结构　b）整体式外板框架结构

立柱、槛板一般由前立柱外板、前立柱内板、中立柱外板、中立柱内板、门槛外板、门槛内板等零件组成，如图 2—207 所示。

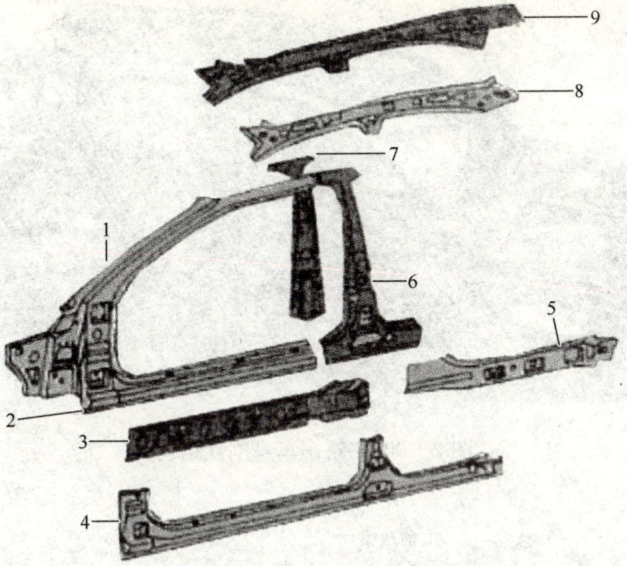

图 2—207　立柱、槛板零件

1—前立柱内板　2—前立柱外板　3—门槛内板前段　4—门槛外板　5—门槛内板后段
6—中立柱外板　7—中立柱内板　8—车顶内纵梁　9—车顶后纵梁

2. 地板

地板是车辆用来承载乘客、货物的基础件，如图 2—208 所示。车辆上几乎所有的组件都直接或间接地安装在地板上，如乘员座椅直接安装在地板上，仪表台通过仪表台框架间接安装在地板上。

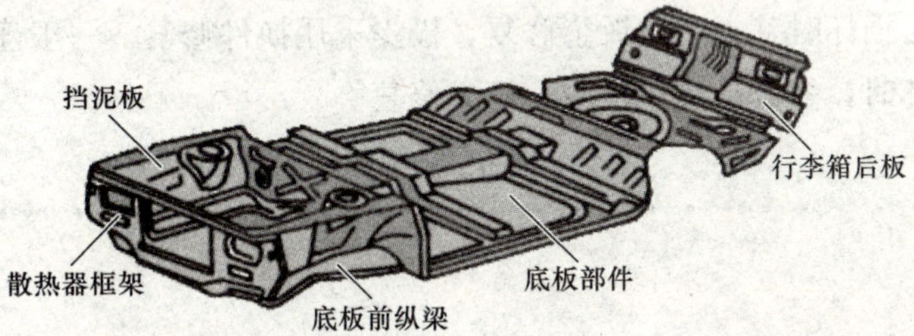

图 2—208　地板

通过车架，将立柱、槛板、地板、前翼子板、车门、后侧板（或侧围）、车顶等钣金件及相关的纵梁、横梁等连接在一起组成一个刚性的空间结构，如图 2—209 所示。

大多数轿车已经没有明显的车架骨架，车架已经和地板结合在一起组成一块或多块地板钣金件，而客车和货车多数具有明显的车架骨架，如图 2—210 所示。

图 2—209　轿车车身刚性结构

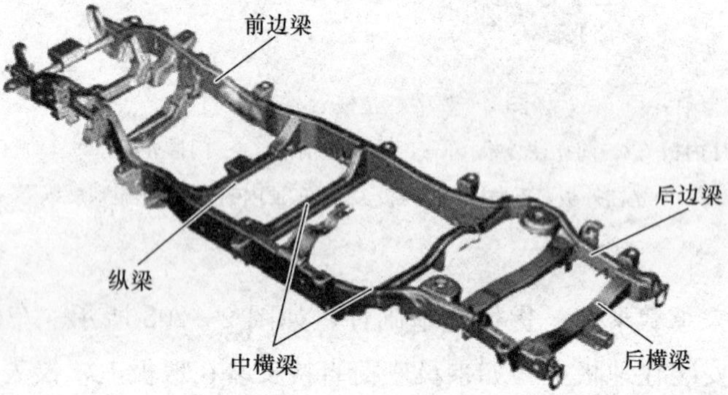

图 2—210　车架

车辆发生变形损坏时基本通过钣金修复，极少采用换件修复。一般车辆发生交通事故导致车架变形损坏时，多数是整车报废，不必修复。

测试题

一、判断题（下列判断正确的画“√”，错误的画“×”）

1. 发动机压缩比高的汽车，应选用牌号（即辛烷值）较低的汽油。（　）
2. 高尔夫是上海大众集团旗下的品牌。（　）
3. 国际上均使用 VIS 车辆识别代码对车辆编号。（　）

4. 车轮、制动器、传动轴、保险杠等都属于底盘类。（ ）

5. 交流发电机是汽车的主电源，与蓄电池串联。（ ）

二、单项选择题（下列每题的选项中，只有 1 个是正确的，请将其代号填写在括号处）

1. 汽车轮胎的规格为 185/55 R 15，由此可换算出轮胎断面的高度是（ ）。

A. 101.75 毫米　　B. 101.75 英寸

C. 1.75 英尺　　D. 1 000 厘米

2. 车用发动机的五个系统是指供给系统、点火系统、冷却系统、启动系统和（ ）系统。

A. 润滑　　B. 传动

C. 制动　　D. 转向

3. 轿车上普遍采用（ ）转向器。

A. 循环球—齿条齿扇式　　B. 循环球曲柄指销式

C. 齿轮齿条式　　D. 蜗杆曲柄指销式

4. 汽车灯泡为（ ），是随车必备的配件之一。

A. 易耗件　　B. 耐用件

C. 易损件　　D. 磨损件

5. 绝大多数货车驾驶室都是（ ）结构。

A. 承载式　　B. 非承载式

C. 半承载式　　D. 全承载式

测试题答案

一、判断题

1. × 2. × 3. × 4. × 5. ×

二、单项选择题

1. A 2. A 3. C 4. C 5. B

第 3 章

汽车配件销售技能

第1节　汽车配件的流通

学习目标

了解我国商业行业结构

掌握我国汽车配件行业的基本任务

知识要求

一、我国商业行业结构

我国商业行业是由商业、饮食业、服务业、修理业构成的，而每一行业内部又有其结构。其中，商业又分为批发和零售行业。批发和零售是商业中相互支持的两大行业。

1. 批发

批发企业的类别有：一是产地批发，通常是商品流通的起点，处于生产企业与其他商业企业的中介地位；二是口岸批发，设在沿海口岸，处于国际和国内市场之间的中介地位；三是中转批发，处于批发流通的中间环节，主要任务是对商品从集中到分散，从分散到集中，起到集中和分散的作用；四是销地批发，也就是批发的终端环节，直接联系零售企业，任务是将购入的商品直接供给生产企业或零售企业，或批量出售给销售者个人；五是中央批发和地方批发，主要是指经营大宗农副产品和搞活农副产品流通的批发市场。

为了适应市场经济的进一步发展，我国批发行业的组织结构根据不同的自身条件自觉地进行多种适应性转换。这些转换表现为：第一，向多功能一体化转换。不但有对内对外大进大出的贸易功能，而且还有配送功能、仓储功能、融资功能和信息咨询服务功能等。第二，向有限或单一功能专业化转换。一些实力较弱的批发企业向这个方向发展。其特点是投资量较小，费用低、灵活便利。如现购自运批发、直达运输批发、货车批发、货架批发、邮购批发等。第三，向总代理、总经销转换。第四，向物流配送中心转换。一些有条件的批发企业利用仓储运输、批发货场等逐步向集储藏、保管、分货、配送、运输等多功能一体化的专业物流配送中心发展，为生产者提供扩散商品的服务，为零售商提供配送商品的服务。第五，向综合商社转换。以某个大型批发企业为龙头，通过兼并、控股、参股、联合和连锁方式，建立集生产加工、内外贸易及金融一体化的综合商社，以其较强的集约化和较高的结构效率来开拓国际和国内市场。第六，向跨国公司发展。

2. 零售

零售企业的职能：一是实现职能，指最终实现商品的价值和使用价值；二是服务职能，为现实的或者潜在的购买者提供各种服务；三是协调职能，作为最终销售环节的零售，起到了协调生产与消费的职能；四是信息职能，由于零售企业直接面向消费者，所以它能灵敏地反映消费者的需求和市场各方面的变化，并通过向生产者和批发企业反馈信息起到引导生产、保障商品顺利流通的作用。

20 世纪 90 年代以来，我国的商业有了较大的发展。商业零售业态已从单纯的百货商店、专业商店、综合商店三种传统业态，发展为目前的超级市场、便利店、专业店、专卖店、货仓式商场、连锁店和无店铺销售等各种零售业态并举的多元化业态结构。

二、汽车配件流通

1. 我国汽车配件流通行业的产生与发展

汽车配件销售是伴随着汽车这一现代化交通工具的出现而出现的，它是汽车售后服务的重要环节，也是汽车配件生产与消费的“中介”。汽车维修站和消费者是汽车配件的最终用户。

新中国成立时，我国没有自己的汽车工业，无论是整车还是配件基本上都靠进口。1956 年，我国第一汽车制造厂在沈阳建立，同时建立了与之配套的不同规模的汽车配件生产厂，从此我国有了自己的汽车工业，汽车配件销售行业也随之发展起来。

在计划经济年代，汽车配件像整车一样，作为国家重要的生产资料，由国家统一安排生产、统一分配。从中央到各省、市、区都设立了各级汽车配件公司，这些汽车配件公司就是我国汽车配件销售的主渠道，曾经发挥了汽车配件物资生产、调拨的重要作用。

随着改革开放、市场经济的不断发展，尤其是随着我国汽车工业的高速发展，汽车配件也因其需求量大、利润丰厚，受到各行各业的关注。具有一定规模的汽车配件生产企业由改革开放初期的几百家发展到数万家；汽车配件销售企业更是数不胜数，在汽车拥有量较大的城镇都出现了汽配一条街、汽配城、汽配市场等。

通过互联网和电子商务实现网上经营汽车配件的方式，对于客户、经销商和生产企业来说都是一件大好事。

2. 汽车配件行业的基本任务

不管汽车配件销售企业的规模如何，所有制的性质如何，隶属关系如何，实质上都属于商业企业性质。汽车配件销售企业，不管是批发商还是零售商，都是相对独立的经济组织，它必须具有以下几个条件：

第一，经营上的独立性。即具有独立进行经营活动的权利，包括经营决策权和实施权。

第二，生产资料、劳动力支配和使用方面的自主权。

第三，财务上的独立核算。以收抵支、自负盈亏，并取得利润是企业最基本的特征，也是区别企业与非企业的主要标志。

第四，对外关系上的法人地位。法人资格和地位是企业独立性的法律保证，是独立经营和独立核算的必备条件。

汽车配件销售企业的作用体现在：满足汽车配件市场消费需求；实现商品价值，保证汽车配件再生产的继续；反馈市场信息，引导生产。

汽车配件销售企业的基本任务是：在国家有关方针、政策的指导下，进行商品购销活动，以高质量的服务水平，最大限度地满足社会对汽车配件的需要，同时也为国家提供积累，如图 3—1 所示。

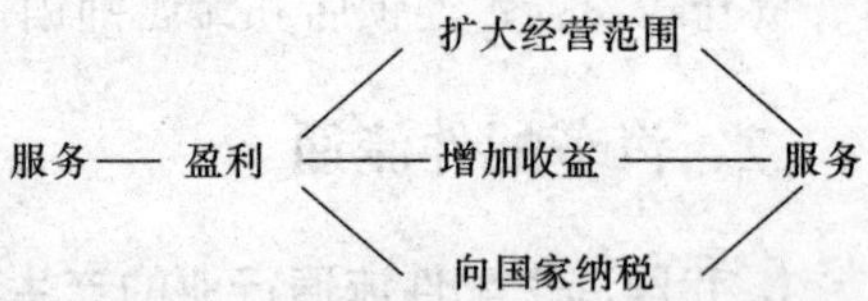

图 3—1　汽车配件销售企业的基本任务

面对汽车配件市场的激烈竞争，汽车配件销售企业的经理人必须有现代化的经营思想，主动适应市场需求情况的变化，把经营搞活，善于应用机动灵活的经营方式和经营方法，提高企业素质和应变能力，以求在市场竞争中获胜。

第 2 节　实体店的汽车配件销售

学习单元 1　配件陈列与广告宣传

学习目标

了解汽车配件陈列的要求

了解汽车配件广告宣传的方法及类型

掌握汽车配件陈列的方法

知识要求

一、商品陈列

1. 营业场地的合理布置

经营汽车配件的营业场地并不需要太大的空间，但需要合理的布置。牌匾要醒目大方、标新立异；橱窗要洁净明亮、装饰新颖；配件、道具陈列和背景、色彩的搭配要协调统一，给人以整体感。布置时要注意以下两点：

第一，要体现本店的经营特色，突出专营配件。

第二，一定要衬出配件的主体地位，配以色彩、灯光和图案文字，突出宣传效果。

总之，配件经营场地的布置既要体现经销商专业、诚信和务实的特征，又要为客户营造一个轻松愉快、充满信任的购物环境。某汽车配件商场的牌匾陈列如图 3—2 所示。

图 3—2　某汽车配件商场的牌匾陈列

2. 商品陈列的方法与要求

商品陈列是以商品为主体，利用各种道具将商品摆列出来，充分展示其美感、质感、特点和全貌，是向客户推荐商品的宣传方式。商品陈列突出的是商品，并使客户方便购买。对汽车配件门市部来说，商品陈列的优劣可改变整个销售区的气氛，影响销售业绩。特别是大型商场的橱窗设计要做到宣传与介绍相结合，具有美感，吸引过路人的注意力。商场内部的商品陈列要丰富，能激发客户的购买欲望，还要让客户有挑选商品的余地。特别对一些新产品和通用商品，通过样品陈列可起到极大的宣传作用，达到促销的目的。

(1) 商品陈列的方法。汽车配件零售门市的商品陈列方法有橱窗陈列，柜台、货架陈列，架顶陈列，壁挂陈列和平地陈列等。

1）橱窗陈列（见图 3—3）。它是利用商店临街的橱窗专门展示样品的陈列方法，是一种综合性的陈列方法，是商业广告的一种主要形式。它一般适用于高价商品，给人高档的感觉。一般大中型零售企业由专人设计造型来陈列商品。橱窗陈列的商品一要有代表性，体现出企业的特色。如主营汽车轮胎的商店，要将不同规格、不同形态的轮胎巧妙地摆出来。二要美观大方，引人注目。

2）柜台、货架陈列（见图 3—4）。柜台、货架陈列也称商品摆布。它能根据商品情况，调节陈列架的高低和范围；能够陈列许多商品；既陈列又销售，可频繁更换。柜台、货架陈列是营业员的经常性工作，也是商店中最主要的陈列方法。

图 3—3　橱窗陈列

图 3—4　货架陈列

3）架顶陈列（见图 3—5）。架顶陈列是零售商店普遍采用的陈列方法之一。它是在货

图 3—5　架顶陈列

架的顶部陈列商品。其特点是：占用上部空间位置，商品陈列的视野范围较高，客户易于观看，有充当柜组“招牌”的作用。

4）壁挂陈列（见图 3—6）。壁挂陈列是在墙壁上或货架两端设置悬挂陈列架来陈列商品。其特点是客户容易看到。壁挂陈列适用于季节性商品、新商品、畅销商品且质量较轻的配件，如软管、雨刷等。

5）平地陈列。平地陈列是将体积大而笨重的、无法摆上货架或柜台的商品，在营业场所的地面上设置陈列。其特点是能充分利用营业场所的空余地方。陈列时应因地制宜、摆放合理、陈列有序、留有通道、便于销售。图 3—7 所示是某商场利用楼梯进行的平地陈列。

图 3—6　壁挂陈列

图 3—7　平地陈列

（2）配件陈列的要求

1）库有柜有，明码标价。陈列的商品要明码标价，有货有价。商品应随销随补，不断档、不空架，便于客户选购。

2）定位定量陈列。为防止差错，便于客户选购和营业员取放，盘点商品，要实行定位摆放、定量陈列，不要随意移动，以提高售货效率。

3）分类分等顺序陈列。陈列某种商品，应按商品的品种、系列、使用部位、质量等级等分类、分等、有规律地陈列，方便客户购买。

4）连带商品系统陈列。把使用上有联系的商品陈列在一起出售。这样能引起客户的联想，便于销售。

总之，配件陈列要层次鲜明，主次分明，既要突出特色又要协调统一，布局合理。

3. 商品陈列的原则

商铺的销售区对客户来说就是购物区。商家随时都要站在客户的立场上思考问题，创造出一个舒心、优美能引起强烈购买欲的“购物区”。

（1）陈列商品的选择。在陈列之前，要充分考虑客户的生活习惯、行动趋向、客户的特点（年龄、性别、家庭组成等）、季节与时期、新商品、流行商品、热门商品等来选择上货架的商品。从销售角度来看，一般把商品分为畅销商品（指有持续性且周转效率很高的商品）、高毛利商品（指周转性不是很高，但可提高毛利额的商品）、摆饰商品（指虽然不是主力销售的，但能吸引客户光临、引起客户关注的商品，如季节性商品、新上市的商品）、死（滞销）商品（指过了畅销时间卖不出去的商品）。

（2）使客户看得方便、选取商品方便。根据商品的特征选取合适的摆放高度。一般在举起手也难以够到的高度，放置商品的信息广告或需展示的商品；在容易观看的高度（约1.25 m）处，放置第二挡意想销售的商品；在最容易看到并且很轻松就能拿到的高度（0.70～1 m，俗称黄金线）处，放置主力档意想销售的商品；在蹲下来的高度（约0.3 m）处，放置第三档意想销售的商品。在地面上放置大型商品；用盒子包装的商品尽可能把商品从盒子里取出来摆放；商品的标签要向外；最外层商品要排列整齐；去除妨碍视线的障碍物（如肮脏的或已损坏的商品、陈旧的图片或画报、破损的货架、垃圾等）。

（3）商品陈列要有容量感，显示商品的丰富。但也要注意不要将商品堆得太高、塞得太多，造成拥挤感和不安全因素。

（4）陈列用的道具要协调。要注意商品与道具的协调，背景与整个橱窗、柜台、货架陈列的协调，色彩之间的协调，让整个店内充满温馨的氛围。

4. 汽车配件陈列的分类方法

店铺里汽车配件的陈列一般是根据柜组的经营分工来分类陈列，其分类方法有按品种系列分和按车型分两种。

（1）按品种系列分类。由汽车结构知识可知，汽车的总体结构可分为发动机、底盘、车身、电气设备四大组成系列，汽车配件的陈列也按此处理。

（2）按车型分类。汽车按车型分类，有运输汽车和特种用途汽车两大类。运输汽车又可分为轿车、客车、货车和牵引车等。按照汽车的主要特征参数又可进一步分级，如轿车按照发动机工作容积（发动机排量）、客车按照车辆总长度、货车按照汽车总重量等来分级。因此汽车配件的陈列一般是先按车型用途分类，再按厂家及品牌进行细致分类。

二、汽车配件的广告宣传

生产配件的企业、销售配件的经销商都需要用广告来促销产品、扩大影响、占领市场。

1. 广告宣传的概念

广告，顾名思义就是广而告之的意思。广告有广义、狭义之分。广义的广告是指一切借用传播媒体的形式，向公众传播信息的活动。狭义的广告是指经济广告或非经济广告。其中，非经济广告指的是为达到某种宣传目的而进行的宣传活动，包括政治、军事、文艺、社会公益广告等。

现代社会是一个竞争激烈的社会，任何一家企业、一个商品要提高知名度、打开销路，都要进行商业宣传。

商业广告主要有以下作用：

(1) 传递信息。这是广告的基本作用。广告把产品及服务信息传递给潜在客户，使其了解企业产品的特点、性能、价格、使用方法和销售服务等情况，引起客户注意并激发其购买欲望。

(2) 指导消费。广告通过介绍商品知识，使消费者了解商品将给社会和消费者带来的利益与效用，以此来指导消费者的消费与购买决策，使消费者能省钱、省时、省力地买到自己满意的商品。

(3) 有利竞争。广告宣传的目的就是要在消费者的心目中树立起良好的企业形象和产品形象，以激发消费者对本企业产品的偏爱与信赖，产生习惯性购买行为，从而增强产品的市场竞争力。

2. 广告宣传的手段

根据广告宣传对象的不同，广告宣传可分为内部宣传和外部宣传两种。

(1) 内部宣传。其主要对象是企业的内部人员，如员工、股东等。宣传的目的是让内部人员及时、准确地了解与本企业有关的信息或产品信息，以便鼓舞士气，增强内部凝聚力，增加对企业自身产品的了解。内部宣传的主要形式有企业报纸、职工手册、黑板报、照片宣传窗、闭路电视、演讲会、座谈会、讨论会等。

(2) 外部宣传。其主要对象为与企业有关的一切外部公众。外部宣传的主要形式有：展览会、经验或技术交流会、赞助与公益广告、公开演讲、促销活动等；利用各种新闻媒介做广告；还可以“制造新闻”，寻找公众关注的“热点”，吸引新闻媒介来做新闻报道、专题通讯、经验介绍、记者专访等。

进行配件营销宣传广告的主题一定要突出配件在使用和性能上的优势，突出有别于同类产品的特别之处。创意是一个好广告不可或缺的因素，成功的广告创意可使广告作品在内容和形式上都焕然一新，具有强烈的感染力和感召力。宣传广告如图 3—8 所示。

展示活动（大型或小型展览、促销活动等）是汽车配件宣传的另一个有效手段，它已成为企业竞争的手段和较量的场所，也是招揽大批订单的机会。比如一年两届的全国汽配

图 3—8　宣传广告

展览，北京、长春、天津等各地的汽车配件交易会等。在这些展示活动中，既树立了企业形象，彰显了企业实力，又促销了产品。

3. 店铺促销海报的制作

不管是组织活动还是宣传产品，都需要制作宣传海报。常见的店铺促销海报制作要点如下：

第一，找好中心思想。所有设计围绕这个主题进行。

第二，打草稿。设计字和图，将产品促销的文字醒目地显示出来，起到突出主题的作用。

第三，定主色调突出宣传思想。整体画面采用靓丽的颜色，制造清新自然的色彩效果。色彩并不是华丽就好，有时候清新醒目也可以起到相应的作用。在草稿上把大体的色调勾勒一下，找到自己理想的颜色。

第四，调整结构。以突出主题为目的，调整海报的整体结构。

第五，在事先准备好的专门画海报的纸上（比普通的纸要厚一些）依草图的样本正式制作。商场海报如图 3—9 所示。

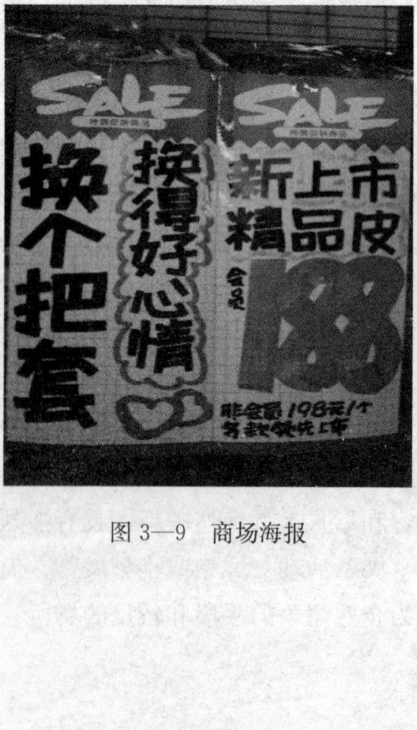

图 3—9　商场海报

学习单元 2　销售技能

学习目标

了解汽车配件商品销售的一般程序

掌握汽车配件商品介绍与咨询技巧

知识要求

对于汽车配件流通企业来讲，汽车配件的主要销售方式是门市销售。无论是大用户还是零星用户，门市供应都是最基本、最直接的流通渠道。一般称门市销售部门为门市部、营业部、商场部，也有的称为商店、销售中心、销售部（公司）等。门市大都选择在交通方便、客户比较集中，且停放车辆方便的汽配城、汽配市场内。

一、商品销售的一般程序

商品销售的一般程序是指以营业员与客户面对面沟通交流达到销售商品为基本售货方式的零售企业，营业员在接待售货过程中，依次进行的步骤。

1. 准备

营业员的准备工作是围绕商品销售进行的。其主要内容有商品的准备、售货用具的准备、营业场地的清理和营业员的仪容、个人卫生的准备等方面。

（1）检查准备当日需销售的商品

1）检查柜架上的过夜商品。根据平时商品摆放规律，检查商品是否有异常移动现象，发现情况应及时向领导汇报，并查明情况。

2）添加准备商品。对经过前一天的销售，柜台、货架上的商品在花色、规格、品种和数量上出现的不足或断档，必须续补商品，做到库有柜有，出样齐全。

3）整理陈列商品。开门营业前，要将续补的商品拆除包装后，及时在货架上陈列，力求做到丰满、整齐、美观、醒目。

（2）检查、准备售货用具。主要准备以下用具：

1）计量器具。主要是指秤、尺、量杯等度量衡具。要求是抹掉灰尘，冲洗掉污垢，校验其灵敏度和准确性，并放在固定的、顺手的地方。

2）包装用品。主要有包装纸、盒，捆扎用的各种绳类等，使其规格全、数量足。

3）测试用具。是指测量和试验某些商品性能与质量所用的用具，如测电笔、万用表等应在营业前准备好，并放在适当的位置。

4）售货用具。

5）计价用品。主要有计算器、圆珠笔、发货单等，需要备齐，放在适当位置，以便随时取用。其中发货单要妥善保管，以防丢失。

（3）检查和清理柜台、货架及环境卫生。在开门营业前，营业员必须把本柜台内外和营业场地打扫干净，整理搬除妨碍客户和自己行走的物件，做到柜台、货架、通道无杂物，无灰尘。

（4）检查营业场所照明灯有无故障并对故障及时处理。

（5）搞好个人的仪容服饰和卫生。主要有以下两点：

1）仪容要美观、整洁，营业员的梳妆打扮要朴素大方，发型应保持整洁、美观，不留怪发型，不浓妆艳抹。

2）服饰要美观大方。在营业前，应提前穿好工作服，没有工作服的也不能穿奇异服装，同时要把营业员徽章按规定端正地佩戴在胸前。

2. 接待与介绍商品

（1）接待。柜台接待服务是营业员的基本职责。接待步骤一般分为迎客和接触。

1）迎客。迎客即迎接客户，也称售前待客，是客户到柜台前的准备阶段。其基本要求是随时准备，主动迎客。具体要做到：

①站在合适的位置上。指既能照顾自己负责的柜台、货架上的商品，又能易于观察客户与接近客户的位置。

②要有良好的站立姿势。站立端正，不背对客户。

③要注意力集中，态度自然明朗、热情诚恳。

2）接触。接触即针对各种不同的情况灵活掌握好时机，接近且与客户打招呼。

①当客户长时间注视某种商品时，可用夸赞商品的话来接近客户。

②当客户突然停住脚步时，可以称赞客户所注意到的商品，不失时机地主动接近客户。

③当客户好像在寻找什么商品时，应尽早接近客户并主动打招呼。

④当客户抬起头，将视线从商品转向营业员时，营业员应精神饱满地前去打招呼。

⑤当客户触摸或对比摸看商品时，可平静地凑前打招呼。

⑥当客户和营业员的目光相触时，营业员应面带笑容轻轻点头以示欢迎。

（2）商品介绍。一般首先要展示商品。将商品从柜台上、货架上取出来向客户展示商品的全貌、性能和特点，便于客户对商品进行鉴别、挑选，激发客户的购买欲望。

在展示的同时向客户推荐介绍商品。推荐介绍商品是促进销售、指导消费的一个重要手段。其基本要求是：实事求是，维护客户利益；因人而异，尊重客户；态度诚恳，语言准确鲜明；介绍商品要和展示商品结合起来。

汽车配件是一种科技含量较高的专业化商品，它的销售和其他商品存在较大的差异，对配件商品的介绍必须表现出十分专业的素质。

例如：客户要订购减振器，应该马上询问是用在什么车型、什么年款上的，是前减振器还是后减振器，减振器是什么形式的，型号是什么，要原厂件还是副厂件，对品牌有没有要求，是要美国 Koni 还是德国 ZF 的，支座和螺母等附件是否需要同时更换等。

3. 开票与收款

零售商店的收款方式主要有三种：一是货款合一，即客户当即付款当即取货，钱货两清。这种方式的优点是方便客户，缺点是容易出差错。货款合一是小型汽车配件零售商店的收款方式之一，适用于出售零星的、价格较低的商品。二是货款分责，即营业员管货不管钱，客户持凭证到收银台交款，然后回原售货地点取货。这种方式的优点是减轻营业员的劳动强度、降低差错率，缺点是给客户带来不便。大中型零售商店普遍采用这种方式。三是自动售货自行结算，即交款付货完全由计算机进行。它适用于自动化程度较高的超市或经营品种比较简单的专业化商店。

4. 递交与道别

将商品递交给客户的基本要求是主动递交、准确礼貌。道别即送别客户，其基本要求是亲切自然、用语恰当，即使在繁忙的情况下，也应以微笑点头、举手示意等动作来告别。

二、客户需求与心理分析

接待客户是一门艺术。在接待客户时，不仅要讲究服务态度，还要有针对性地采取适当的步骤与技巧。掌握客户的购买心理往往是销售成功的关键。

1. 客户的需求种类划分

客户的需求种类因分析的角度不同，分类的结果也不同。

（1）按需求的对象分。可分为物质的和精神的两大类。

（2）按需求的层次分。美国心理学家亚伯拉罕·马斯洛提出人类需求层次理论，如图 3—10 所示。

1）生理需求。生理需求是为支持生命所需的最基本的需求，包括衣、食、住、行及

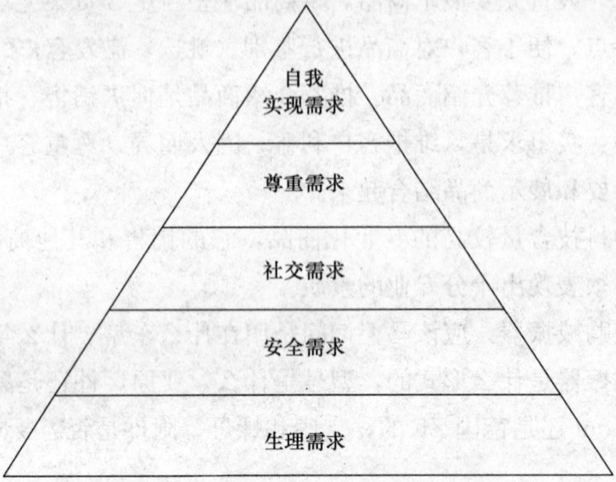

图 3—10　马斯洛提出的人类需求层次理论

性等与生理有关的各种需求，这是人类赖以生存的基本条件。一般来说，人们只有先满足了这种最基本的需求，才会有其他更高层次的需求。

2）安全需求。生理需求得到了基本满足之后，安全需求便接踵而至了。安全需求经常包括人身安全、经济的安全及有秩序、可预知的环境安全，如工作和职业的稳定等。

3）社交需求。社交需求是较高层次的需求，它是指人们通过社会交往以获得归宿感和认同感，即人们希望自己归属于某个团体，从而作为团体的一员得到他人的友谊、忠诚、信任、爱情、理解和交往的机会等。

4）尊重需求。所谓尊重需求是双重的，一方面当事人必须自己感到自己的重要性，另一方面也必须获得他人的认可。尊重需求是人们在上述三种需求得到基本满足之后出现的更高层次的需求，这种需求可以使人们获得某种心理上的满足和安慰，它包括自豪感、自信感、受人尊敬和赞美、有一定的社会地位和权利、具有一定的影响力和号召力等。

5）自我实现需求。所谓自我实现，即人们希望最大限度地发挥自己的才能，实现自己的理想和抱负。这是人类最高层次的需求，包括使命感、成就感等。

马斯洛的需求层次理论认为，人们的需求是以层次的形式出现的，由低级的需求开始逐渐向上发展到高级的需求。当较低级的需求得到满足后，人们就开始追求更高一层次的需求。

如果汽车配件销售员能够将上述需求层次理论运用到汽车配件销售领域，就会有利于抓住客户的购买心理和购买类型，有针对性地开展营销活动，提高企业的效益。

2. 客户购买心理过程的八个阶段

一般来说，来到店内的客户购物时的心理过程为：注意→兴趣→联想→欲望→比较→

信念→行动→满足。客户购买行为与营业员行为的关系见表 3—1。

表 3—1　　客户购买行为与营业员行为的关系

序号	阶段	客户的行为	店铺或客业员的工作
1	注意	注目	商品容易看到和拿取
2	兴趣	止步	具有吸引的展示
3	联想	注视特定商品	接近客户，了解其动机
4	欲望	浏览	将商品呈现在客户面前
5	比较	注意用途、价格与其他商品对照	用商量的口气提出建议
6	信念	拿起商品进行选择	强调商品的作用与优点
7	行动	购买	成交且推荐关联产品
8	满足	高兴地离开	包装商品，找回零钱

客户在比较阶段，会将周围并列的许多商品放在一起进行比较，对其颜色、性能、尺寸和价格等作比较。这时候营业员加以顺利引导，就坚定了客户的购买信念。

客户在购物后应有满足感。一般来说，购物的满足感有以下两方面：

一方面，购物终了时的满足感。一是为买到好的商品而满足，二是来自营业员的优质服务令其感到愉快、满足。这两种满足感虽各有不同，但有共同点，又因两者有互补作用，销售员交替使用一定能为客户带来更大的喜悦。

另一方面，使用购买品的满足感。客户得到这两方面的满足，也就在客户的心目中建立了良好的商品形象和营业员的个人形象，从而为企业赢得广泛的声誉，建立良好的企业形象。

三、接待客户的礼仪

1. 社交礼仪的基本原则

营销是寻找客户，把自己的产品和服务卖出去的活动，是一门与人交往的艺术。因此，一切营销活动都要遵循社会交往的基本原则。

（1）互惠原则。包括物质和精神两方面的互惠互利。销售中的互惠原则是指双方所达成的协议应当保证双方交易的互利，保证买卖双方享有大体相当的利益。这就是“双赢”原则，要努力寻找商家与客户双方利益的共同点，互惠互利，发展与客户的长期合作关系。

（2）平等原则。在人际交往中，人格一律平等，每个人都有自尊和被人尊重的权利。

（3）信用原则。即说真话，办实事，言而有信。不随意夸大产品的性能和服务的承诺；对没有把握办的事情，不要轻易承诺；对于承诺的事情，如因客观情况变化而无法兑现，应及时向客户解释，求得理解，并用其他方法加以弥补，不要寻找借口或不了了之。

（4）相容原则。人际交往中需要求同存异，相互容纳。面对客户的失礼，必须学会忍耐，要有宽广的胸怀；对客户买前犹豫不定或挑剔行为，要耐心和体谅。

（5）发展原则。商品销售是一项连续不断的工作，只有广结善缘、多交朋友，才能稳定地推进自己的销售业绩。

2. 汽车配件销售员的基本礼仪

人际交往既是人们的主观愿望，也是人类生活的客观需要。人际交往中必须遵守一些基本礼仪。

（1）仪表。仪表是人们内在心理素质的外在表现，一般由仪容、服饰、举止、谈吐等组成。

汽车配件销售员的衣着服饰要干净、整洁；若穿着个人服装要注意符合时代的特点，体现时代精神；要注意个人性格特点及符合自己的体形。

汽车配件销售员在接待客户的全过程中，做到“五要”“四不讲”。“五要”是：语言要亲切，语气要诚恳，语调要柔和，用语要准确，要说普通话。“四不讲”是：不讲粗话、脏话，不讲讥讽挖苦的话，不讲催促埋怨的话，不讲与销售无关的话。

在接待客户的各个不同服务阶段，汽车配件销售员要灵活用好“十四字”文明礼貌用语。“十四字”文明礼貌用语是：您、请、欢迎、对不起、谢谢、没关系、再见。

与客户交谈中，汽车配件销售员要对客户的言谈做出反应。倾听时要注视对方，必要时要点头应和，或说“是”“对”等，切不可左顾右盼、精神不集中。更不能在客户讲话时有打哈欠、看手表、双腿抖动等动作；交谈中少打手势，必要时手势幅度也要适当，要与客户保持必要的距离，不要拉拉扯扯、拍拍打打。

（2）迎客。负责迎客的汽车配件销售员正确的站姿是两脚跟相距约 10 cm，两脚尖相距 1 只脚的长度，双手（左手搭在右手背上）置于下腹前。客户走近时先向其问候再行鞠躬礼（鞠躬是以礼传心），上半身向前倾约 15°，视线范围约 5 m。注意此时头、背、腰呈一条线，下巴不要伸出，态度爽朗，面带微笑。鞠躬时迅速弯腰，略微停顿后慢慢直起。

汽车配件销售员见到客户的第一件事是打招呼问候。打招呼时要做到明朗（大声、带笑容、面向对方）、随时（无论什么时候、什么人）、主动（在对方问候之前）、连续（打招呼之后多加一句问候语）。问候时要根据客户的年龄、身份，使用适当的称呼，如“先生”“女士”或“夫人”。适用于任何情况的问候语有“您好”“见到您很高兴”“早上好”“晚上好”等。汽车配件销售员常用的招呼语有“欢迎光临”“明白了”“请稍等”“您久等了”“谢谢您”“给您添麻烦了”“非常抱歉”“欢迎再次光临”“早上好”“晚上好”“您好”

“对不起”“借光，请让我过去”等。

（3）自我介绍与递接名片。汽车配件销售员进行自我介绍的目的，是要让客户了解到认识汽车配件销售员会改善其生活质量，或带来某种共同利益。自我介绍时应面带微笑，最好先说一声“您好”，得到回应后，再向对方介绍自己的姓名、身份和单位。为了让对方记住自己的名字，可以按字面做解释，也可用生动有趣的幽默语言、谐音来解释。自我介绍时，要注视着对方，姿态要自然、大方，态度要谦虚，语言要得体。

现在人们常用名片代替自我介绍，一般发名片的顺序应是地位低的先把名片交给地位高的，年轻的先把名片交给年老的。如果是对方先拿出名片，自己也不必谦让，应该大方地收下，然后再拿出自己的名片来回报。接过客户的名片时，应用双手（接、递名片时最好用双手，或右手递、左手接，名片正面应向着对方）并表示谢意。接到名片后不要立即收起，也不应随意摆弄，应认真拜读名片内容，最好将客户的姓名、主要职称、身份轻声读出，以示敬意。没有把握读出的字，特别是客户的姓名，要及时请教客户。然后将客户的名片装入名片夹或放入上衣袋中、公文袋内，不要放在裤子口袋中。

在给对方留地址时，可以用名片代替。如无名片，也可以在一张纸上或对方的通讯录上写下自己的姓名、职位、地址、通信方式（如固定电话号、手机号）等，要求字迹工整、简单明了，再用双手或右手递出。递出时应注视对方，并可以做适当说明。

（4）递物与告别。交易成功后，汽车配件销售员应该把产品用双手递到客户手中，并且关照“请您拿好”，如果产品中有易碎物品或存在其他不安全因素，汽车配件销售员应在递交物品前讲明注意事项，并关照“请您注意安全，要按说明书使用”，不要把产品扔给对方而且不加关照。对于有刀口、尖端等的物品，需将刀口、尖端朝向自己握在手中，不要指向对方。

客户告辞，应以礼相送。如果客户有事相托，只要能力允许，就应愉快地接受，尽力办妥。在分别时常用告别语“再见”“欢迎再来”以示礼貌。

四、汽车配件商品的介绍与咨询

1. 汽车配件门市销售的柜组分工方式

在大型汽车配件门市部内部，各柜组的经营分工一般有两种方式：一是按品种系列分柜组，二是按车型分柜组。

（1）按品种系列分柜组。经营的所有配件不分车型，而是按部、系、品名分柜组经营，如经营发动机系配件的柜组称为发动机柜组，经营通用工具及通用电器的柜组称为通用柜组，经营轮胎轮毂的称为轮胎柜组等。

这种柜组分工方式的优点是：比较适合专业化分工的要求，有利于经营人员深入了解商品的性能特点、材质、工艺等商品知识。对于汽车配件销售员来说，学会自己销售的这部分配件品种的商品知识，比学会某一车型全部配件的商品知识要容易得多。由于某些配件的通用互换性，进口车型的有些品种可以与国产车型的配件通用，有些则需要从实物的对比中得出结论。如果不按品种系列，而按车型经营，遇到上述情况时就有许多不便。

（2）按车型分柜组。按不同车型分柜组，如分成桑塔纳、富康、捷达、奥迪、东风、解放柜组等。每个柜组经营一个或两个车型的全部品种。

这种柜组分工方式的优点是：有些中小型用户的配件采购计划，往往是按车型划分。一份采购单只要在一个柜组便可全部备齐，无须分别到若干个柜台开票，而只集中到一个柜组的 1～2 个柜台，便可解决全部需要。

按车型分工还可以与整车厂编印的配件样本目录相一致，当向整车厂提出要货时，经营企业可以很便利地编制以车型划分的进货计划。

按车型分柜组，也有利于进行经济核算，便于管理。若孤立地经营不同车型的部分品种，难以考核经济效益。按车型分工经营，根据社会车型保有量统计数据，把进货、销量、库存、资金占用、费用、资金周转几项经济指标落实到柜组，在此基础上实行利润包干形式的经济责任制，有利于企业管理的规范化。

这种分工方法的缺点是每个柜组经营品种繁多，对汽车配件销售员的要求高，需要熟悉所经营车型每种配件的性能、特点、材质、价格及产地等情况，这不是一件很容易的事，而且当一种配件可以通用几个车型时，往往容易造成重复进货、重复经营。

两种柜组分工方式各有利弊，究竟采用哪种可根据企业的具体条件决定。

2. 汽车配件商品的介绍

汽车配件是一种科技含量较高的专业化商品，其销售和其他商品存在较大差异，对配件商品的介绍必须表现出十分专业的素质，才能赢得客户的信任。专业素质最直接、最基本的表现就是对配件行业术语的熟练掌握和应用。

（1）首先向车主询问汽车品牌、制造厂家、年款、车型、车身形式、车辆配置、驱动形式、生产方式（进口、散件组装等）、车型参数等与车辆相关的信息。

（2）正确、真实地向客户介绍商品的质量。问客户是要“原厂件”产品还是要“副厂件”“拆车件”“翻新件”产品。配件的进货渠道不同，价格可能会相差较大，同时质量也会有差别。

（3）介绍商品的特点。尤其要清楚地向客户介绍所经销配件的通用互换情况。如销售轴承，要考虑客户可能会需要油封、润滑脂、防尘套等相关零件。另外，同一厂家甚至不同厂家的某些车型的某些零件是可以通用互换的，在销售中也可以向客户进行有针对性的推荐。

（4）介绍有关商品的使用及保养方法。对有些配件还应介绍其质量保修规定，如保修年限、承保范围、费用分担等问题，这些都是客户十分关心的问题。

（5）介绍商品的原料构成及生产工艺。例如，某连杆零件，通常的工艺都是铸造零件，采用的是铸铁原料，若配件采用的是新工艺，使用合金钢模锻成，则介绍过程中突出描述这些，两种配件的优劣就显而易见了。

3. 咨询服务方式

（1）现场咨询。即在推销活动中，汽车配件销售员现场解答客户提出问题的一种服务方式。它的优点是：客户与汽车配件销售员直接进行面对面的交流，因而信息反馈迅速，有利于双方的交流与沟通。客户所提的问题，都是围绕汽车配件销售员所推销的商品，因此可以通过展示、表演、示范、操作商品，解答客户的疑问，使客户全面、充分地了解产品，并加深对产品的良好印象。

（2）电话咨询。这是利用电话解答客户提出问题的一种服务方式。电话咨询的优点是高效、迅速。它在商品营销工作中起的作用越来越大。它的不足之处是由于汽车配件销售员与客户双方不能见面，使双方的交流和沟通受到很大影响。

（3）信函咨询。即推销人员以信函的形式，为客户解答疑问的一种咨询服务方式。随着互联网的迅速发展，这种方式基本都在网上进行无纸化的信函咨询。

4. 咨询服务时的注意事项

（1）提供各种咨询服务要热情周到，服务内容要简明确切。

（2）提供服务应能为客户解决实际问题。例如，代客送货、上门安装、调试、售后维修等。不要随便许诺提供不能兑现的各种服务，这样做违反《消费者权益保护法》，会引起客户的不满，使客户有上当受骗的感觉。同时，对汽车配件销售员及企业的形象造成不良影响。

（3）汽车配件销售员在介绍商品时，既要全面介绍企业的售后服务政策来吸引客户购买，又要交代清楚注意事项，以避免日后产生纠纷。一般配件都在该产品的使用说明书中提及了使用注意事项，建议客户仔细阅读。比如，安装氧传感器的汽车必须使用无铅汽油，否则会使氧传感器失效等。

五、谈判与成交

接待客户的咨询与沟通，直至成交的过程实质是在与客户谈判。成交是销售过程中的最后阶段，其他阶段的活动其实都是在为最终的成交做铺垫。只有了解客户心理，投其所“好”，才有可能促成交易。在实践中，主要通过观察和交谈逐渐弄清客户意图并引导其购买商品。

有些客户会针对产品有质量异议、价格异议、售后服务异议、货源异议、购买时间异议、交货期异议等。在这些异议中，可分为真实异议和虚假异议。虚假异议是客户掩盖真实想法的手段，或是拒绝购买的借口。汽车配件销售员要分清异议的真假，了解客户的真实意图，区别对待。

1. 识别购买信号，抓住成交机会

成交信号是指客户在接受推销过程中，有意无意通过行为、语言、表情等多种外在形式流露出来的各种成交意向，汽车配件销售员必须善于观察客户的言行，捕捉各种成交信号，及时促成交易。

信号 1：客户表现对商品的有关细节及各种交易条件说明做出认真的神情，并把汽车配件销售员所提出的交易条件与竞争对手的条件做比较。

信号 2：价格分歧。有些客户与汽车配件销售员讨价还价，以种种理由要求降低价格。

信号 3：客户主动热情地将汽车配件销售员介绍给负责人或其他主管人员。

信号 4：客户要求详细说明使用时的要求、注意事项及产品的维修等售后服务。

信号 5：客户主动出示有关某一产品的情报和资料。

信号 6：客户对目前正在使用的其他厂家的产品不满。

信号 7：客户眼睛盯着产品的说明书、样品或者长时间沉默不语，身体靠近汽车配件销售员，询问旁人的意见。

信号 8：客户主动表示与汽车配件销售员所在公司的职员有私交等。

这些信号一旦出现，汽车配件销售员就应尽快选用合适的话题，转到促成交易阶段。如当客户向汽车配件销售员询问："你们什么时候可以交货？"对此，一般有三种回答方法：第一，提供一个准确的交货时间。第二，不正面回答交货时间，而是反问："您看什么时候交货比较合适？"第三，"你是不是现在就需要？"

相对来说，第二种回答方式可能更好一些。客户询问交货时间，显然是一种购买的信号，它至少表明客户对商品有兴趣，很可能已打算购买，只是需先衡量一下是否可以满足时间要求。汽车配件销售员询问客户"什么时候交货比较合适"，这就在不知不觉中回避了"买与不买"的问题。也就是说，无论客户如何要求，都表明已决定购买，这样汽车配件销售员就可根据客户要求的时间来协商具体的交货事宜，达成交易。如果汽车配件销售员采用第一种方式回答，客户可能就要衡量一下，反应很可能是"让我考虑一下"。如果采用第三种方式，客户会感到一种压力，也表明汽车配件销售员根本还未意识到这是一种购买的信号，客户的反应往往会是"不，只是随便问问"或"不，现在还定不下来"。这种回答都是封闭式的，从而也就失去了良好的成交机会。

2. 订立口头合同

(1) 口头合同。汽车配件销售员在购销汽车配件或用品时，会经常碰到一些口头契约，这在《合同法》中属于“口头形式”合同。在汽车配件销售过程中常见的有：客户与销售员面对面地谈话确认或以电话交谈方式确定相互权利义务关系。口头合同的优点是直接、简洁、快速；缺点是没有凭证，容易发生误会，产生争议，取证困难，不易分清责任。因此，金额较小的交易可以采用口头合同的形式。对于标的金额比较大、履行期长、不能即时结清的汽车配件交易，不应采用口头合同，而要采用书面形式订立合同。

(2) 口头合同的主要条款。购销合同的内容由当事人约定，一般应含有以下条款：

1) 标的。即成交汽车配件的品牌、品种或型号。

2) 数量。在绝大多数合同中，数量是必备的条款。

3) 质量。对于有形商品，质量是标的的物理、化学、机械、生物等性质。

4) 价格或报酬。

5) 履行期限、地点和方式。

6) 当事人的名称、姓名、联系方式等。

7) 违约责任。

8) 解决争议的方法。

3. 成交后注意的问题

(1) 汽车配件销售员在客户购买配件后不要觉得大功告成，否则容易导致客户猜疑自己是否吃亏上当。

(2) 过度向客户道谢，这样只会增加客户“上当”的感觉。

(3) 不要以交款走人的态度来对待客户，应主动向客户介绍所购配件在使用过程中应注意的事项，以及客户最关心的质量保修问题。

六、收取货款与商品的交付

1. 货款计算

货款的计算公式是：货款总额=单价×数量。传统的计算工具多是计算器，一般小型配件商店还采用这种方式，这要求汽车配件销售员有良好的价格记忆和货款计算能力。在管理比较完善的配件经销企业大都采用汽车配件管理软件进行货款结算，这种方式准确、快捷，大大提高了交易的效率。

计算货款的基本要求是一准、二快、三清，也就是说汽车配件销售员在计算货款时要准确、迅速，并将计算结果报给客户听清。为了避免误会，计价的整个过程都要当着客户的面进行。如果客户对货款计价有疑问，汽车配件销售员要耐心地重算一遍，并有礼貌地做好必要的说明和解释。

2. 开发票与提货单

（1）开发票。货款计算完毕，客户对计算结果没有疑义之后，要给客户购买的配件出具发票。

发票由经税务部门培训过的人员来开具。发票上必须加盖本单位的发票专用章。发票的内容完整、正确且清晰。

（2）开提货单。小型的汽配商店一般是将发票与配件同时递交给客户。中大型的汽配商店需要到指定的库房或地点提货。

提货单的填写要求和发票类似，一定要正确填写。常见的提货单如图 3—11 所示。

提　货　单　　　　No. 0155581

提货仓库：________

提货单位：________　　　　年　月　日

货号	配件名称及规格	单位	数量	单价	金额	备注
合计	拾　万　仟　佰　拾　元　角　¥					

制单　　　　发货经手人（签章）　　　　提货单位及经手人（签章）

图 3—11　提货单

填写时注意：以提货日期填写年、月、日；表内的配件名称及规格、数量、单位、单价、金额必须填写清晰准确。

提醒客户核对提货单。核对项目有提货仓库名称、必要的印章、提货单上的各项内容和字迹及提货的有效日期。以确保提取的配件是客户所购买的配件。

3. 汽车配件商品的交付

（1）汽车配件种类繁多，应根据配件的制造材料、物理特性和使用情况等因素妥善包装和运输，以保证配件在出库后的物流过程中保持原有的质量不变化。汽车配件的制造材料通常是黑色金属（如气缸体、气缸盖）、有色金属（如铝合金活塞、铜制衬套等）、非金属材料（如风扇带、胶木正时齿轮、橡胶水管）和复合材料（如缸盖衬垫、进排气歧管衬垫和滤清器滤芯）四种。包装和运输时要兼顾这些材料的特性并加以维护。

（2）汽车配件的交付方式。对于小型的可采用客户自提或送货上门；可以委托物流公司发送；对于大批量的汽车配件的运输方式可自行选取铁路、水路、公路和航空等。选择何种运输方式可由供需双方商定。汽车运输的保险分为主要险和附加险。投保人可根据汽车配件的种类、特性、包装、运输工具、运输里程及车站、港口等来选择险种。如果汽车配件在运输途中受到损坏，可根据所投的险种向保险公司提出相应的索赔。一定要保管好保险单、运输契约、发票、请求赔偿函电、检验报告、货损证明及索赔清单等必要的索赔证明。

（3）快递单据的填写。互联网时代使电子商务公司发展壮大，也是快递业发展的最佳时机。对于体积不大、重量较轻的汽车配件或汽车用品，销售方经常会选用快递方式将商品快速递交给客户。各快递公司的快递单据格式不尽相同，但其内容基本相同。中国邮政公司的快递单据如图 3—12 所示。

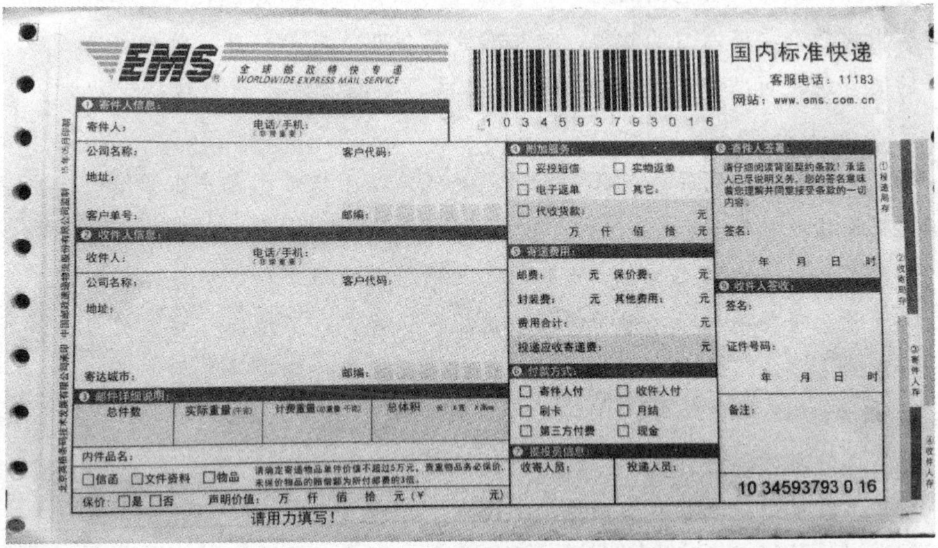
EMS 全球邮政特快专递 WORLDWIDE EXPRESS MAIL SERVICE
国内标准快递
客服电话：11183
网站：www.ems.com.cn
1034593793016
① 寄件人信息：寄件人： 电话/手机： 公司名称： 客户代码： 地址： 客户单号： 邮编：
② 收件人信息：收件人： 电话/手机： 公司名称： 客户代码： 地址： 寄达城市： 邮编：
③ 邮件详细说明：总件数 实际重量 计费重量 总体积 内件品名： □信函 □文件资料 □物品 保价：□是 □否 声明价值： 万 仟 佰 拾 元（¥ 元）
④ 附加服务：□妥投短信 □实物返单 □电子返单 □其它： □代收货款： 元 万 仟 佰 拾 元
⑤ 寄递费用：邮费： 元 保价费： 元 封装费： 元 其他费用： 元 费用合计： 元 投递应收寄递费： 元
⑥ 付款方式：□寄件人付 □收件人付 □刷卡 □月结 □第三方付费 □现金
⑦ 揽投员信息：收寄人员： 投递人员：
⑧ 寄件人签署：请仔细阅读背面契约条款！承运人已尽说明义务，您的签名意味着您理解并同意接受条款的一切内容。 签名： 年 月 日 时
⑨ 收件人签收：签名： 证件号码： 年 月 日 时 备注：
10 34593793 0 16
请用力填写！

图 3—12　中国邮政公司的快递单据

寄件人在填写快递单据时要注意：不得隐瞒或虚报内件的性质、品名规格、数量、价值等真实情况；不可以委托交寄流通货币和有价证券；必须如实填写寄件人和收件人的姓名、地址和联系电话；必须如实填写内件的品名规格、数量、付费方式和赔偿约定。

※相关链接

门市柜台服务规范和纪律

1. 服务规范

服务规范是指在服务工作中，销售服务人员应当把自觉遵守和执行的标准、制

度、措施用科学的行为准则确定下来，并以此作为监督检查工作的依据。它是企业提高服务质量的基础，是企业内部控制、评价、衡量服务质量的重要依据。销售员的接待技术规范内容主要有：

(1) 客户走近柜台时，适时适机打招呼，说好第一句话。

(2) 按照客户的需要拿递商品，要轻拿轻放，不准扔摔商品。

(3) 介绍商品要实事求是，态度和蔼，当好参谋。做到多问不烦、多挑不厌。

(4) 展示商品要讲究技巧，做到“四展示”，即披肩展示、平面展示、立体展示、对比展示，让客户充分了解商品，促使客户积极购买。

(5) 客户认准购买的商品后，销售员应向客户报价，计价收款，唱收唱付。如果是集中收款，要填写好购货票，递给客户，指明收款台位置，收回盖有“现金收讫”的取货联，再将商品交给客户。如客户需要购货发票，应按规定办理，如实填写。

(6) 需要包扎的商品，包扎要牢固、美观，便于携带。客户东西多时，主动帮助客户将商品包扎在一起。

(7) 客户购完所需要的全部商品后，要用适当的语言和方式与客户告别。

(8) 营业将要结束时，耐心接待好最后一位客户，不准以挂帘、关灯、封底款或收拾东西等方式催促客户，要圆满地完成一天的工作。

2. 柜台纪律

(1) 工作时间不得擅离职守、空岗、串柜或闲逛。

(2) 不准带小孩或非本柜销售员上岗。

(3) 工作时间不准读书、看报、聊天、会客、听歌、吃零食、干私活或坐着接待客户。

(4) 不准因上货、盘点、结账等内部工作而影响接待客户。

(5) 不准抽调、挪用、转移销货款或兑换外币，不准挪借票据。

(6) 不准在柜台内存放私人物品或亲友的东西。

(7) 不准私自拿用商品，不准私分、抢购紧俏商品，或动用、隐匿客户遗失的商品。

(8) 不准代买私人物品，不准销售不符合质量标准的商品。

(9) 不准酒后上岗。

第3节 柜组核算

学习目标

了解汽车配件货品柜组核算内容

掌握销售日报表填写方法

知识要求

一、柜组核算的概念

为了加强定额管理，更好地发挥营业柜组的管理作用，在大中型商场内都会将若干定额指标，如销售额、经营品种、差错率等，以及相应的管理权限下放给营业柜组。营业柜组在执行定额的过程中，定期通过简易核算来检查定额的执行情况，这是实行科学管理、提高柜组经济效益的有效手段。

柜组核算是按照经济核算的原则和方法，以定额管理为基础，对柜组经营活动的有关经济指标给予记录，进行简单核算，用于考核整个柜组或个人的经济效益；通过对柜组经济核算的分析提出积极建议，从而提高柜组与个人的经济效益。

二、柜组核算的内容

由于柜组具有销售商品品种较多、销售次数频繁、数量较零星、交易手续简便、成交迅速的特点，所以，柜组一般常用“售价金额核算、实物负责制”的方法。柜组核算的经济指标如下：

1. 销售额

它是柜组在一定时期内商品销售的货币表现，是柜组核算中的基础指标，是核算其他各项指标的重要依据。汽车配件销售额是指汽车配件销售收入的总额。它是汽车配件销售企业在一定时期内组织商品流转的主要指标，反映其主要经营成果，也是评价其经营成果的基础指标。汽车配件销售总额以销售金额的绝对值来表示。

2. 经营品种

它是柜组组织销售的商品品种数，是反映柜组经营范围、满足消费需要程度的一个重要的柜组质量指标。

3. 商品资金

它是柜组在一定时间内商品储存的货币表现，即商品库存金额指标。

4. 劳动效率

它是指在一定时期内每位员工完成的平均工作量，是衡量柜组工作质量和效果的重要经济指标。

5. 差错率

差错率是指在一定时期内的经营过程中，差错金额占销售金额的万分比，是反映柜组经营管理水平的质量指标。

6. 商品流通费用率

商品流通费用率是指费用额占商品销售额的百分比，说明每销售 100 元商品需要支出的商品流通费用。它是衡量企业费用支出和管理水平的一个重要指标。

7. 利润额

利润额是柜组在一定时期内的经营成果，是直接体现经济效益的考核指标。

三、正常损耗与销售笔数差错率

1. 正常损耗

损耗是指产品在生产、储运、销售过程中，由于各种原因，如蒸发、锯割、沾污、变质、裂漏、短秤等所造成的损失部分。正常损耗是指非人为因素所造成的（即不可避免的）在一定限度之内的损耗。正常损耗与差错的区别是：差错是可以避免的，而正常损耗是不可或者很难避免的。

2. 销售笔数差错率

销售笔数差错率是一定时期内的业务工作所产生的差错笔数与本期业务工作总笔数之比。其计算公式为：

$$\text{销售笔数差错率}=\frac{\text{本期发生差错笔数}}{\text{本期工作笔数}}\times 100\%$$

四、汽车配件销售日报表的填写

销售是企业经营过程的最终环节，销售完成后，便可以进行经营成果的总结。即通过销售日报表的简洁的日销售数据可以实时监控与分析掌握柜组或者大区每天的销售情况，计算日销售利润，同时，对于销售危机预警进行及时应对。

在计算机上通过 Excel 表格能方便地制作销售日报表，如图 3—13 所示。

销 售 日 报 表

部门　　　　　　　　　　　　　　　　　　　　年　　月　　日

货号及货名	数量	单位	单价	金额	备注

财会主管　　　　　　　　　　记账　　　　　　　　复核　　　　　制表

图 3—13　销售日报表

填写销售日报表时要注意：

(1) 必须以收到货款之日为准填写年、月、日；异地结算的，以办完委托银行收款手续为准；对同城结算的，以取得现金和支票为准。

(2) 表内的货号、货名、数量、单位、单价、金额必须填写得清晰准确。

测试题

一、判断题（下列判断正确的画“√”，错误的画“×”）

1. 我国商业行业由零售业、饮食业、服务业和修理业构成的。（　）
2. 商品陈列要使客户选取商品方便、要有容量感、陈列用的道具要协调。（　）
3. 客户购物后的满足感体现在购物终了时的满足感和使用购买品时的满足感。（　）
4. 发票是原始凭证，必须正确填写，若出现填错等现象，可以小心涂改。（　）

5. 销售额不是柜组核算的经济指标。 （ ）

二、单项选择题（下列每题的选项中，只有 1 个是正确的，请将其代号填写在括号处）

1. 汽车配件销售企业都是（ ）的经济组织。

A. 个体经营　　B. 商业联合

C. 企业联合　　D. 相对独立

2. 在门店营业前，销售员的准备工作是围绕（ ）进行的。

A. 商品摆放　　B. 货架摆放

C. 商品销售　　D. 迎接客户

3. “十四字”文明礼貌用语是：您、请、欢迎、对不起、（ ）、没关系、再见。

A. 不客气　　B. 谢谢

C. 不必　　D. 抱歉

4. 一般售给客户的车辆，按当时的技术水平，在其材料和制造质量均无缺陷，质量担保期从（ ）之日起算，为期 12 个月，公里数不计。

A. 购车款付清　　B. 领取行驶证

C. 取得牌照　　D. 取得车辆

5. 汽车配件销货日报表必须以（ ）为准填写年、月、日。

A. 收到货款之日　　B. 开出发票之日

C. 对方银行拨款之日　　D. 对方拨款之日

测试题答案

一、判断题

1. × 2. √ 3. √ 4. × 5. ×

二、单项选择题

1. D 2. C 3. B 4. B 5. A

第 4 章

售后服务

第 1 节　客户关系管理

学习单元 1　客户关系与沟通技巧

学习目标

了解客户的分类

熟悉客户关系管理的方法及沟通技巧

能够与客户进行电话沟通

知识要求

销售员在汽车配件售出到达客户手中后，继续提供的各项服务称为售后服务。现代汽车售后市场的竞争越来越激烈，汽车配件市场也不例外。随着各大汽车公司技术水平的不断提高和生产设备的不断完善，汽车配件产品的性能、质量和价格逐渐趋于一致，市场竞争的焦点逐渐向产品的售后服务方面转移。因此，企业售后服务的质量，直接影响产品的市场占有率。

一、对客户进行分类

大型汽车配件批发企业的客户主要是下一级的批发企业，其中有信用好的较大公司或厂商；有信用好的，具有中等经济实力，经营水平一般的公司或厂商；有的虽经注册，但属于没有多大经济实力，信用一般的“中间商”；有的客户属于虽有注册执照，但经营不好，既缺实力又缺信用，勉强维持想要货代销；有的客户在某公司任职，利用本人身份搞非所在公司及非公司经营范围的其他业务，完全以个人身份活动；还有的所谓客商用假名片，专门利用各种关系靠请客送礼找上门来。

汽车配件直销企业的客户主要是汽车维修企业。

客户可以按不同的方法分类，常用的分类方法有五种。按客户的性质划分可分为政府机构、汽车修理厂、专业运输单位、普通公司、个人客户及商业伙伴等；按交易过程划分可分为有业务交易的客户、正在进行交易的客户和即将交易的客户；按时间序列划分可分为老客户、新客户和潜在客户；按交易数量和市场地位划分可分为主力客户、一般客户和零散客户；按客户诚信度分可分为诚信度好、诚信度一般、诚信度差三类。

一般，客户按规模、性质、销售量、信誉度等进行分类，可把客户归纳为三大类。

1. 基本往来户

基本往来户是指资信状况好、经营作风好、经济实力强、长期往来成交次数多、关系比较牢固的客户。对于基本往来户可定期或不定期召开座谈会，在节日之际邮寄贺卡或礼品，邀请参加本企业的一些庆典或文化娱乐活动等，与客户保持密切联系。

2. 一般往来户

一般往来户是指资信状况好、经济实力不强、但也做成几笔生意的客户。

3. 普通联系户

普通联系户是指一般性函电口头交往、尚无业务成交、资信状况还不明确的客户。

这种分类是随情况变化而调整的，普通联系户有可能上升为基本往来户，也有一般往来户降为普通联系户的。

对于不同类别的客户要有不同的营销策略，以提高本企业的经济效益与社会效益。优先与基本往来户成交，对其订货要优先考虑。对一般往来户要“保持”和“培养”；对普通联系户则要积极争取，加强联系，迅速了解。

二、与客户沟通技能

客户沟通技能是汽车配件销售员最基本的素质和必备技能。

1. 与客户进行联络沟通时应遵循的准则

(1) 请客户谈要求。与客户进行联系时要给客户表述的机会，请客户提出自己的需求，如车及配件有什么问题。通过简单的提问，客户可说明自己的要求。

(2) 专心听取客户的要求并做出答复。当听客户叙述时，销售员得到的不仅是信息，还包含客户的情感。销售员的倾听表示对客户提出的问题很感兴趣，理解其处境。

(3) 多提问题，确保完全理解。销售员与客户联系时应多向客户提出问题，有利于确保完全理解客户的需求。

(4) 总结客户要求。一旦相信自己完全理解了客户的要求，此时就要归纳客户的要求。总结客户的要求，不但有助于汽车配件销售员确定自己的销售思路，也给客户提供了一个纠正错误的机会。

2. 与客户保持联系的方式

汽车配件销售员要与客户建立长久的感情，最好的办法是与客户保持经常性的联系。汽车配件销售员与客户联络时表现出热心、真诚、理解，这些有利于得到客户的正确信息和取得客户的信任。

与客户进行沟通交流时通常可以采取电话联系、亲自拜访客户、接待来访客户等联系方法。

（1）电话联系。电话联系是目前最为普遍的沟通方式，通常用于初次联系和日常的普通联系，为销售工作打前站、做铺垫。电话联系时必须把握的接听电话的礼仪如下：

1）接电话动作要迅速，尽可能在铃响第二遍时就接并立即应答。拿起电话首先要问好，然后自报家门。不打招呼、不报姓名而直接质问“喂，你找谁”“找哪一个”是失礼和缺乏教养的表现。如电话是找自己的，应热情地说：“我就是，请讲吧。”如果是找别人的，而被找人又不在场，不应追问，可如实告诉对方要找的人不在，然后再问：“能否让我转告他什么事情，能否告诉他你是哪里。”

2）接听电话要聚精会神，回答问题要耐心热情。通话过程中不要再和别人讲话、吃东西，一定要插办其他事时，要向对方说明并表达歉意，如“非常抱歉，请稍等”。再次通话时，首先讲“让您久等了”再继续通话内容。接听电话过程中，要以“是”“好”反馈对方。如通话内容十分重要，要用笔记录，遇不明事宜或重要事宜要请对方重复，并自己重复一次，以免出错。

3）通话结束时，不管对方是否接受了自己的意见，都应向对方表示感谢。双方最后寒暄两句，在对方放下话筒后再挂断电话。

4）打电话的时间一般以 3～5 min 为宜，切忌过长。如果确需较长时间的话，应询问对方是否方便，如不便，可主动提出另约时间。

在汽车配件销售中，销售员可主动打电话与客户沟通已购配件或用品的使用情况、售货人员的服务态度及向客户介绍本店铺的最新活动。

案例 1：销售员在阅读客户资料卡后，打电话与客户沟通时的一段对话。

销售员：您好，您是×先生吗？我是×××公司的销售员，请问您在我们汽车装潢部购买的汽车儿童座椅，使用效果好吗？您对座椅的质量满意吗？

客户：对的，买回来就用了。座椅的质量基本满意。

销售员：谢谢。那天我们的销售员服务态度您满意吗？

客户：蛮好的，当场帮我安装好，还作了示范。所以我回家使用很顺利。

销售员：此座椅最近卖得比较快。我们这里最近还要搞一次××节日促销活动，时间是在××双休日，您有空过来看看，买一些汽车用品或来做个车身美容吧。

客户：谢谢你的关照。到时候再说吧！

销售员：谢谢您能在忙碌中接听我的电话，打搅了。再见！

销售员在听到对方电话挂断的声音后再放下电话。

案例2：对于老主顾，客户往往会主动来电。常见场景如下：

客户：是×××配件销售公司吗？

销售员：您好，这里是×××公司，请问您需要什么配件？

客户：你那里有没有波罗的机油滤清器？

销售员：最近卖得比较快，你要多大排量的？是哪年款的？

客户：1.6 L，2005年的车，发动机是BCD的。

销售员：哦，韦斯特牌的是每个38元，BOSCH牌的是每个48元。

客户：我要韦斯特10个，BOSCH 20个。

销售员：好的，我马上通知库房出货，先生贵姓，如何称呼您？

客户：我姓毛，是××汽修厂的采购员。

销售员：您是上门取货还是我们给您送过去？

客户：我来取货。我的电话是×××××××××××。

销售员：好的，你要的是波罗1.6 L，2005年的车，发动机是BCD的机油滤清器。韦斯特牌的是每个38元要10个，BOSCH牌的每个48元要20个。总计是1 340元，发票等您来了再开。

客户：好的，我带支票过来。大约会在下午2点到。

销售员：好的，到了直接找我，我是销售员老李。

客户：谢谢！

销售员：再见。

销售员在听到对方电话挂断的声音后再放下电话。

一笔生意在友好的气氛中就做成了。

现代汽车维修企业为了避免过多地占用流动资金，降低采购、库存的风险和费用，对很多价格较高的零件和非易损件通常采用的是临时订货的策略，这种客户一般与汽车配件经销商都有良好的合作关系，信誉极佳，是配件经销中十分重要的客户。

维修企业也会定期成批采购配件充实库房，满足日常的车辆保养、维修工作的需要，下游的汽车配件经销商也会到大批发商处组织货源，对于这类业务，销售员就需要“走出去（拜访客户）”或者“请进来（接待来访）”，与客户进行面对面的交流，建立起更为稳固的业务联系和私人关系。

（2）拜访客户与接待来访。“走出去”或者“请进来”，采用这种面对面的方式交流是汽车配件销售中最直接、最有效的方式。

会面可分为初次见面、日常拜访、销售谈判、售后服务、处理问题投诉等。不同的会面形式，由于要达到的目的不同，需要有不同的谈话重点、谈话技巧，甚至不同的谈话语气。

最好提前与客户预约，预约时一定要和客户确定具体的时间、地点，切忌含糊。拜访和邀请的客户一定要是能作决策或能影响决策的关键人物，如汽车配件批发企业、汽车维修企业的采购主管等。

要做好会面的各方面准备工作，如物质准备、心理准备、接待或外出人员的外在形象准备等。

登门拜访是充分了解客户，与客户建立长期良好业务关系的最佳手段，因此，一定要明确拜访客户的真正目的，对客户要礼貌热情、真诚守信、利益共赢、求同存异，切不可因小节而废大义。

接待来访要多方了解客户来访的真实意图，从而明确我方所要达成的目的，并制定相应的对策。处理问题和解决分歧要谨慎机敏，既有原则性又有灵活性，以促成我方目标的实现。

送客也是很重要的一个环节，要充满诚意，尽地主之谊，让客户感到被关心、受重视，从而建立起良好的个人关系。在送客过程中，气氛相对轻松，交流会比较随意、真实，可以口头作一些如进一步互访之类的约定，一般双方都容易欣然接受。总之，认真把握难得的机会，就可能收到很好的效果。此外，对于距离较远的客户，如果能在其刚下飞机或火车时打一个问候平安的电话，可以给其留下友好诚信的印象。

（3）其他联系方法。传真、电子邮件也是常用的联系方法，很多报价、订单、协议等都是通过传真或电子邮件进行交流的。传统的信函由于邮递太慢，在商业应用上已逐渐被快递所取代。随着计算机和互联网应用的普及，成本较低的电子邮件在与客户的日常联系中起着越来越重要的作用，但有一点应注意：发给客户的邮件必须经过杀毒处理，以免影响客户的信息安全。

三、处理客户投诉

1. 客户投诉的内容

处理客户投诉是营销活动中客户管理的一项重要内容。客户的抱怨不满是不可避免的，关键是如何正确看待和处理客户的投诉。

汽车配件零售商场的客户投诉五花八门，按投诉的内容，一般可分为以下几类。

（1）对商品的投诉。如价格偏高、商品质量差、商品信息有误等。常见的有进口商品没有中文标识、没有生产厂家、没有生产日期、保质期模糊不清、已过保质期、生产厂地不一致、出厂日期超前、价格标签模糊不清、说明书的内容与商品上的标识不一致等。

（2）对商场服务的投诉。主要是对销售员的服务质量、服务态度、服务方式、服务技巧等方面提出的批评与抱怨。常常表现在：收款付货发生差错引起的投诉，接待不周的投诉，销售员态度生硬或对客户没有做到一视同仁，厚此薄彼、亲疏不等所引起的不满，顾客退换商品时发生的矛盾，销售员下班前忙于点货结账与客户要求购买发生矛盾等。

（3）对商场环境的投诉。如卖场中光线太强或太暗，卖场的地面太滑使客户跌倒，卫生状况不佳。

（4）购销合同投诉。主要是商品数量、等级、规格、交货地点、结算方式等与原购销合同约定的不符等。

（5）货物运输投诉。汽车配件在运输途中发生破损、丢失和变质，因包装或装卸不当造成商品损失，交货时间不及时等。

2. 处理客户投诉的原则

（1）有章可循。要制定专门的投诉制度，确定投诉的范围，由专职人员来管理与处理客户投诉。要解决投诉，商场应先制定为解决问题可以提供的上限与下限条件。

（2）及时处理原则。对于客户投诉，相关部门应通力合作迅速做出反应，力争用最短时间解决问题，给客户一个圆满的解决方案。拖延或推卸责任将会进一步激怒客户，使问题激化和复杂化。

（3）分清责任原则。不仅要分清造成客户投诉的责任部门及当事人，而且要明确处理客户投诉的相关部门与责任人的具体责任及权限，分清客户投诉得不到及时解决而应承担的责任。

（4）留档分析原则。对每一起客户投诉及其处理结果都要做出记录，主要记录投诉的内容、处理过程与结果、客户满意度等。通过记录，分析原因，总结经验，为以后处理客户投诉提供参考意见。如果这些记录不够真实和详细，可能会给商场的判断带来困难，甚至有误导作用。

3. 处理客户投诉的程序

（1）记录投诉内容。利用客户投诉记录表（卡）详细记录客户的全部投诉内容，如投诉人、投诉时间、投诉对象、投诉要求等。在记录中不可忽略以下要点：发生了什么事件，事件是何时发生的，有关的商品是什么，价格多少，设计如何，当时的销售员是谁，客户真正不满的原因何在，客户希望以何种方式解决，客户是否通情达理，投诉者是否为老客户等。

（2）判断投诉是否成立。在倾听了客户的投诉后，要分析评定客户投诉的理由是否充分，投诉要求是否合理。如果投诉要求不能成立，要以婉转的方式答复客户，争取客户的谅解消除误会，撤销投诉。

（3）确定投诉处理的责任部门。根据客户投诉的内容，确定相关的具体受理部门及其负责人。有时客户投诉的责任不在商场，可能是生产厂家造成的。一般，商场与厂家事先都制定了处理办法与规定；应与客户、厂家协商处理方案，使客户得到较满意的处理结果。

学习单元2 客户档案的建立与管理

学习目标

了解建立客户档案的必要性

熟悉客户档案建立的方法及管理方法

能够建立客户资料卡

知识要求

汽车配件销售员在与客户成交后一段时间内，即使客户无问题，销售员仍然要与其保持联系。与客户保持联系的常用方法是：经常翻阅客户档案，然后通过电话等方式联系。与客户保持联系是为企业业务发展和将来的交易作准备。

一、建立客户档案

客户关系管理具体到日常汽车配件销售工作中，主要体现在客户档案管理和客户分析两个方面，这是汽车配件销售员必须掌握的工作技能和方法。

建立客户档案的目的在于及时与客户联系，了解客户的要求并对其做出答复。建立客户档案直接关系到售后服务的正确组织和实施。客户档案是反映客户基本情况的重要资料，在需要时便于查询和调阅。客户档案的建立可采用卡片与电子文档的形式。客户档案根据自身特点可有不同的格式，主要内容为客户名称、地址、邮政编码、联系电话、法定代表人姓名、注册资金、生产经营范围、经营状况、信用状况、与我方建立关系时间、往来银行、历年交易记录、联系记录等。客户的购物内容与付款情况必须记录在其档案中。近年来汽车配件经销商都采用计算机管理客户档案，可以及时、快速、准确地查找所需信息。

图 4—1 是客户档案基本信息的参考形式，在此基础上还可以增加很多其他信息。

客户资料卡

建卡日期：　　　年　　月　　日

客户信息	*客户姓名		年龄		性别		职务
	*联系方式						
	电子邮件			传真			
	部门：						
	*公司名称			信用状况			
	*公司经营范围			银行账号 开户行：			
	与我方建立关系日期　　年　　月			其他联系人			
	*公司详细地址				公司电话		
					公司邮编		
交易记录	第1次　　年　　月　　日			交货日期　　年　　月　　日			
	购物情况：						
	总货款：　　元			付款日期　　年　　月　　日			
	第2次　　年　　月　　日			交货日期　　年　　月　　日			
	购物情况：						
	总货款：　　元			付款日期　　年　　月　　日			
	第3次　　年　　月　　日			交货日期　　年　　月　　日			
	购物情况：						
	总货款：　　元			付款日期　　年　　月　　日			
	第4次　　年　　月　　日			交货日期　　年　　月　　日			
	购物情况：						
	总货款：　　元			付款日期　　年　　月　　日			
联系记录	第1次　　年　　月　　日			联系方式：			
	沟通内容及处理意见： 经办人						
	第2次　　年　　月　　日						
	沟通内容及处理意见： 经办人						

图 4—1　客户档案基本信息的参考形式

发放会员卡、贵宾卡，并建立一整套相应的管理制度也是建立客户档案的一种方式。

二、客户档案的分析

为提高销售成果，必须对客户状况进行仔细分析，以确定工作的重点，制定相应的客户政策。

客户分析工作主要有以下几项内容。

1. 资料整理

将一定时期的所有销售状况作归纳整理。

2. 销售情况分析

根据销售情况可制成各种分析表格和相应的图表。

3. 划分客户等级、分析客户状况

根据销售状况划分客户的等级，分析客户与本企业业务往来的状况，制定相应的对策。

4. 重点客户管理

要加强与重点客户的联系，对其订货要优先考虑，对其意见要倍加重视，而且要为其提供更好的商品、服务和更优惠的价格，甚至可以采用必要的激励措施。

现在的很多汽车配件营销管理软件均具有良好的统计分析功能，能根据需要生成各种科学、准确且直观化的图表。合理利用这些软件的先进功能，能为汽车配件经营带来更高的工作效率和更大的经济效益。

三、客户档案的管理

客户档案是反映客户基本情况的基础文件。建立客户档案的目的是更好地发挥它的作用，使之为企业经营决策和市场开拓发挥效用。客户档案管理主要是对客户档案进行整理、分类、编目、造册，进行集中存放和管理，以便在需要时进行查询。

随着计算机技术的发展和应用，汽车配件经销商普遍采用专门的计算机应用程序来管理客户档案。其操作简单、查询方便，而且还有其他相关的辅助功能，如客户状况统计分析、邮件群发、短信群发及其他针对客户的增值服务；对于一些经营规模较小的汽车配件经销商也基本上采用了简单的电子化管理，如使用 Access 数据库或 Excel 电子表格等。

客户档案管理应遵循以下原则：

（1）档案内容必须完整、准确。

（2）档案内容的增减变动必须及时进行动态更新。所谓动态，就是所有的客户档案要及时更新，适应配件经营工作的需要，要及时替换过时的信息，对客户的信息进行跟踪了解，保持客户档案的连续性。另外，还要通过可以利用的一切渠道，如展会、网络、报纸、电视、配件城等广泛收集潜在客户的信息。汽车配件销售的客户档案内容的增减与变动必须及时由专管员进行。

特别需要提示的是，在现在人才流动频繁的环境下，需要特别关注客户的关键联系人的流动情况，如果A公司的配件经理是老客户，他离职到B公司任职，就需要及时和他取得联系，既要保留和巩固与A公司的业务联系，又要拓展与B公司的业务交往。

（3）突出重点。客户档案中不同类型的客户资料很多，应该按企业的需要进行分门别类，突出重点客户和潜在重点客户及相关的重点联系人，对这些信息进行重点管理。

（4）灵活应用。档案资料要进行详细分析、灵活应用，才能发挥最大的效用。

（5）严格管理。客户档案是企业重要的信息财富，属于企业机密，仅供内部使用，应建立严格的管理制度，指派工作认真、细致的人员担任且专人负责管理；档案必须完整无损，要注意防火、防盗、防潮、防霉、防蛀、防污损变质；档案的查阅、改动必须遵循有关规章制度，要确保某些档案及资料的保密性。

第2节　汽车配件质保处理

学习单元1　汽车维修保养制度与配件损耗规律

学习目标

了解我国的汽车维修制度

熟悉汽车配件损耗规律

熟悉质保处理中对配件的分类

知识要求

了解我国的汽车维修制度与汽车配件消耗规律，有助于寻找潜在客户。

一、我国的汽车维修制度

为使汽车经常处于完好的技术状态，必须要适时、合理地对其进行维护。我国交通部于1990年第13号部令发布并实施《汽车运输业车辆技术管理规定》。在此令中规定：我国汽车维修制度的原则是“预防为主，强制维护，视情修理”。

1. 以“预防为主”的指导思想

我国现行的汽车维修制度，属于计划预防维修制度。“预防为主”，是根据零部件技术状况变化的规律，在其发生故障之前，进行维修或更换零部件。

2. 强制维护

《汽车运输业车辆技术管理规定》第四十七条规定：“车辆维护应贯彻预防为主，强制维护的原则。保持车容整洁，及时发现和消除故障、隐患，防止车辆早期损坏。”第四十八条规定：“车辆维护作业，包括清洁、检查、补给、润滑、紧固、调整等，除主要总成发生故障必须解体时，不得对其进行解体。”

3. 车辆的维护

车辆的维护分为日常维护、一级维护、二级维护等。

（1）日常维护。日常维护是日常性作业，由驾驶员在每日出车前、行驶中和收车后负责执行。其作业中心内容是清洁、补给和安全检视。

（2）一级维护。一级维护属于定期强制性维护作业，由维修企业的专职维修人员负责执行。其作业中心内容除日常维护作业外，以清洁、润滑、紧固为主，并检查有关制动、操纵等安全部件。一级维护的主要内容包括各总成和连接件的紧固、主要总成和部件的润滑及在外部检查时发现的一些必要的调整作业，根据需要更换发动机润滑油。由于一级维护的内容比较简单，通常安排在班间进行，不占用出车时间。

（3）二级维护。二级维护属于定期强制性维护作业，由专业维修工负责执行。其作业中心内容除一级维护作业外，以检查、调整为主，并拆检轮胎，进行轮胎换位。车辆二级维护前应进行检测诊断和技术评定，根据结果，确定附加作业或小修项目，结合二级维护一并进行。二级维护的作业项目较多，需占用车辆一定的运行时间。

汽车维护周期是指进行同级维护之间的间隔里程（或时间）。国家标准《汽车维护、检测、诊断技术规范》（GB/T 18344—2001）规定，一、二级维护周期以汽车行驶里程为基本依据，同时依据汽车使用条件的不同，由省级交通行政主管部门确定。

汽车维护间隔里程（时间）一般为，一级维护，国产车1 500～2 000 km（10～15天），进口车3 000～5 000 km（15～25天）。二级维护，国产车8 000 km左右（2～3个月），进口车10 000 km（3～5个月）。二级维护的间隔里程一般是一级维护间隔里程的 4～5 倍。

季节性维护可结合定期维护进行。此外，对新车或大修后的汽车要进行走合维护。

4. 视情修理

《汽车运输业车辆技术管理规定》第五十四条规定："车辆修理应贯彻视情修理的原则，即根据车辆检测诊断和技术鉴定的结果，视情按不同作业范围和深度进行，既要防止拖延修理造成车况恶化，又要防止提前修理造成浪费。"第五十五条规定："车辆修理必须根据国家和交通部发布的有关规定和修理技术标准进行，确保修理质量。"

汽车修理的基本任务是消除故障和损坏，恢复车辆的工作能力和完好状况。车辆修理按作业范围可分车辆大修、总成大修、车辆小修和零件修理。

(1) 车辆大修是新车或经过大修后的车辆，在行驶一定里程（或时间）后，经过检测诊断和技术鉴定，用修理或更换车辆零部件的方法，恢复车辆的完好技术状况，完全或接近完全恢复车辆寿命的恢复性修理。

(2) 总成大修，是车辆的总成经过一定使用里程（或时间）后，用修理或更换总成零部件（包括基础件）的方法，恢复其完好技术状况和寿命的恢复性修理。

(3) 车辆小修，是用修理或更换个别零件的方法，保证或恢复车辆工作能力的运行性修理，主要是消除车辆在运行过程或维护作业过程中发生或发现的故障或隐患。

(4) 零件修理，是对因磨损、变形、损伤等不能继续使用的零件进行修理。

5.《机动车维修管理规定》(中华人民共和国交通运输部令 2016 年第 37 号)

此决定自 2016 年 4 月 19 日起施行。

(1) 托修方有权自主选择维修经营者进行维修。除汽车生产厂家履行缺陷汽车产品召回、汽车质量'三包'责任外，任何单位和个人不得强制或者变相强制指定维修经营者。

(2) 机动车维修经营者不得使用假冒伪劣配件维修机动车。机动车维修配件实行追溯制度。机动车维修经营者应当记录配件采购、使用信息，查验产品合格证等相关证明，并按规定留存配件来源凭证。

(3) 托修方、维修经营者可以使用同质配件维修机动车。同质配件是指，产品质量等同或者高于装车零部件标准要求，且具有良好装车性能的配件。

(4) 机动车维修经营者应当建立机动车维修档案，并实行档案电子化管理。维修档案应当包括：维修合同（托修单）、维修项目、维修人员及维修结算清单等。对机动车进行二级维护、总成修理、整车修理的，维修档案还应当包括：质量检验单、质量检验人员、竣工出厂合格证（副本）等。机动车托修方有权查阅机动车维修档案。

二、汽车配件消耗的规律

1. 汽车使用寿命周期与配件消耗的规律性

汽车配件销售员要掌握客户的汽车维护规律和配件消耗规律，才能更好地为客户服务。汽车配件的消耗是有一定规律性的，汽车按照车辆行驶里程，有各级维护和修理的规定，各种类型的维修需要调换若干种配件。统计资料表明，在汽车的整个使用期内，其使用、维护和修理费用为汽车原值的 4～6 倍。

车辆的使用寿命周期是由初期—正常使用—大中修理—后期使用—逐渐报废。汽车配件的消耗在这个过程中也有一定的规律。

（1）初期—正常运行期。易损件处于正常消耗阶段。零配件的损坏是随机的、偶发性的。如果其设计和制造质量较好，损坏率一般很低。

（2）正常运行—中修期。这是使用故障期的开始，活塞等易损件、消耗件的消耗量急剧上升，以发动机高速运动部位由于磨损造成消耗的零配件为主。

（3）中修期—大修期。在此期间，定期保养用的配件及以磨损规律所消耗的配件为主，如发动机、离合器、变速器等，还有大、中修质量影响造成返修所消耗的配件。

（4）后期—逐渐报废期。在此期间，配件的消耗量下降。

2. 近年来汽车维修对配件需求的新变化

（1）辅助总成换件增加。维修中经常更换的辅助总成件有分电器、空气压缩机、发电机、起动机、水泵、汽油泵、制动蹄片、离合器摩擦片等。遇有辅助总成故障，用户大多要求换上新总成，旧件换下维修后作备件用。与之相应，组成这些辅助总成的零配件消耗急剧减少。

（2）组合件、成套件的大量使用。如活塞带环带销，活塞带环带销并且带连杆，精加工成各级修理尺寸，装上就用的曲轴轴瓦等，越来越受到用户和修理工的青睐。相应的这类单件或未经加工的品种则遭受冷遇。

（3）集中包装制成各种修理包的普遍使用。车辆保养中必换的密封件，如离合器、制动总泵和制动分泵的皮碗、皮圈、油封，以及气缸垫、油底壳垫等密封垫片，一般都集中包装制成的各种修理包，尤其受到用户和修理工的欢迎。

（4）盛行小规格容器包装的润滑油（脂）类易耗品。小规格容器包装的润滑油（脂）、特种液，因其具有携带加注方便、较少废弃的优点，尤其适合单台车辆使用，随着个人用车的增加，其销量逐渐增加。这种商品即使价格高一点，用户也乐意购买。

3. 发生配件需求变化的原因

（1）用户时间观念的更新。在激烈的市场竞争中，时间就是效益、时间就是金钱的观念在人们思想深处牢牢扎根。为了争取时间，用户要求尽量缩短在修日，最大限度地提高在用车辆利用率。维修厂家为了满足用户要求，也想方设法筹措配件。

（2）随着汽车工业和零部件制造业的发展，以及现代汽车对维修质量的高标准，要求维修配件具有配合精密、使用维修方便、搭配合理、可靠性高等特点，在国产新型汽车和进口汽车的配件供应上，这些特点表现得最为明显。

4. 根据配件需求变化的规律，采取积极措施，合理调整库存结构，以适应市场需求

如及时组织适销对路的品种供应市场。不再批量组织滞销品种，防止产生新的积压；尽量利用库存的零散件，装配成质量合格的小总成件供应市场；委托工厂将单件加工组合成配套件或尺寸精确的装配件供应市场；将零散密封件分门别类制成修理包供应市场，如总泵、分泵维修包、发动机修理包等；按车辆规格的容器封装车辆保养必换的润滑油（脂）、特种液供应市场。

三、汽车配件质量保修中对配件的分类

汽车种类繁多，而每种车型由许多零件组成，这些零件又分属汽车的各总成。在处理配件商品的质量保修时，按照配件的使用状况通常可分为以下几种：

1. 消耗件

消耗件指在汽车运行中，自然老化、失效和到期必须更换的零件，如各种带、胶管、密封垫、电气零件（火花塞、传感器、继电器、断电器、分火头、分电器盖）、各种滤芯、轮胎、蓄电池等。

2. 易损件

易损件指在汽车运行中自然磨损而失效的零件，如轴瓦、活塞环、凸轮轴瓦、缸套、气门、导管、主销、主销衬套、轮毂、制动鼓、制动盘、制动蹄、各种油封、钢板销及套等。

3. 维修零件

维修零件指在汽车一定的运行周期内必须更换的零件，如各种轴、齿轮、各类运动件的紧固件，以及在一定使用寿命中必须更换的零件（如一些保安紧固件、转向节、半轴套管等）。

4. 基础件

基础件指组成汽车的一些主要总成零件，价值较高，原则上属于全寿命零件，但可能会因使用条件的变化而造成损坏，通常应予修复，但也可以更换新件，如曲轴、缸体、缸盖、凸轮轴、车架、桥壳、变速器壳等。

5. 事故修复件

事故修复件指汽车肇事易损坏的零件，如前梁、车身覆盖件、驾驶室、灯具、车床玻璃、传动轴、水箱等。

6. 标准件

标准件指按国家标准设计与制造的，具有通用、互换性的零件，如带、螺栓螺母等。

7. 车身覆盖件

车身覆盖件指由板材冲压、焊接成形，并覆盖汽车车身的零件，如散热器罩、发动机罩、翼子板等。

8. 安全件

安全件指在汽车使用全寿命期内不允许损坏的零件，它们一般直接关系到汽车的行驶安全性，如制动系统中的制动驱动元件等。

学习单元 2 汽车配件质保处理的方法

学习目标

了解“汽车三包新规”的相关规定

熟悉汽车配件质保处理的方法

知识要求

“三包”政策早已有之，不过专指零售业，一直尚未涉及汽车行业。为了保护家用汽车产品消费者的合法权益，明确家用汽车产品修理、更换、退货（以下简称“三包”）责任，国家质量监督检验检疫总局公布了《家用汽车产品修理、更换、退货责任规定》（简称“汽车三包政策”），并自 2013 年 10 月 1 日起施行。

一、对《家用汽车产品修理、更换、退货责任规定》的解读

1. 适用范围

本规定适用于在中华人民共和国境内生产、销售的家用汽车产品的三包。

规定所称三包责任由销售者依法承担。销售者依照规定承担三包责任后，属于生产者的责任或者属于其他经营者的责任的，销售者有权向生产者、其他经营者追偿。

2. 可被“三包”的权益

汽车三包的期限一般会给出两个数据，分别是时间和行驶里程，以先到者为准。

家用汽车产品包修期限不低于 3 年或者行驶里程 60 000 km；家用汽车产品三包有效期限不低于 2 年或者行驶里程 50 000 km。家用汽车产品包修期和三包有效期自销售者开具购车发票之日起计算。

三包凭证应当包括以下内容：产品品牌、型号、车辆类型规格、车辆识别代号（VIN）、生产日期；生产者名称、地址、邮政编码、客服电话；销售者名称、地址、邮政编码、电话等销售网点资料、销售日期；修理者名称、地址、邮政编码、电话等修理网点资料或者相关查询方式；家用汽车产品三包条款、包修期和三包有效期及按照规定要求应当明示的其他内容。

（1）60 日/3 000 km 内免费退换。自销售者开具购车发票之日起 60 日内或者行驶里程 3 000 km 之内（以先到者为准），车辆发动机、变速器的主要零件出现产品质量问题的，消费者可以选择免费更换发动机、变速器。

（2）2 年/5×10^4 km 内可选择退换。2 年或者行驶里程 5×10^4 km 之内（以先到者为准）是汽车三包有效期，在此期间，因严重安全性能故障累计进行了 2 次修理，严重安全性能故障仍未排除或者又出现新的严重安全性能故障的，消费者可以选择更换车辆或退车。

如果在此期间，车辆发动机、变速器累计更换 2 次后，或者发动机、变速器的同一主要零件因其质量问题，累计更换 2 次后，仍不能正常使用的（发动机、变速器与其主要零件更换次数不重复计算），消费者可以选择更换车辆或退车。

如果以上情况都没有发生，但车辆的转向系统、制动系统、悬架系统、前/后桥、车身的同一主要零件因其质量问题，累计更换 2 次后仍不能正常使用，消费者也可选择更换车辆或退车。

“汽车三包”规定还明确规定，在汽车三包有效期内，因产品质量问题修理时间累计超过 35 日的，或因同一产品质量问题累计修理超过 5 次的，消费者可以更换车辆。

（3）3 年/6×10^4 km 内免费维修。3 年或者行驶里程 6×10^4 km（以先到者为准）是汽车三包的保修期。顾名思义，车辆在这个时间段内出现产品质量问题（易损耗零部件有单独的质保期），消费者凭三包凭证由修理者免费修理（包括工时费和材料费）。

在此期间，车辆因严重安全性能故障而不能安全行驶或者无法行驶的，4S 店应当提供电话咨询修理服务；电话咨询服务无法解决的，应当开展现场修理服务，并承担合理的车辆拖运费。

此外，因产品质量问题每次修理时间（包括等待修理备用件时间）超过 5 日的，4S 店应当为消费者提供备用车，或者给予合理的交通费用补偿。

如果家用汽车产品符合更换条件，销售者无同品牌同型号产品，也无不低于原车配置的产品给消费者更换的，消费者可以选择退货，销售者应当负责退货。

3. 不“包”的内容

（1）因不可抗力造成损坏的。

（2）不能提供有效发票和三包凭证。

（3）汽车用于出租或者其他营运目的的。

（4）消费者所购汽车已被书面告知存在瑕疵的。

（5）发生产品质量问题，消费者自行处置不当而造成损坏的。

（6）因消费者未按照使用说明书要求正确使用、维护、修理产品，而造成损坏的。

（7）易损耗零部件超出其明示的质量保证期出现质量问题的。

（8）企业事业单位、政府机关为生产公务等购买的汽车是不包括在汽车三包范围内。

（9）使用说明书中明示不得改装、调整、拆卸，但消费者自行改装、调整、拆卸而造成损坏的。

（10）在三包规定实施之前购买的车辆（即 2013 年 10 月 1 日规定正式实施之前）。

二、汽车维修单位对配件质量的保修

质量保修是售后服务的重要组成部分。近几年随着汽车保有量的增加，汽车配件的质量问题也接踵而至，对汽车配件质量的投诉呈递增趋势。各维修站和配件经销商都有各自不同的保修模式和保修条例。

1. 质量索赔

在配件售出后，客户因产品质量问题或其他原因要求退货或赔偿就是索赔。

汽车配件生产厂家或维修站点都有专门的索赔员处理质量索赔。

2. 保修程序

图 4—2 是某汽车 4S 维修店的配件保修流程。

索赔程序一般是：接受客户索赔，进行产品质量鉴定，处理争议，办理索赔。索赔员应根据本单位的索赔条例执行索赔程序。是修还是换，是折价赔偿还是全额赔偿，做出决定后给客户一个结果。在打印索赔单时一定要注意保证处理结果准确无误，打印完成后要让客户在索赔单上签字并要求核对其索赔项目。

3. 质量保修申请单（索赔申请单）的处理

需要申请索赔的质量保修项目，必须填写质量保修申请单（索赔申请单），将申请索

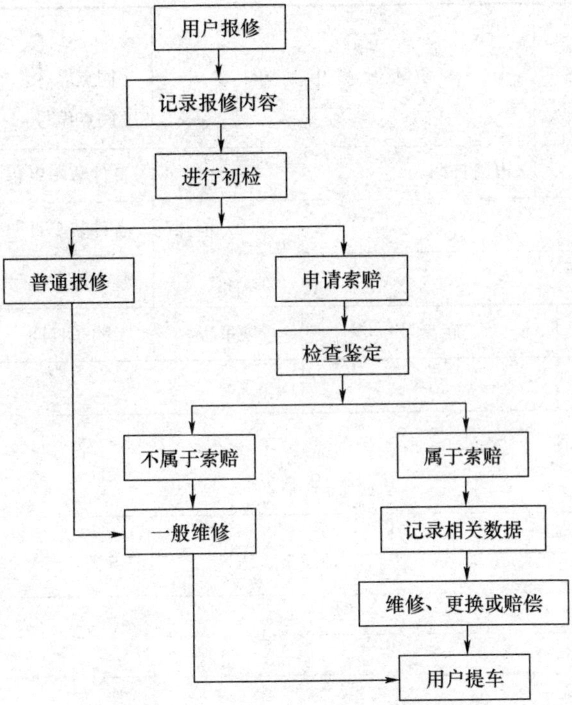

图 4—2　某汽车 4S 维修店的配件保修流程

赔的车辆交维修站的索赔员检查鉴定。每天工作结束后，由索赔员根据当天的修理情况，填写好故障报告，并将带有标签的索赔件放入索赔件仓库；索赔员按规定时限向售后服务科寄发“保修申请单”，一般情况下，公司接到质量保修申请单（索赔申请单）后应尽快予以答复，对于重大质量故障问题，最迟在收到备件保修鉴定单后两个工作日内给予答复。所有的索赔件保持原样，按有关规定处理。

在保修期内，用户擅自改变车辆的用途，厂家会认为不属于质量保修范围。车辆上的灯泡、制动摩擦片、“三滤”、轮胎等易损件的质量担保期都很短，而且在正常损耗范围内不予索赔。

4. 质量保修申请单的填写方法

表 4—1 为质量保修申请单。

表 4—1　　　　质量保修申请单

<table>
<tr><td colspan="2" rowspan="1">××汽车</td><td colspan="3">质量 保 修 申 请 单</td><td colspan="2">（盖章）
网点名称：________
网点编号：________</td></tr>
<tr><td>申请单编号</td><td colspan="2">申请日期</td><td rowspan="3">备件
保修</td><td colspan="3">备件装车里程</td></tr>
<tr><td colspan="3">用户单位</td><td colspan="3">备件装车日期</td></tr>
<tr><td colspan="3">销售单位</td><td colspan="3">装车派工编号</td></tr>
<tr><td>车型</td><td>底盘号</td><td colspan="2">行驶里程</td><td>购车日期</td><td colspan="2">分类号</td></tr>
<tr><td></td><td></td><td colspan="2"></td><td></td><td colspan="2"></td></tr>
</table>

申请理由：

____

____

____

____

____

需要更换的总成（零件）	总成（零件）编号
小计	
鉴定人	服务站审核人

回　执

同意更换

××汽车公司（盖章）

同意编号：________________

批准人

年　　月　　日

表的填写要求如下：

(1) 盖章应盖保修业务章，网点名称填××汽车公司给网点的名称；网点编号填××汽车公司给网点的编号。

(2) 申请单编号。共5位，前两位为年份，后三位为序号。如15001表示2015年第1号申请单。

(3) 申请日期填申请单上的日期；派工单号填维修该车的派工单号。

(4) 用户单位。如果是公车填单位用户名称，如是私车填用户姓名。

(5) 销售单位。销售给最终用户的单位。

(6) 车型。××汽车公司生产车辆的车型（如RG，AG，AL等）。

(7) 底盘号。保修车辆的底盘号。

(8) 行驶里程。保修车辆实际行驶的里程（必须是里程表上的所有数字）。

(9) 备件装车里程。备件装车时的里程（备件保修才需要填写）。

(10) 备件装车日期。备件装车时的日期（备件保修才需要填写）。

(11) 装车派工单号。备件装车时的派工单编号（备件保修才需要填写）。

(12) 购车日期。新车购买时开发票日期（必须写清楚年、月、日）。

(13) 分类号。按标准分类号填写，属于哪一类保修填哪一种分类号。

(14) 申请理由。对车辆进行正确的分析，摸清造成车辆损坏的主要原因并给出结论性的意见。

(15) 需要更换的总成（零件）。填写赔偿零件名称（按备件目录）。

(16) 总成（零件）编号。赔偿零件的备件号。

(17) 鉴定人。由网点鉴定员签名。

(18) 服务站审核人。由服务站售后副站长签名。

(19) 回执。由××汽车公司填写。

三、供货厂家进行质量保修

汽车配件供应商在收到客户的索赔要求后，按照配件生产厂家的索赔流程进行索赔。质量保修申报程序如图4—3所示。

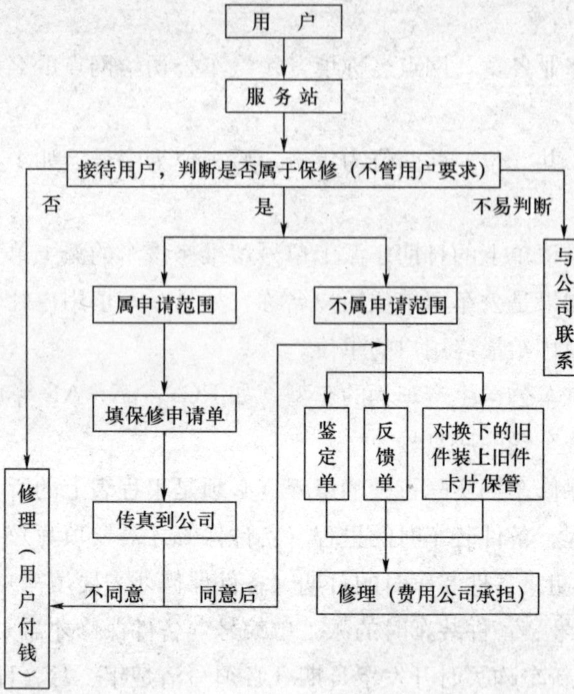

图 4—3 质量保修申报程序

测试题

一、判断题（下列判断正确的画“√”，错误的画“×”）

1. 汽车配件销售员与客户建立长久感情的最好办法是与客户保持经常性的联系。（ ）

2. 在汽车运行中，自然老化、失效和到期必须更换的零件属于易损件。（ ）

3. 车辆的零件修理是对因磨损、变形、损伤等而不能继续使用的零件进行的修理。（ ）

4. 车辆维护分为日常维护、一级维护、二级维护和三级维护。（ ）

5. 汽车质量保修申请单上的“盖章”栏，应盖保修业务章。（ ）

二、单项选择题（下列每题的选项中，只有1个是正确的，请将其代号填写在括号处）

1. 客户的（ ）必须记录在其档案内。

A. 购物内容与家庭状况　　B. 家庭状况与经济情况

C. 付款情况与家庭状况　　D. 购物内容与付款情况

2. 火花塞、传感器、传动带、胶管、密封垫在汽车维修中都是（　　）。

A. 消耗件　　B. 易损件

C. 维修零件　　D. 事故修复件

3. 车辆的二级维护质量保证期为车辆行驶 5 000 km 或者（　　）日。

A. 7　　B. 10

C. 30　　D. 60

4. 在保修期内，（　　），厂家会认为不属于质量保修范围。

A. 用户擅自改变车辆的用途　　B. 音响损坏

C. 门锁出现故障　　D. 离合器损坏

5. 汽车质量保修申请单上的“用户单位”，如果是公车填单位名称，如是私车填（　　）。

A. 用户姓名　　B. 用户身份证号

C. 用车人姓名　　D. 用车人身份证号

测试题答案

一、判断题

1. √　2. ×　3. √　4. ×　5. √

二、单项选择题

1. D　2. A　3. C　4. A　5. A

5

第 5 章

日常进货

第 1 节　进　　货

商品流通包括采购、运输、储存和再生产（消费）四个环节。采购、进货也称购进，是流通企业的第一个工作环节。从资金流通的角度来看，购进是货币资金转化为商品资金，是企业的流动资金（银行存款、现金等）转化为库存资金。从企业经营的角度来看，购进是为了销售面向生产企业或其代理商、批发商取得资源。购进不是经营的目的，销售并获得利润才是流通企业的目的。由此可知，进货业务的质量，会直接影响企业的整个经营活动和各项经济指标的完成。采购员（进货员）是这个工作环节的主要执行人，责任重大。

学习单元 1　选择与鉴别货源

学习目标

熟悉汽车配件进货原则

熟悉进货方式与确定进货量

掌握汽车配件的鉴别

知识要求

一、汽车配件进货的原则

1. 应当制订采购计划，防止盲目无计划的采购。

2. 采购计划是进行采购订货的依据，未经主管领导的同意，不得随意采购计划外的配件。

3. 坚持数量、质量、规格、型号、价格综合考虑的购进原则，合理组织货源，保证配件适合用户的需要。

坚持依质论价，优质优价，不抬价，不压价，合理确定配件采购价格的原则；坚持按需进货，以销定购的原则；坚持“钱出去，货进来，钱货两清”的原则。

4. 购进的配件必须有产品合格证及商标。实行生产认证制的产品，购进时必须附有生产许可证、产品技术标准和使用说明。

购进的配件必须有完整的内、外包装，外包装必须有厂名、厂址、产品名称、规格型号、数量、出厂日期等标志。

5. 建立采购配件登记制度，记录购买日期、供货商名称、地址、产品名称和规格型号等，并查验产品合格证等相关证明。

因车辆急修需临时应急采购配件时，凭车间报料单经仓库核实后，报分管配件领导批准，再及时采购。

6. 应选择供应商或签订供货合同的定点配件供应商，进行配件采购。要求供货单位按合同规定按时发货，以防应季不到货或过季到货，造成配件缺货或积压。

二、进货渠道

在汽车维修企业和汽车零配件经营企业，通常将汽车零部件、汽车标准件和汽车材料三种类型的产品统称为汽车配件。

市场上常见的汽车配件（汽车用品如油料、辅料不在其列）一般有以下几个来源：

1. 原厂件

俗称 OEM 零件，又称配套件，是指为汽车制造厂家配套的装车件。使用整车生产厂家的原厂商标，质量好、服务体系完善、价格高，一般由原厂售后服务部门进行区域调配，也对外销售。国内的汽车生产厂家强烈建议自己的特约维修站采用原厂件，以保证车辆的正常运行。

2. 配套厂外销件

作为整车生产厂家的零部件配套厂也可在整车生产厂家许可的情况下，对外销售配套件，但不允许使用整车生产厂家的 OEM 标识和品牌，这些零部件均采用配套厂自己的品牌。其质量与原厂零部件没什么区别，价格相对原厂件来说会低一些。一般先订全年需要量的意向协议，以便于厂家安排生产，具体按每季度、每月签订供需合同，双方严格执行。

3. 许可生产件

经整车生产厂家许可，生产和销售汽车零配件，配件质量必须经过整车生产厂家的认证，价格比原厂件和配套厂外销件便宜。由于配件质量还是有保证的，价格也比较适中，一般的维修企业与这些厂家建立了良好的供货关系。订货方法一般只签订短期供需合同。

4. 其他来源的零件

由某些厂家采用原厂零部件图样或实物，自行生产的零配件，俗称“副厂件”，一般价格低廉，质量也参差不齐。随着技术的进步和工艺的改进，其整体质量到如今已大为改观，而且很多都不再是“三无”产品。但这类零部件在给用户带来实惠的同时，在一定程度上也侵害了整车制造厂的利益，其合法性至今仍受到汽车制造厂家的普遍质疑。这类厂的配件可作为进货中的补缺。订货方式为通过电话、电子邮件等方式要货。如签订供需合同的话，合同期应短。

另外，拆车件和翻新件在国内也逐渐兴起，主要集中在高档车的贵重零件上，但目前还没有一个权威机构对这类配件的质量进行鉴定和认证，因此，质量上还存在一定的风险，价格比较混乱，经营中一定要小心谨慎。

5. “纯正部品”

在汽车配件中还有一个重要的概念，就是“纯正部品”。纯正部品是进口汽车配件中的一个常用名称，指的是各汽车厂原厂生产的配件，而不是副厂或配套厂生产的协作件。纯正部品虽然价格很高，但质量可靠，坚固耐用，故用户均愿采用。凡是国外原厂生产的纯正部品，包装盒上均印有“GENUINE PARTS”或中文“纯正部品”字样。

在选购配件时，特别是进口车的配件，还要注意区别不同年代生产的配件规格差异。为了满足市场的需求和适应技术的发展，汽车制造商每年都会改进某些零部件，生产新车型。新、老车型的同一零件外形虽然相似，但只要编号改了，其参数就有变化。在选购配件之前，一定要弄清楚车辆型号、生产年份，同时也要掌握选购配件的性能和参数。

不同的客户对配件的需求不同，可根据针对客户的调查结果选择合理的进货渠道，以获得最大的客户满意度和经营收益。

三、进货方式与进货量

配件的质量不仅直接影响汽车维修质量，而且关系到行车安全。众多采购人员的经验是：走正门、货比货、不贪便宜。

配件采购时应遵循“5R”原则：通过适当的供应商（right vendor），在确保适当的品质（right quality）下，以适当的价格（right price），于适当的时间（right time），获得适当的数量（right quantity）。

1. 进货方式

常用的进货方式有以下几种：

(1) 集中进货。由专职的采购人员汇总所有销售需求后，向配件生产厂家或上游配件商进货，然后按照销售预期分配给各销售点（或连锁店）进行销售。由于采用集团整体进货的方式，优势十分明显，通过大批量可以获得较低的价格和较好的售后服务。在信息不畅的情况下，灵活性相对会差一些，但是随着计算机技术在配件营销行业的广泛应用，这种劣势已经不复存在。如博世（BOSCH）与蓝霸（NAPA）配件在全球的所有配件连锁店都是联网的，任何一个连锁店卖出一件商品，在世界任何一个角落都能马上通过网络了解到这笔交易的信息，信息沟通的快捷准确完全弥补了集中进货的缺陷，配合日益完善的物流体系，集中进货展示出蓬勃的生命力。

（2）分散进货。将配件订购的权限下放到每个营销单位，使其直接面对市场，采购适销对路的产品。这种管理形式在汽车配件经销商中很少见到，一般仅限于部分货源比较紧张的商品，用来消除由于临时断货或缺货等情况所带来的影响。

（3）联合采购。为节约成本，降低费用，以获得更好的价格折扣和售后服务，一些中小配件经销商联合起来，共同向配件生产厂家或大批发商进货。这也是中小配件经销商的获利之道。由于它涉及多家配件经销商的具体利益，故而组织工作相对较为复杂。

2. 进货量

进货量需要综合考虑企业资金状况、销售状况，衡量采购和库存成本之后才能确定。要从如何在现有资金情况下，遵循市场供求规律，订购最经济的批量，获得最佳的利润回报方面去考虑问题。

配件经销商常采用的是经济批量法确定进货量，就是在一定时期内进货总量不变的前提下，计算出每批次进货多少才能使进货费用和库存费用之和降至最低。

3. 汽车维修企业对配件的采购

（1）对汽车配件市场进行预测，掌握配件行情和掌握市场需求变化，预测发展趋势，是企业组织货源、做好采购订货工作的前提。

（2）由于汽车维修企业需用配件的品种多、规格广，因此，对汽车配件和辅助材料的采购，要根据本单位维修车辆情况，提出采购计划，并得到批准，方可进行采购。

（3）根据供应方按企业的要求提供配件的能力评价和选择供方，这种能力包括质量保证的能力（设备、技术、管理、人员）、售后服务及其他方面的能力（生产能力、运输能力），制定选择、评价和重新评价的准则。评价准则应包括产品质量、价格、交货情况、售后服务、安装、相关经验、历史业绩、质量管理体系保证能力、遵纪守法情况、提供类似产品方面的客户满意程度、与履约能力有关的财务情况、本企业试用或使用情况，评价结果要予以保持。

（4）要在已选择的供方范围内进行采购，确保配件的质量，实现最优选择。还要掌握这些配件的供应网和采购网及其动态等。

总之，在受控状况下选择供货企业的一般方法是：对于需要量大的配件，应尽量选择定点供应、直达供货的方式；尽量采用与配件商签订合同直达供货方式，以减少中转环节，加速配件周转；对需求量少的配件，宜采取临时采购方式，以减少库存积压；采购形式有现货与期货。现货购买灵活性大，能适应需要的变化情况，有利于加速资金周转；对需要量较大，消耗规律明显的配件，采用期货形式，签订期货合同，有利于供应单位及时组织供货。

四、识别假冒、伪劣的配件产品（目测汽车配件的质量）

由于汽车配件的营销利润丰厚，因此在市场上出现了许多假货与劣货，由此而引发的纠纷和投诉案件逐年上升。假冒伪劣的汽车配件由于其自身质量存在问题，在使用方面存在的问题包括可靠性差、寿命短、安全系数低。轻者给车主带来不必要的经济与精神损失，重者会造成人身伤亡事故。所以汽车配件销售单位必须严把采购关，正确选择与鉴别汽车配件的货源。

1. 产品分类检验

（1）全国名牌和质量信得过产品基本免检，但名牌不是终身制，有时会被仿冒，所以应对这些厂家的产品十分了解，并定期进行抽检。

（2）多年多批进货、并经使用未发现质量问题的产品，可采用抽检几项关键项目，以检查其质量稳定性。

（3）对以前未经营过的配件，采用按标准规定的抽检数，在技术项目上尽可能做到全检，以求对其产品质量得出一个全面结论，作为以后进货的参考。

（4）对以前用户批量退货或少量、个别换货的产品，应采取尽可能全检，并对不合格部位重点检验的办法。对再次发生问题的，拒付货款并注销合同，不再进这种货。

（5）对一些小厂的产品，其合格率低，而且一旦兑付货款后很难索赔，因此尽量不进这类产品，如确需进货，在检验时严格把关。

2. 汽车配件质量的检查方法

汽车配件的质量，关系到销售企业的经营大计。由于汽车配件销售企业经营的车型较多、品种复杂，如仅大众普桑车型的维修配件品种就不下 2 000 种，需测试的技术项目更无法统计。销售企业的检验人员不同于生产厂单品种的检验人员那样精专，这就要求汽车配件销售员的知识面更宽一些，要熟悉汽车结构及一般制造工艺和材质等知识，能正确运用检验标准，凭多年积累的经验鉴别汽车配件质量。

要鉴别判断汽车配件的质量，大体上可检查以下几个方面：

（1）检查包装。“三无”产品是指在产品外包装或说明书上，没有生产地址、生产厂家、生产日期的产品。

1）看包装上的商标、厂址、等级和防伪标识是否真实。看商标标识是否齐全。正宗产品的外包装质量好，包装盒上字迹清晰，套印色彩鲜明。包装盒、袋上应标有产品名称、规格型号、数量、注册商标、厂名、厂址及电话号码等，有的厂家还在配件上打出自己的标记。正规零配件生产厂家一般对包装盒的要求也十分严格，大都会采用防伪标记，常见的有激光、条形码和暗印。

无生产许可证的厂家生产的产品或虽有许可证但冒用名牌产品名称的，其商标一般印刷质量差。

2）看中文说明。假冒配件许多都没有中文说明，包装上的外文语法不通，甚至写错单词，很容易看出漏洞。

一些重要部件如发电机、分电器、喷油泵等，还配有使用说明书、合格证和检验员章，以指导用户正确使用维护。

（2）检查配件外观。在选购配件过程中，不仅要注意防止“以次充好”的配件，还要特别注意“以旧充新”的翻新件。某些经维护换下的总成，可能通过更换简单的零件，外表重新油漆，充当新的配件出售。但只要能仔细观察，就可以发现可疑之处，如有拆卸敲打的痕迹，未油漆处有油污等。同时，还可通过检查有无原厂说明书、产品合格证、生产厂名、厂址等来判别真伪。

1）在商品制作上，正规厂商的零配件表面一般有硬印和化学印记，并注明了零件的编号、型号和出厂日期。

2）看几何尺寸有无变形。有些零件因制造、运输、存放不当，易产生变形。检查时，可将轴类零件沿玻璃板滚动一圈，看零件与玻璃板贴合处有无漏光来判断是否弯曲；选购离合器从动盘钢片或摩擦片时，可将钢片、摩擦片举在眼前观察其是否翘曲；在选购油封时，带骨架的油封端面应呈正圆形，能与平板玻璃贴合无挠曲；无骨架油封外缘应端正，用手握使其变形，松手后应能恢复原状。在选购各类衬垫时，也应注意检查几何尺寸及形状。

3）看结合部位是否平整。零配件在搬运、存放过程中，由于振动、磕碰，常会在结合部位产生毛刺、压痕、破损或裂纹，影响零件的使用。选购时应注意检查。

4）看零件表面有无锈蚀。合格的零配件表面既有一定的精度又有较小的粗糙度，越是重要的零配件，精度越高，包装防锈防腐越严格。选购时应注意检查，若发现零件有锈蚀斑点、霉变斑点或橡胶件龟裂、失去弹性，或轴颈表面有明显车刀纹路，应予调换。

5）看防护表层是否完好。大多数零件在出厂时都涂有防护层。如活塞销、轴瓦用石蜡保护；活塞环、缸套表面涂防锈油并用包装纸包裹；气门、活塞等浸防锈油后用塑料袋封装。选购时若发现密封套破损、包装纸丢失、防锈油或石蜡流失，应予退换。

6）对于经过高频淬火处理的汽车配件，其表面应呈现黑色、青色、黄色和白色。

7）看胶接零件有无松动。由两个或两个以上零件组合成的配件，零件之间是通过压装、胶接或焊接的，它们之间不允许有松动现象，如油泵柱塞与调节臂是通过压装组合的；离合器从动轮与钢片是铆接结合的，摩擦片与钢片是铆接或胶接的；纸质滤清器滤芯骨架与滤纸是胶接而成的；电气设备的线头是焊接而成的。选购时若发现有松动，应予调换。

8）看转动部件是否灵活。选购机油泵等转动部件总成时，用手转动泵轴，应感到灵活无卡滞；选购滚动轴承时，一只手支撑轴承内环，另一只手转动外环，外环应能快速自如地转动，然后逐渐停转。若转动部件转动不灵，说明内部锈蚀或产生变形，不要购买。

9）看总成部件有无缺件。正规的总成部件必须齐全完好，才能保证顺利装配和正常运行。一些总成部件上的个别小零件若漏装，将使总成部件无法工作甚至报废。

（3）必要时进行力所能及的检验。汽车配件产品涉及范围广泛，要对全部配件做出正确和科学的质量结论，其所需的全部测试手段是中、小型汽车配件销售企业难以办到的，然而这些企业又不能因此不进行这项工作。根据企业自身的实际情况，添置必备的技术资料和通用检测仪具，如要配备所经营的主要车型的主机厂的图样或汽车配件目录、各类汽车技术标准等，这些资料都是检验工作的依据；购置一些通用量具，如游标卡尺、千分卡尺、百分表、千分表、量块、V形架、平板、粗糙度比较块、硬度计等，以便具有一般通用检测能力。

为提高工作效率和达到择优进货的目的，选择信誉好、产品质量高的生产企业或中介公司为定点供货商。应与这样的供货商签订长期供货合同，且在合同中注明赔偿条款。

学习单元2　进货业务程序和相关手续

学习目标

了解汽车配件进货程序

能够识别汽车配件进货凭证的错误

知识要求

一、进货程序

汽车配件经销商的规模有大有小，经营范围各具特色，管理模式各不相同，其进货程序之间必然存在一些差异，但是其基本流程一般都遵循以下规律：

1. 盘点库存

了解库房中汽车配件的存货状况。

2. 拟订进货计划

主要根据销售需求和销售预期，结合市场调查结果，参照库房存量，拟订该次订货的计划。根据配件销量和仓库储备情况，计划人员及时编制采购计划，经分管配件的领导审批形成“配件采购计划单”，采购人员按照“配件采购计划单”进行采购。

进货计划是否合适，对资金周转和经济效益起着关键性的作用。进货计划做得好，可加快资金周转，减少库存积压，提高经济效益。

3. 配件询价、看样

将完成的配件订购计划发送给供货商，索取各家的配件报价单，并查看样品，货比三家，保证商品质量，降低采购成本。

采购人员对采购配件的质量承担责任，无特殊情况应选择原厂供应商或经过选择、评价签订合同的定点配件供应单位。同时做到无计划不采购、规格不明不采购，“三无”配件不采购，无商品销售有效票据不采购。

4. 确认订单，签订合同

对商品供货达成协议后，双方确认订单并签订配件购销合同，其后一切均应遵照合同履行义务。

5. 提货验收

及时组织采购和库管人员提货验收，并依据合同处理好与供货方的交接和结算问题。

验收后及时进行采购配件登记，记录购买日期、供应商名称、地址、产品名称及规格型号等，查验产品合格证相关证明。

以上只是正常情况下的进货流程。在日常配件经营中，市场状况瞬息万变，特别是在紧俏件和加急件的经营上，不可墨守成规。但是一定要坚持合同制度，签订完善的配件进货合同，明确各方的责、权、利。

二、采购单据的填写

1. 订货单

在进货业务中，配件订单是一份十分重要的单据，它是双方交流的专业语言，是进货的基本依据，因此一定要准确明了。表 5—1 是一张典型的订货单。

表 5—1　　　　　　　　　　订货单

序号	零部件编码	零部件品名	品牌	车型	数量	单价	总额	备注
1	8E0698451A	盘式制动器	TEXTAR	AD	10	128.00	1280.00	
2	4B0698151	盘式制动器	TEXTAR	AD	10	235.00	2350.00	

销售员：×××

在配件订单中，一定要有适用车型和零部件编号，两者结合才能让供货商找到准确的配件。配件的品牌（或产地）也是必需的，它关系到配件的品质和服务，至于配件名称在配件订货中也起着重要的参考作用。

2. 收货单

汽车配件的进货一般有向汽车配件生产企业进货和向其批发企业进货两种，因此进货凭证也分为两类。

(1)“采购汽车配件的收货单”（见表 5—2）。“采购汽车配件收货单”是汽车配件批发企业向汽车配件生产企业采购配件时，由批发企业采购人员按汽车配件生产企业开出的销货发票填制的凭证。

表 5—2　　　　　　×××批发企业采购汽车配件收货单

No. 00000. 1

货位（　　）

厂名　　　　　　　　　　　年　　月　　日　　　　　　　　　　　　区　排

单位代码			第（ ）季度合同号码				收货仓库：										
商品代码	货号	等级	品名规格	单位	数量	单价	金额										包装件数
							千	百	十	万	千	百	十	元	角	分	
合计人民币（大写）																	

采购检验员　　　　保管员　　　　收货　　　　复核　　　　制单

验收日期　　月　　日　　　　月　　日　　盖章

(2)“购进汽车配件的收货单”（也称汽车配件调入单）。“购进汽车配件收货单”是汽车配件批发企业向其他汽车配件批发企业和经营单位（含省内、外）购进汽车配件时填写的自制执行凭证。它是根据供货单位随货同行单或银行转来的托收货款的销货发票填制的。

“购进汽车配件收货单”的格式与联数都比“采购汽车配件收货单”简单，一般只有三四联。一般其格式见表5—3。

表5—3　　××××批发企业购进汽车配件收货单

发货单位________　　　　开单日期　　年　　月

收货仓库________（　　）　　　　季度合同号码________

收货日期　　年　　月　　日

购进单号码	货号	品名规格	单位	数量	单价	金额										当日当地批发牌价
						千	百	十	万	千	百	十	元	角	分	

件数	重量

制单________

货位（　　）区　排　号

各配件进货企业进货单的格式条款各不相同，但其中的品名规格、单位、数量、单价、金额是必不可少的项目。

三、购进配件过程常遇到“单”与“货”的情况

从省内、外购进的汽车配件常遇到的两种情况是：一是货到单未到，二是单到货未到。

1. 货到单未到的传递程序

货到单未到，可由仓库按实际到货验收后，凭随货同行单或实际验收数填制收货单。仓库保管员凭随货同行单点验配件进仓，并填写“购进汽车配件收货单”一式三联。如无随货同行单则由保管员根据进货实际验收数报业务部门，待财会部门收到银行托收的销货发票或运杂费单据后填写托收承付会签单送业务部门会签，经进货（合同）员核对进货合同中有关品名、规格、数量、单价、质量等项目相符，签字后留下第三联供开单备查，第一联留仓库入账，第二联和发票、运杂费单据一并由财会部门承付货款后作记账依据。

2. 单到货未到的传递程序

财会部门收到银行转来托收货款的发票和费用单据后，填写托收承付会签单后交业务、运输、仓库部门会签。业务部门凭发票填写“购进汽车配件进货单”一式三联，经业

务人员核对合同中有关项目相符后，签署意见转储运部门准备接运汽车配件，待汽车配件到达后转仓库凭单点验入库，仓库验收汽车配件无误后盖章，留下第一联作入账凭证，第二联、第三联、发票、费用单据都退回财会部门承付货款，财务部门留第三联记账，第二联交业务部门作供货备查。

第 2 节　配件入库验收

学习单元 1　入库业务

学习目标

了解汽车配件入库验收业务

掌握汽车配件入库程序

知识要求

配件入库，是指仓库管理人员在接到配件入库通知单后，办理提货、搬运、检查验收、入库等一系列工作的过程。

配件入库是仓库业务管理的重要活动。这一活动主要包括配件的接运、验收和办理入库手续等环节，涉及供应商、承运商、保险公司和收货单位等当事人的权利和义务。

一、入库验收的业务程序

1. 配件入库验收的必要性

汽车配件的来源渠道很多，包括生产企业、中间商、调剂市场、协作加工和国外进口等。由于配件的来源复杂，再加上运输条件的差异、包装的质量好坏等，给入库的配件在数量和质量方面带来不利影响，这就决定了配件入库验收的必要性。配件入库验收是入库业务中最重要的也是最关键的环节，只有经过验收后的配件才能入库保管。

第一，验收工作是搞好配件储存保管的基础。验收就是根据验收依据和凭证，对入库的配件进行审核和查收。收货阶段的检验是做好配件保管的前提和基础，只有在入库时，将配件的实际状况查验清楚，才能在以后的保管中有的放矢地采取措施，确保配件的完好，才能为需要的单位提供数量准确、质量完好的配件。

第二，验收记录是向外提出索赔、退货、换货的依据。在进行验收时，发现数量不足、规格不符合或质量不合格，仓库应向供货单位提出验收报告。这个报告必须有详细的验收记录，这是作为货主向供货方提出拒付、退货、换货或索赔的依据。

第三，验收工作对生产单位起监督和促进作用。虽然配件出厂时都要进行质量和数量检查，但也难免会有漏洞。而且配件经过多次装卸搬运，使到库的配件很可能发生数量或质量的变化，因此，仓库对配件的检验工作不仅为配件的保管和使用打下基础，同时对生产单位起到监督和促进作用，提高供应商的供货质量和服务水平。

2. 接运

接运是配件入库的第一步。它的主要任务是及时而准确地接收入库配件。在接运时，要对照货物运单认真检查，做到交接手续清楚，证件资料齐全，为验收工作创造有利条件。避免将已发生损失或差错的配件带入仓库，造成仓库的接收或保管出现困难。

3. 入库验收的业务程序

验收准备→核对验收单证等资料→检验实物→做出验收记录。

二、配件入库验收准备

1. 验收准备工作

验收准备是货物入库验收的第一道程序，包括货位、验收设备、工具及人员的准备。具体要做好以下五个方面的准备工作：

(1) 收集信息，熟悉各项验收凭证、资料和有关验收要求，掌握汽车配件的到达时间、地点、品种和数量等，做到心中有数。货物到达前，保管员应主动同业务部门或货主联系，了解配件验收应具备的凭证和有关技术资料，以免因入库凭证和有关技术资料不全，给货物的管理和使用带来问题。

(2) 准备并校验相应的验收工具，如计量器具、卡量工具和检测仪器仪表等。验收工具的准确和使用的合理与否，直接影响验收的结果。

(3) 配备相应的人员，根据配件数量及保管要求，确定存放地点、选择合理的堆码垛形和保管方法等。

(4) 准备所需的苫垫堆码物料、装卸机械、操作器具和担任验收作业的人力。如是车身、发动机等大件价格昂贵的货物，还须配备相应的防护用品，采取必要的应急防范措施，以防万一。

（5）进口配件或存货单位要求对配件进行质量检验时，要预先通知商检部门或检验部门到库进行质量检测。

2. 核对验收单证

核对验收单证包括：商品入库通知单，订货合同，供货单位提供的质量证明书或合格证，装箱单或磅码单，检验单及发货明细账，运输单位提供的运单及普通或商务记录，保管员与提运员、接运员或送货员的交接记录等。

核对凭证就是对上述证件、资料进行对照核实、整理分类。然后以单核货、逐项对列、件件过目。

证件核对的内容有下列三方面：

（1）审核验收依据，包括业务主管部门或货主提供的入库通知单（收货单）、订货合同、协议书等。

（2）核对供货单位提供的验收凭证，包括质量保证书、装箱单、码单、说明书和保修卡及合格证等。

（3）核对承运单位提供的运输单证，包括提货通知单和货物残损情况的货运记录、普通记录和公路运输交接单等。

在整理、核实、查对以上凭证中，如果发现证件不齐或不符等情况，要与货主、提供单位、承运单位和有关业务部门及时联系解决。

3. 汽车配件初检内容与方法

在收到所定配件后，首先要做的就是和库房管理人员一起（最好对方销售人员也在场）对配件进行鉴别验收，处理有争议的问题，然后将配件入库。

配件入库时，对货物进行初检是关键环节。大体上是点验数量、检查包装和检查配件外观。采用的方法如下：

（1）品种数验收。根据进货发票，逐项验收汽车配件品种、规格、型号等，检查有无单与货不符情况；对易碎汽车配件、液体汽车配件，应检查有无破碎、渗漏情况。

要认真查看商标图案是否标注清楚，图案是否清晰，色彩是否鲜艳，上面的厂名、厂址、等级和防伪标记是否真实。

（2）点件法。指逐件清点。对照发票，先点收大件，再检查汽车配件包装及其标识是否与发票相符。一般对整箱整件，先点件数，后抽查细数；零星散装汽车配件点细数；贵重汽车配件逐一点数；配件有异议的，应开箱开包点验细数。

重点要检查：外包装标识和包装完好情况、大件数、外观质量受损情况及霉变、锈蚀和受潮情况；外表质量受损情况，重点检验货物外表受到外力作用发生的破裂、变形、受损等。

国产汽车的原厂配件、副厂配件，进口汽车和中外合资厂生产的汽车配件，这些配件的共同特点是包装规范、有配件商标图案、零件号标注清楚。具体包装盒大都采用防伪标记，常用的有激光、条形码、暗印等。包装盒上有生产厂名、厂址、零件名称、零件编号，包装盒内附有合格证；进口配件有中文说明，有的还有产地、经销点等信息。

(3) 抽验法。指按一定比例开箱点件的验收方法，适合批量大、定量包装的配件。

(4) 检斤换算法。指通过重量过磅换算该商品的数量。适合商品标准和包装标准的情况。商品的重量一般有毛重、皮重、净重之分。毛重是指商品重量包括包装重量在内的实重。净重是指商品本身的重量，即毛重减去皮重的余数。通常所说的商品重量是指商品的净重。

(5) 检查产品说明书。产品说明书是生产厂商进一步向用户宣传产品，为用户作某些提示，帮助用户正确使用产品的资料。通过产品说明书可增强用户对产品的信任感。一般来说，每个配件都应配一份产品说明书（有的厂商配用户须知）。

如果交易量大，还应该查询技术鉴定资料。进口配件还要查询进口报关资料。

学习单元 2　汽车配件验收入库

学习目标

了解汽车配件入库验收方法

掌握汽车配件入库验收单据的填写

知识要求

一、配件验收方法

当商品入库交接后，仓库管理员要及时进行质量、数量与重量验收及精度验收，并进行质量送检。配件验收工作主要分两个方面进行：一是品种、型号和数量的验收；二是对配件质量的验收。

1. 品种、型号和数量的验收

主要验收依据是进货的发票。除常见的入库凭证外还有产品入库单、收料单、调拨单、退货通知单。另外，进货合同、发货单和装箱单等都是重要的参考。在验收时，要保证所有配件的品种、型号及数量均与发票上的项目准确对应，不允许存在货单与货物不符的情况，同时要检查有无由于运输造成配件损毁的情况。

2. 配件质量的验收

检查配件质量一般依据感官做初步判断，有条件的企业可以借助工具和仪器对配件进行抽检甚至全部复检。

（1）感官鉴别法。即借助感官判断鉴别配件质量，常用的方法有以下几种：

1）表面质量观察法。配件产品的包装、外观、附件等都能给人十分直接的印象。这里关键的是仔细观察配件产品的表面质量。

①对采用铸造生产工艺的金属配件，如各种壳体、缸体、箱体等，要检查是否有铸造缺陷。常见的铸造缺陷有：孔洞，包括气孔、缩孔、砂眼、渣气孔等；表面缺陷，如粘砂、夹砂等；形状尺寸不合格；裂纹，包括冷裂和热裂。

②对有些采用焊接生产工艺的金属配件，要检查焊接质量，查看有无焊接变形和焊接缺陷。常见的焊接变形有缩短变形、角变形、弯曲变形、扭曲变形和波浪变形等。为了矫正变形，生产厂家会采取一些强制整修措施，一定会在配件上留下痕迹。由于材料选择和工艺方面的原因，焊接还容易产生以下缺陷：焊缝尺寸及形状不符合要求、咬边、焊瘤、未焊透、夹渣、气孔和裂纹等。在外观检查时，可借助放大镜、标准样板或量规，至于检验焊接强度和内部缺陷就需借助无损探伤和水压试验了。

③对于采用其他生产工艺的金属配件，主要检查其表面是否有损伤，如飞边、毛刺、沟槽、缺口、裂纹、磨损、变形、腐蚀、锈蚀等，确定是否可以修复或者直接退换。

④对于非金属配件，如塑料、橡胶配件，除了观察有无表面缺陷外，还要注意是否有老化、变质的迹象，玻璃元件必须洁净、通透等。

⑤对于日常经营的油品，难以开瓶（罐）直接检查，此类配件一定要与供货商达成完善的退换协议。

采用观察法检验配件时，最好找一件标准的配件与之对照，仔细比较，就能初步直观地鉴别配件的质量状况。

2）敲击法。这也是检验配件的一种常用方法，有些裂纹或者配合松动通过肉眼难以发现，可以采用小锤轻轻敲击，仔细辨别发出的响声，如果发出的声音清脆，说明配件状况良好，如果发出的声音沉闷沙哑，则说明配件有裂纹或者配合松动。

另外，浸油锤击法也是一种检查隐形裂纹的好办法。检验时，将配件浸在柴油里一段时间，取出后擦干表面，撒上白粉，再用小锤轻轻敲击，查看是否有油渗出，以此鉴别配件是否存在裂纹。

（2）工具和仪器鉴别法。通过感官鉴别法一般只能观察到配件的一些表面瑕疵，对配件质量只能有一个感性的认识，要准确鉴定配件质量状况，只有借助一些专业的工具和仪器。常用的手段主要有以下几类：

1）量器具测量鉴别法。采用各种量器具检查配件的配合尺寸、间隙、表面形状和位置偏差等，这是一种比较精确的鉴别方法。常用的量器具包括直尺、钢带尺、卡钳、塞尺、游标卡尺、百分尺、百分表等，对于电子元件的检验，万用表也是必备的工具。这种鉴定方法简单可行，成本不高，方便快捷，在实际采购工作中应用较多。

2）样板检查鉴别法。按技术要求制作（或购买）标准样板，在进行鉴别时，只要将被鉴别配件与样板进行比较，看其偏差是否在允许范围内即可做出判断。这种方法简单实用，在生产厂家的检验部门中应用最广，一些较大的配件经销商也配备样板，但缺点是针对性太强，一件一用，占用成本太多。

3）专用仪器检查鉴别法。如用磁力探伤仪检查配件内部的裂纹或空洞；用水压试验器检查容器密封性能；用弹簧弹力试验仪检查弹簧弹力状态；用静或动平衡试验台检查转动件平衡状态等。检测方法一般需要专业的设备和人员，应用成本太高，难以在配件经销商中普遍推广。

上述所有的检验都是为了把好配件质量关，但最好的办法还是从源头上做起，选择品质优良而且具有良好售后服务体系的配件生产厂家（或经销商）的配件，签订完善的采购合同，明确配件质量争议的处理原则和办法，才能真正做到防患于未然。

二、入库手续

配件检验合格，即应办理入库手续，进行登账、立卡、建档，这是商品验收入库阶段的最后环节。

1. 配件入库登账

保管业务部门建立的详细反映配件进、出和结存的实物明细账或库存明细账，用以记录库存配件动态，并为对账、盘点提供依据。实物明细账可分为无追溯性要求的普通实物明细账（见图 5—1）和有追溯性要求的实物明细账（即库存明细卡，见图 5—2）两种。

对只需反映库存动态的配件，如进入流通的配件或企业内的工具、备品备件等，可采用普通实物明细账记账。而对有区分批次和有追溯性要求的商品，如企业生产所需的零部件、原材料等，可采用可追溯性实物明细账。

登账应遵循以下原则：

（1）登账必须以正式合法的凭证为依据，如配件入库单和出库单、领料单等。

（2）一律使用蓝色或黑色水笔登账，用红色水笔冲账。若发现登账有错误时，不得刮

账号	总页次
页次	

实 物 明 细 账

货号______ 规格______ 计量单位______

最高存量______ 最低存量______ 存放地点______

年		凭证		摘 要	收入	发出	结存
月	日	种类	号数				

图 5—1 实物明细账

库存明细卡

分页 总页

存货名称______ 规格______ 计量单位______库区

年		凭证		摘 要	收入		发出		结存	
月	日	种类	号数		批号	数量	批号	数量	批号	数量

图 5—2 库存明细卡

擦、挖补、涂抹或用修正液更改字迹，应在错处画一红线，表示注销，然后在其上方填上正确的文字或数字，并在更改处加盖更改者的印章，红线画过后的原来的字迹必须仍可辨认。

（3）记账应连续、完整，依日期顺序，不能隔行、跳页，账页应依次编号，年末结存后转入新账，旧账页入档妥为保管。

（4）记账时，其数字书写应占空格的 2/3 空间，便于改错。

2. 立卡

货卡又称料签、料卡、保管卡。它是一种实物标签，上面标明配件的名称、规格、数量或出入状态等内容。它一般挂在上架货物的下方或放在堆垛商品的正面。货卡按其作用不同，可分为货物状态卡、配件保管卡。商品保管卡包括标识卡和储存卡等。

（1）货物状态卡。货物状态卡是用于表明货物所处业务状态或阶段的标识，根据ISO 9000国际质量体系认证的要求，在仓库中应根据货物的状态，按可追溯性要求，分别设置待检、待处理、不合格和合格等状态标识，如图5—3所示。

待　检	合　格	隔　离
供应商名称：	供应商名称：	供应商名称：
图号：	图号：	图号：
名称：	名称：	名称：
进货日期/批号/生产日期	进货日期/批号/生产日期	进货日期/批号/生产期
标记日期：　年　月　日	标记日期：　年　月　日	标记日期：　年　月　日
标记人：	标记人：	标记人：
备注：	备注：	备注：

图5—3　货物状态卡

（2）货物标识卡。货物标识卡用于表明货物的名称、规格、供应商和批次等。根据ISO 9000质量体系认证的要求，在仓库中应根据货物的不同供应商和不同入库批次，按可追溯性要求，分别设置标识卡，如图5—3所示的“合格”。一般情况下货物标识卡与合格货物状态卡合二为一使用。

（3）储存卡。储存卡是用于表明货物的入库、出库与库存动态的标识，如图5—4所示。

储　存　卡

类别____________　名称____________________　编号____________

规格____________________　计量单位____________　分号________

年		凭证		摘　要	收入数量	发出数量	结存数量	保管人签章
月	日	种类	号数					

图5—4　储存卡

配件保管卡采用什么形式，应根据仓储业务需要来确定。

3. 建立汽车配件商品档案

仓库管理人员在对需入库的汽车配件验收合格后，就要对这些配件进行入库管理。建立配件商品档案是入库管理的重要内容之一。建立配件商品档案是对配件出入库凭证和技术资料进行分类归档保存。建立配件商品档案的目的是更好地管理配件商品的凭证和资料，防止散失，查阅方便，同时便于了解该配件入库前后的活动过程，有助于总结和积累仓库保管经验，研究管理规律，提高科学管理水平。建立配件商品档案应一物一档。

（1）存档资料

1）配件出厂时的各种凭证和技术资料，如商品技术证明、合格证、装箱单、发货明细表等。

2）配件运输单位和事故记录。

3）配件验收的入库通知单、验收记录、磅码单、技术检验报告。

4）配件入库保管期间的检查、保养、损益、变动等情况的记录。

5）库内外温湿度记载及对配件质量的影响情况。

6）配件出库凭证。

（2）配件档案应统一编号，妥善保管。在配件保管期间，可根据仓库情况，统一管理或直接由仓库保管员管理。配件档案的保管期限，根据实际情况酌定。其中有些资料，如配件储存保管的试验资料，应长期保留。

测试题

一、判断题（下列判断正确的画“√”，错误的画“×”）

1. 商品流通包括采购、运输、储存和再生产（消费）四个环节。（　　）

2. 无生产许可证的厂家生产的产品不一定是假冒伪劣产品。（　　）

3. 看配件表面有无锈蚀、配件的防护表层是否完好是检查汽车配件质量的方法之一。（　　）

4. 对任何仓库来说，对货物进行初检均是关键环节。（　　）

5. 当商品入库初检交接后，不必验收即可入库。（　　）

二、单项选择题（下列每题的选项中，只有1个是正确的，请将其代号填写在括号处）

1.（　　）一定是假冒、伪劣产品。

A. “三无”产品　　　　B. 名牌产品

C. 质量信得过产品　　D. 小厂产品

2. 商品入库业务涉及供应商、承运商、保险公司及收货单位等当事人的（　　）关系。

A. 权利和利益　　B. 金钱和义务

C. 权利和义务　　D. 金钱和毛利

3. （　　）是收货单位向外提出索赔、退货、换货的依据。

A. 收货单　　B. 验收记录

C. 提货单　　D. “质量保修单”

4. 入库审核验收依据包括业务主管部门或货主提供的（　　）、订货合同、协议书等。

A. 发货单　　B. 发料单

C. 退货单　　D. 收货单

5. 对汽车配件入库前的数量验收的常用方法有（　　）。

A. 品种数验收、物理法　　B. 点件法、化学法

C. 抽验法、物化法　　D. 品种数验收、点件法、抽验法

测试题答案

一、判断题

1. √　2. ×　3. √　4. √　5. ×

二、单项选择题

1. A　2. C　3. B　4. D　5. D

第 6 章

汽车配件的保管

在社会化大生产和社会分工的条件下，物质在从生产领域向消费领域转移的过程中，一般都有储存阶段。储存是商品流通的中间环节，也是生产经营的必要条件。仓库就是用来储存和保管物资的场所。仓库储存物资的合理保管和科学管理称为仓库管理或仓储管理。

配件在入库之后、出库之前处于库房的保管阶段。配件的保管是配件库管理的中心环节。

配件保管是指在一定的仓库设施和设备条件下，为保持配件的使用价值而进行的生产活动。在配件储存期间，为了保证配件的使用性能不丧失，必须存放在与其性能特点相一致的环境中；在存放期间，外界的温度、湿度等因素每时每刻都在发生变化，这些变化都对保持配件的使用性能不利，如库房过于潮湿非常容易引起钢铁制品的配件生锈。因此，为了减少库房的配件损耗，就必须对存放的配件进行妥善的保管和养护。

仓库管理是汽车配件销售企业管理的重要组成部分，是为汽车配件销售服务的物资基地，主要作用如下：

第一，仓库管理是保证汽车配件使用价值的重要手段。如果严格按照规定加强对配件的科学管理，就能保持其原有的价值，否则，就会造成配件的锈蚀、霉变或残损，使其部分甚至全部失去使用价值。所以，加强仓库的科学管理、提高保管质量是保证储存的汽车配件具有使用价值的重要手段。

第二，仓库管理是汽车配件销售企业为用户服务的一个重要内容。仓库保管员将用户所需要的配件保质保量地发给用户，满足用户的需求，以实现销售企业服务于用户的宗旨。

在现今的信息时代，仓库已成为现代物流的重要物质基础，其功能主要体现在以高效率、低成本，对客户需求的快速反应和提供满意服务方面。这就要求仓库不仅要拥有符合货物储存保管的条件和科学的管理方法，还要具备先进的仓储管理信息系统和现代化的分拣、包装、装卸、搬运设施。

仓库管理业务包括入库验收、保管保养和出库三个阶段。

初级汽车配件销售员从事仓库管理工作的要求是：

1. 搞好配件的接运和交接，为验收创造良好的条件。

2. 严格把好入库验收关，按合同或订单的要求，对配件内在质量及时送检，进行外观质量、数量和重量检验，并做好记录。

3. 根据配件的特征进行合理堆码与苫垫，提高库位利用率。

4. 根据配件的性质和保管要求，控制储存环境，对配件进行科学养护。

5. 搞好库存配件的盘点和日常检查。

6. 搞好出库发运，按客户要求提供优质服务。

7. 严格按安全技术操作规程进行各种生产作业，掌握消防器材的合理配置和使用方法。

第 1 节 汽车配件的库房

学习单元 1 库房的设施要求

学习目标

了解汽车配件库房的设施设备

掌握汽车配件库房的安全要求

知识要求

配件保管主要包括库房的布置、配件的存放、配件的养护、配件的盘存等内容。配件库房的选址、布置受到汽车配件经营企业的位置、占地面积、经营规模、经营范围等因素的影响。提高仓库商品储存量在客观上受到商品的性能、包装、装卸机械、库房高度和地坪载重量等条件的影响，在主观上受到储位管理、调度安排、堆垛技术条件的影响。

一、库房容积与安全条件

1. 仓库按汽配仓库储存条件分类

按汽配仓库储存条件分类，仓库可分为库房、货棚和货场。应根据货物的性质和保管要求，正确选择货物储存的场所。

（1）库房。库房是储存货物的建筑，用于储存受气候条件影响大的货物。库房因建筑结构不同，可分为砖木结构库房、水泥混凝土结构库房和全钢结构库房。

（2）货棚。货棚是储存货物的设施，用于储存受气候条件影响不大的货物。

（3）货场。货场是车场货物的堆场，用于储存大型钢材、水泥制品和集装箱等。在库房有限的情况下，一般货物也可储存在货场，但必须进行严密苫垫。

2. 货架的合理使用

仓库中的货架指专门用于存放配件，用支架、隔板或托架组成的立体储存配件的设施。货架在仓储作业中具有十分重要的作用和地位。为了实现仓储的现代化管理，提高仓容利用率，扩大仓库储存能力，就需要各种类型的、多功能的货架，以实现机械化、自动化、立体化的要求。

货架适合储存数量少、品种规格复杂的商品。一般层架的结构如图 6—1 所示。常见的有通用货架、特种货架、活动货架、高层货架和其他新型货架。

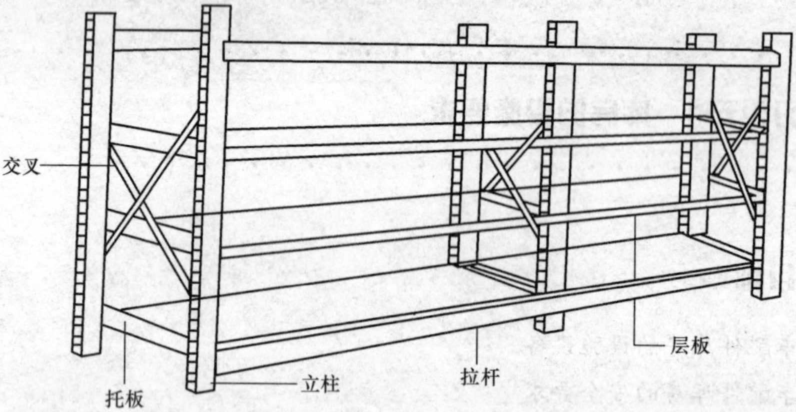

图 6—1　一般层架的结构

通用货架适用于多种形状、多种规格配件的储存，使用范围较广，适用性较强。常见的有层架、格架（见图 6—2）、抽屉架（见图 6—3）、橱架、托盘架（见图 6—4）、悬臂式货架（见图 6—5）、阁楼式货架（见图 6—6）等。

图 6—2　格架

图 6—3　抽屉架

图 6—4　托盘架

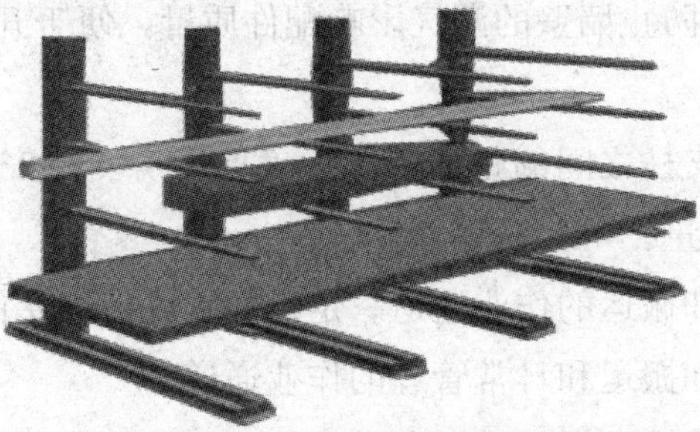

图 6—5　悬臂式货架

图 6—6　阁楼式货架

选择货架时除了从经济、效率等方面来考虑外，还应综合考虑配件的性能规格、配件的储存量、配件的存取性、入出库的频率、配件的装运设备、配件的储存管理方式。库房的结构如高度、地坪强度、梁柱位置、防火防盗设施等也要考虑到。

3. 库房容积

仓容是仓库容量的简称。它是由仓库的面积与高度或载重量所决定的。

（1）仓库使用面积。指仓库可以用来存放货物所实有的面积之和，包括库房、货棚、货场的使用面积之和。其中库房的使用面积为库房建筑面积减去外墙、内柱、间隔墙和固定设施等所占的面积。

（2）仓库有效面积。指在库房、货棚、货场内实际用来存放货物的面积之和。即库房使用面积减去必需的通道、垛距、墙距及进行验收、备料的区域等面积后所剩余的面积。

1）墙距。指配件货垛或货架与库房内墙壁之间的距离，这是为确保库房建筑安全而设置的，同时，也是为了防止墙壁的潮气影响配件质量，便于开关窗户，通风散潮，检点配件和保留消防通道。

2）柱距。即货垛与支柱之间的距离，是为确保库房支柱安全而设置的，还可以防止配件受柱子潮气而影响质量。

3）走道。即人工装卸搬运的作业通道。走道的宽度由仓库作业方式来确定。

4）支道。即人工装卸搬运和日常管理的作业通道。

5）垛距。指货垛与货垛之间的必要距离。

例如，某一平面库房墙内长 35 m，宽 18 m，走道宽度为 3.5 m，两条支道宽度各为 1.5 m，外墙距为 0.5 m（靠窗户的墙距），内墙距为 0.3 m。假设库内无柱子、间隔墙、扶梯、固定设备等。如图 6—7 所示。

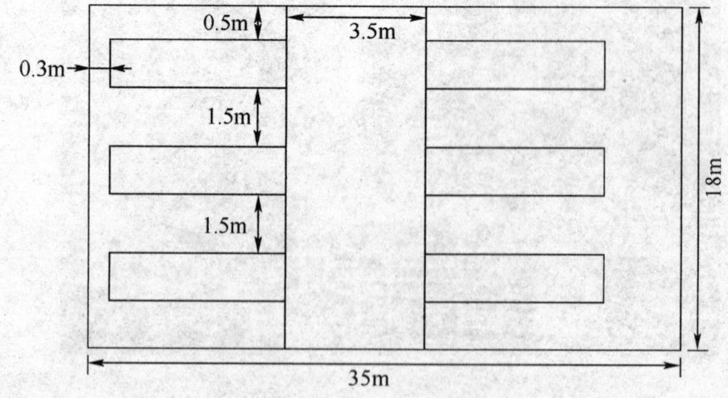

图 6—7　例题图

则库房使用面积＝35×18＝630 m^2

走道面积＝3.5×18＝63 m^2

支道面积＝2×[1.5×(35－3.5－2×0.3)]＝92.7 m^2

内墙距面积＝2×18×0.3＝10.8 m^2

外墙距面积＝2×[0.5×(35－3.5－2×0.3)]＝30.9 m^2

库房的有效面积＝库房使用面积－(走道面积＋支道面积＋内墙距面积＋外墙距面积)＝630－(63＋92.7＋10.8＋30.9)＝432.6 m^2

采用简便方法计算即

库房的有效面积＝[18－(2×1.5＋2×0.5)]×[35－(3.5＋2×0.3)]

＝432.6 m^2

(3) 库房可用高度。库房的可用高度是构成仓容的因素之一。可用高度是指库房横梁高度减去顶距，或灯高度减去灯距后剩下的高度。根据消防部门的有关规定，顶距和灯距一般不小于 0.5 m。

1) 顶距。是指货垛顶端与库房屋顶之间的必要距离。留出顶距便于通风散潮、查漏接漏、隔热散热和消防安全。

2) 灯距。是指货垛与照明设备之间的必要距离。留出灯距的目的主要是防止照明灯接近商品而引起火灾事故。

(4) 地坪承压能力确定。地坪承压能力指地坪单位面积最大承载能力，其大小由地坪设计载荷来确定。它是确定实重货物（如钢材、大型设备等）堆码高度的主要依据。地坪承压能力以 t/m^2 为单位。

4. 仓库的卫生与安全

仓库清洁卫生的要求与其他场合不同，不只要求一般的干净整洁，而是根据货物储存要求来确定的。灰尘杂物、温度、湿度、通风等对储存货物的质量都有不同程度的影响。如储存金属配件的库房温度在 10～30℃，相对湿度为 40%～70%，可以防止配件腐蚀。因此搞好清洁卫生是仓储管理的基本要求之一。

安全生产是仓储质量的基本保证。仓库安全包括保卫警卫防盗、安全生产、劳动与环境保护、消防和防台风、防汛等。

二、对仓储配件保管条件的检查

1. 通风防潮条件的检查

(1) 检查库房内墙距、柱距、顶距是否符合规定。

(2) 检查货棚内两侧或四周的排水沟或管道是否阻塞，防止配件积水浸泡。

（3）垫垛的高度是否有 20～40 cm。

（4）怕潮配件垛底应加垫芦席、油毛毡或塑料薄膜等隔潮材料；垫底材料枕木的空隙要对准走道或门窗。

（5）检查苫盖是否严密，做到商品不外露，苫盖物料不拖地。

（6）检查堆垛形状是否起脊、肩有斜度，严禁平台垛、凹心垛。

2. 消防安全通道的检查

应保证消防通道不被杂物所阻塞。

总之，查保管条件就是查堆码是否合理稳固，苫垫是否严密，库房是否漏水，场地是否积水，门窗通风洞口是否良好，库内温湿度是否符合要求，库房内外是否清洁卫生，保管条件是否与各种商品的保管要求相符合等。

三、对仓储配件计量器具与安全的检查

1. 查计量器具

检查计量器具和工具，如皮尺、磅秤等是否准确，使用和养护是否合理。这些都要用标准件来校验、标定。

2. 查安全

检查各种安全措施和消防设备、器材是否符合安全要求；检查建筑物是否损坏而影响商品储存等。

四、库房管理现代化

随着电子科学技术的飞速发展，计算机管理广泛应用于各行各业，信息已经成为现代企业生存的关键要素，实现信息管理现代化是现代企业发展的基础和出发点。要提高汽车配件经营企业的经营管理水平，同时也要提高库房的管理水平，必须采用先进的管理方法和科学技术，利用电子化、信息化技术对库房进行现代化管理。

通过先进的计算机技术，记录配件的基本信息——配件的名称、规格、型号、编号、生产厂家等详细情况，保存库房所有配件动态信息——配件入库、养护和出库等信息，可以实时跟踪配件的流动情况，及时掌握库房的配件库存量，实现账目管理自动化、电子化；利用电子网络技术，实现库房与企业有关部门联网，形成配件计算机网络管理信息系统，各部门充分利用信息资源，实现配件的销售、采购、库房一体化管理，真正做到配件的账实相符，为企业决策者提供便捷的信息支持。

学习单元 2　配件库房的日常管理

学习目标

了解汽车配件库房日常管理的要求

掌握库房内汽车配件的检查内容与方法

知识要求

一、配件仓库管理的内容

1. 配件仓库管理的基本要求

（1）对进厂配件认真检查、验收、入库。

（2）采用科学方法，根据配件的不同性质，进行妥善地维护保管，确保配件的安全。

（3）配件存放应科学合理、整齐，便于收发查点、检查和验收，并保持仓库的文明整洁。

（4）定期清仓、盘点，及时掌握配件变动情况，避免积压浪费和丢失，保持账、卡、物相符。

（5）不断提高管理和业务水平，使验收分类、堆放、发送、记账等手续简便、迅速和及时。

2. 配件定位

仓库保管货物应合理摆布，对库房按照分类区统一编号存放。编号采用四位编号，第一位数表示库或场，第二位数表示架或货区，第三位数表示货架的层或区的排，第四位数表示货位。

3. 清仓盘点

为了及时掌握库存配件的变化情况，避免配件的短缺丢失或超储积压，必须对配件进行经常和定期的盘点。

（1）盘点的内容。查明实际库存量与账、卡上的数字是否相符；检查收发有无差错；查明有无超储积压、损坏、变质等。

（2）盘点的形式。盘点主要有永续盘点、循环盘点、定期盘点和重点盘点等形式。

永续盘点是指保管员每天对有收发动态的配件盘点一次，以便及时发现和防止收发差错；循环盘点是指保管员对自己所管物资分别按轻、重、缓、急做出月盘点计划，按计划逐日盘点；定期盘点是在月、季、年度组织清仓盘点小组，全面进行盘点清查，并造出库存清单；重点盘点是根据季节变化或工作需要，为某种特定目的而对仓库物资进行的盘点和检查。

（3）盘点中出现问题的处理。对于盘点后出现的盈亏、损耗、规格串混、丢失等情况，应组织复查落实，分析产生的原因，及时处理。

在盘点过程中，还应清查有无本企业多余或暂时不需要的配件，以便及时把这些配件调剂给其他需用的单位。

二、仓储配件的检查

由于配件仓库储存的配件品种规格繁多，进出频繁，而且各种自然条件在不断变化，极易造成库存商品数量和质量的变化。

为了保证在库储存保管的配件质量完好、数量齐全，必须经常和定期对其质量、数量等进行检查。

1. 检查的内容

（1）查数量。查配件的数量是否准确，查账卡的记载是否准确，核对账、卡、物是否一致。

（2）查质量。检查在库配件质量有无变化，包括受潮、沾污、锈蚀、发霉、干裂、虫蛀、鼠咬，甚至变质等情况；检查有无超过保管期限和长期积压现象；检查技术证件是否齐全，是否证物相符；必要时，还要进行技术检验。

2. 检查方法

检查的方法主要有以下三种：

（1）日常性检查。是指保管员每日上、下班时，对所管商品的安全情况、保管状况、计量工具的准确性、库房和货场的清洁整齐等的检查。这是保管员每日必须进行的一项工作。

（2）定期检查。是指根据汽车配件性能、储存条件，结合季节气候变化所进行的汽车配件质量检查。一般是由仓库负责人组织有关方面的专业人员，对在库商品进行定期检查。通常在春、秋进行一次大检查；夏、冬按品种定期进行检查。暑热季节到来前，对怕热商品的防热措施的检查；寒冬季节到来前，对防寒措施的检查；节假日前，组织安全措施的检查等。

（3）临时性检查。是指风雨前后，有灾害性气象预报时必须组织临时性检查，或者是根据工作中发现的问题而决定进行的临时性检查。在暴雨、台风到来前，要检查建筑物是否承受得住风雨袭击，水道是否畅通，露天货场的苫盖是否严密牢固，风雨过后再检查汽车配件有无水湿受损等情况。

3. 检查中发现问题的处理

（1）配件有变质迹象或发生变质时，应按维护保养要求处理，查明原因，提出改进措施。

（2）对超过保管期或没超过保管期，但质量要求不能继续存放的，应通知货主及时处理。

（3）已破损的，应查明原因，协商处理。

（4）数量有出入的，应弄清情况，查明原因，分清责任。造成短少、溢余的原因主要有磅差、计量方法不对、自然损耗、责任损益等。

（5）检查结果和问题应详细记录。

第 2 节　汽车配件分区分类和编写货位

库房对储存的配件进行科学合理的管理和存放的最重要的方法就是对配件实行分区、分类和定位存放。

学习单元 1　配件的分区分类与编写货位

学习目标

了解汽车配件分区分类方法

掌握仓库货位的编写

知识要求

分区分类是配件保管保养的一种科学方法，也是仓储管理的一种制度。分区分类就是根据配件性质、保管要求、消防方法和设备条件等，将库房、货棚、货场划分为若干保管区域，进行分类储存的方法。分区分类的好处是可以使储存条件和环境适应配件储存保管的需要；同时，根据配件的自然属性、保管要求及其在消费上的连带性把配件划分为若干类别，以便分类集中保管。

一、分区分类的作用

1. 有利于配件安全保管。分区分类可使配件的存放有条不紊，确保其安全。可避免不同性质的配件混存一处，互相影响，发生霉烂、变质、燃烧、爆炸和错收、错发等事故而造成损失。

2. 有利于合理使用仓容。同类配件集中存放，有利于在安全的原则下集零为整，从而节约仓容面积。

3. 有利于缩短配件收、发作业时间。同类配件或发往同一流向的配件集中存放，便于组织收、发货作业，做到先进先出，加速出入库效率，缩短作业时间。

4. 有利于保管员掌握配件进出库的活动规律，熟悉配件性能，提高保管技术水平。

5. 有利于业务管理。可以有计划地安排使用货位，便于配备各项设备用品，合理组织劳动力，加强配件养护，为贯彻责任制及实行其他科学管理方法创造条件。

二、一般商品分区分类的方法

库存商品分区分类应贯彻“安全、方便、节约”的原则。商品分区、分类的管理方法，大致有按商品种类和性质、按商品发往地区、按商品危险性质三种。

1. 按商品种类和性质进行分区、分类

这是大多数仓库采用的分区分类方法，具体有两种做法。

（1）分类同区仓储。即按货主单位经营商品来分类，把性能互不影响、互不抵触的商品，在同一库房内划定并在同一货区里集中储存。但是，为了便于保管，有时也应该根据不同的品种、包装、进货对象，在大货区中划分若干个小货区集中储存。

（2）单一商品专仓专储。即按照储存商品的性质来分类，并用一个库房专门储存一类商品。此外，对于贵重商品，既要专储，还要指定专人保管。

2. 按商品发往地区进行分区分类

它主要适用于储存周期不长，而进出量较大的中转仓库或待运仓库，具体做法是：商品按交通工具划分为公路、铁路、水运，再按到达站、港口的路线划分。这种分区、分类方法虽然不分商品种类，但对危险品、性能相互抵触的商品也应分别存放。

3. 按商品危险性质进行分区、分类

它主要适用于特种仓库，即根据危险品本身具有不同程度的易燃、易爆、毒害等特性进行分区分类储存，以免相互接触而发生燃烧、爆炸等反应。

4. 分区、分类应注意的事项

（1）存放在同一货区的商品必须具有互容性。凡一个单位经营的商品，只要性质相近，有消费连带关系的，要尽量安排在一起储存。

（2）保管条件不同的商品不应混存。如对怕热的商品要存放在保温库、地下室、半地下室和温度较低的库房内；对怕冻商品要安排在保温库或暖库储存；对怕潮、易溶、易锈等的商品，要安排在楼仓的上层或比较干燥的库房内储存。

互相影响、不宜混存的商品，一定要隔离存放。危险化学品与一般商品不能混存一库；相互串味、影响质量的商品不得混存一库；毒品与食品要严格分存；含水量不同的商品不能混存一库。

（3）按作业安全、方便分区分类。如出入库频繁的商品，要安排在靠近库门处；笨重长大的商品，不宜放在库房深处；易碎物品避免与笨重商品存放在一起，以免在搬运时影响易碎商品的安全。

（4）作业手段不同的商品不应混存。

（5）消防灭火方法不同的商品不得在一起储存。

三、汽车配件的分类和库房的分区

因汽车配件的种类、材质、用途各不相同，存放所要求的温度、湿度、光照条件等也均不相同，在进行存放时必须对配件进行分类，将不同类别的配件存放在不同的位置，这样也有利于进行保管和养护。

1. 在汽车配件规划分区分类之前，要调查研究购销业务部门需要入库储存的汽车配件情况。主要包括：

（1）经营配件的品种、数量与进出库的批量。

（2）汽车配件性能、包装状况及其所需要的保管条件。

（3）汽车配件收发、装卸、搬运等所需要的机械设备和工作量的大小。

（4）仓库里的汽车配件收发方式、大致流向和周转期。

（5）有无特殊的保管、验收和理货要求等。

2. 汽车配件的分区大体上可分为以下两种情况：

（1）按品种系列顺序，分库集中存放。储存发动机配件的称为发动机库，储存通用汽车配件的仓库称为通用库等。

（2）按车型系列分库存放。例如，大众普桑配件仓库、宝马配件仓库等。在每个库内再进行细分。如按照材料材质分类可分为金属、非金属配件；按照其在车辆的功能总成分类可分为发动机、变速器、传动系、悬架/转向、电子电器、空调/暖风及车身、附件及油料等。

配件存放时结合配件的使用性能、配件的材质及根据在车辆上是否经常更换来进行分类，如首先将配件分为易耗易损配件、不易损坏配件、油料和辅料四大类，再将前两类的配件根据其在车辆的使用功能的总成划分为发动机、变速器、传动系、悬架/转向、电子电器、空调/暖风及车身、附件等；由于油料和辅料不能单独属于汽车总成，如齿轮油，它可用于汽车的各个齿轮箱中——变速器、主减速器等，因此油料和辅料可以根据其本身属性分类，如将油料分为发动机机油、齿轮油、自动变速器油、方向机油、润滑脂、制动液等。

四、货位的编写

根据配件的分类和配件的储存量等情况，结合库房的建筑形式、面积大小等情况，还须将库房划分为若干分区域，确定每类配件的储存位置。

为了使配件存取工作顺利，必须对货位进行编号，货位编号就是配件在库房内的地址。货位编号是指将库房、货场、货棚、货架按地址、位置顺序采用统一的编列号码，并做出明显标志。货位编号采用的方法很多，应该从仓储条件、不同配件类别和批量零整的情况出发，搞好货位画线及编号秩序，以符合“标识明显易找、编排规律有序”的要求。

另外，为了方便库房管理，货位编号和货位规划可以制成一个平面布置图，通过平面布置图就可以方便地了解和掌握库房的配件存放分布情况，还可以实时掌握配件存放动态信息。

1. 货位编号的方法

（1）整个仓库的编号。整个仓库的编号，根据仓库建筑、结构和布局，按库房、货棚、货场分别进行顺序编号。在数字的前或后，分别加“库”“场”字样，如库 1、场 1，或 1 库、1 场。

（2）库房（货棚）编号。库房（货棚）的编号可以按进入库房（货棚）正门前进的方向，左单右双的顺序排列；或按进入正门前进的方向，按库房（货棚）的远近，自左向右的顺序排列；或按东西南北等方向编为东库房（货棚）、西库房（货棚）、南库房（货棚）、北库房（货棚）；或按储存汽车配件类别分别编为大众汽车配件库、通用汽车配件库等。如图 6—8 所示。

（3）库、棚、场内的编号。库房内的货位编号可根据库房面积大小，储存汽车配件的数量和种类，划分为若干货位。一般以中心走道为轴线，将货垛按左单右双或自左而右顺序排列，编上号码，用油漆把货位号写在水泥地面上、柱子上、房梁上、天花板上等，如

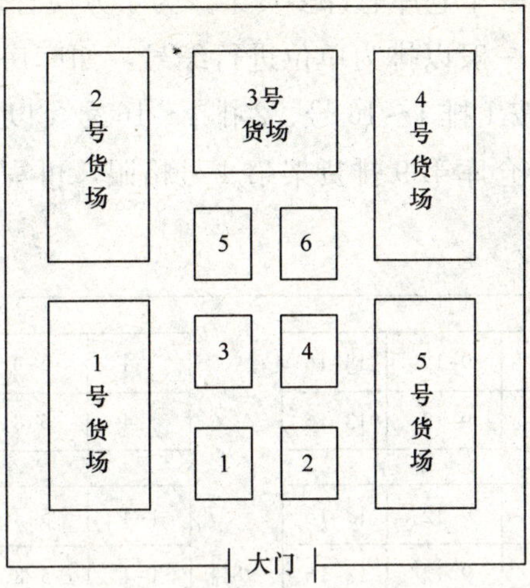

图 6—8　库房（货棚）编号

图 6—9 所示。

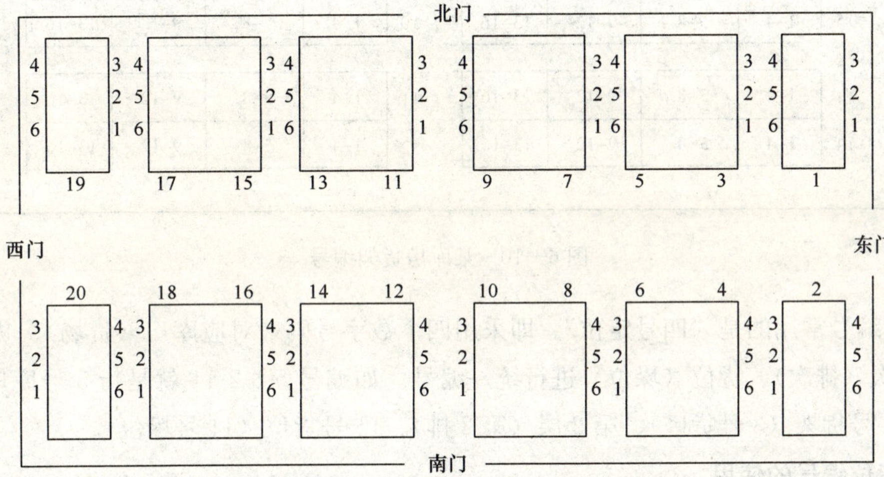

图 6—9　某库房内货位编号

（4）货架编号方法。货架编号方法有很多，常见的有以下两种：

第一种是与货位大小相等的 2 层或 3 层货架，即用砖木或型钢制作的货架，用于堆放整件的零星汽车配件。对这种货架的编号，一般从属于段位编号，只要在段位号末加注“上、中、下”字样即可。如 5 号库 6 货位 2 段中层货架，可写为 5-6-2 中，就可按号找货。

第二种是在拆箱付零的仓库里，由于汽车配件零星，很多汽车配件需要拆件分类放在货架的格眼里，以便发货。一个仓库有许多货架，为了方便管理，必须按业务需要进行货架编号，其形式多种多样。一般以排为单位进行编号，如库房内，有 16 排 4 层货架，每排有 16 个格眼。编号时可按 1 排 1～16 号、2 排 1～16 号，以此类推，逐排逐号按顺序编排号码，以便存取。如 5 号仓库第 9 排货架第 4 号格眼，可写为 5-4/9，以示与货架编号的区别，如图 6—10 所示。

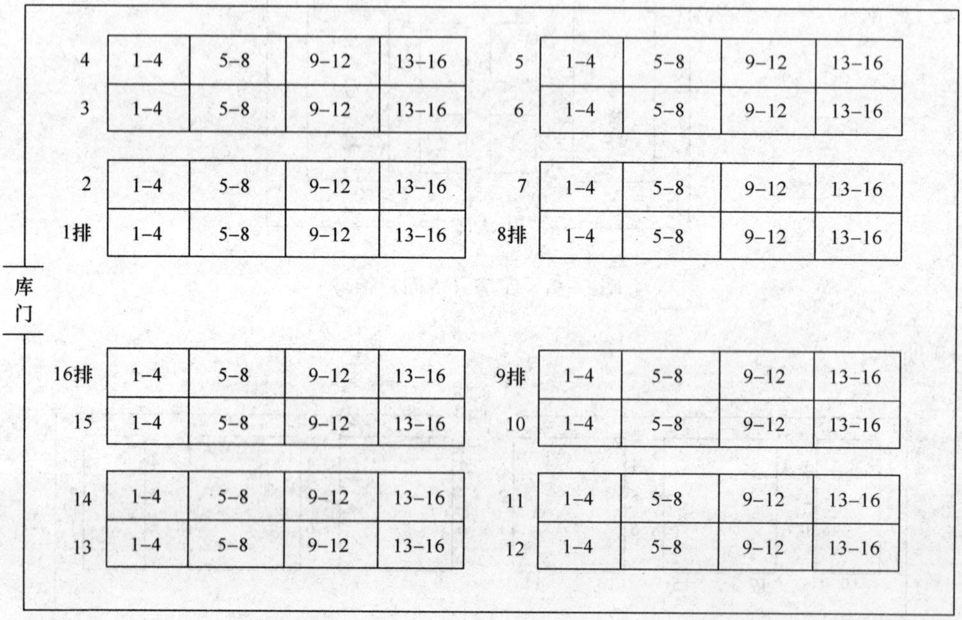

图 6—10　某库房货架编号

货位编号常用的是“四号定位”。即采用四个数字号码来对应库房（货场）、货架（货区）、层次（排次）、货位（垛位）进行统一编号。如编号 5-3-2-11 就是指 5 号库房（5 号货场）、3 号货架（3 号货区）、第 2 层（第 2 排）、11 号货位（11 号垛位）。

2. 货位编号的使用

编号规则确定以后就应按照统一的规则和方法进行货位编号，以便查找和防止混乱。货位编号是汽车配件在库的“地址”，标志必须明显、清楚、一目了然。

（1）保管员、记账员必须使用仓库统编的货位号，对号收发货。仓库货位号的书写方法在一个仓库必须一致。

（2）汽车配件入库时，保管员根据汽车配件的堆码位置，把货位号注明在入库凭证上，以便在记账时附注货位号；汽车配件出库时，要把货位号注明在出库凭证上，以便按号找货。

（3）在库的汽车配件由于整理货垛变动了存放位置时，保管员应立即填制“内部汽车配件倒并垛通知单”，将汽车配件转移后所在货位（除自己更改货位号外）及时通知做账人员一同更改，以防发生差错。

（4）为提高货位利用率，一般同一货位可以存放不同规格的配件，但必须配备区别明显的标识，以免造成差错。

学习单元 2　配件的摆放与堆码

学习目标

了解汽车配件入库摆放要求

掌握汽车配件入库堆码方法

知识要求

一、配件的摆放

科学摆放入库配件是为了保证库存配件的品质，保证仓库安全的工作环境，提高仓库空间的利用率和工作效率。

1. 配件摆放的一般要求

（1）相似配件摆放在一起（基于尺寸标准）。这样做可以优化存储空间，获得最短的入出库的线路，避免配件损坏，配件在库质量得到保证，提高了工作效率，如图 6—11 所示。

图 6—12 提示相似配件摆放时，通常是大型较重配件靠近入库口侧，小型配件靠近出库口侧；快流配件靠近出库口侧；慢流件集中放置，方便管理；设置合适的货架尺寸，选用合适的库存管理设备。

（2）竖直摆放。竖直摆放配件可以充分利用仓库空间，避免由于堆放造成的配件损坏，提高入出库效率，如图 6—13、图 6—14 所示。

（3）伸手可及。伸手可及可避免使用不必要的工具（如梯子），也避免了不必要的查找。快流件更应放在最易拿取的位置，这样做既提高了入出库的效率，还使工作环境更加安全，如图 6—15、图 6—16 所示。

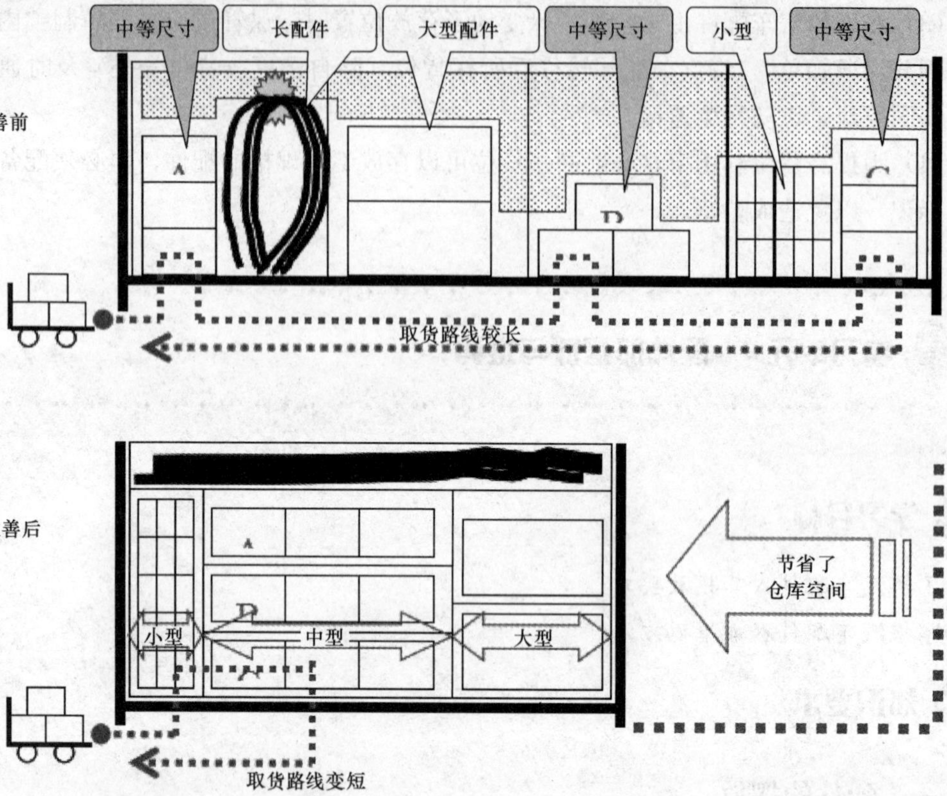

图 6—11　相似配件摆放在一起

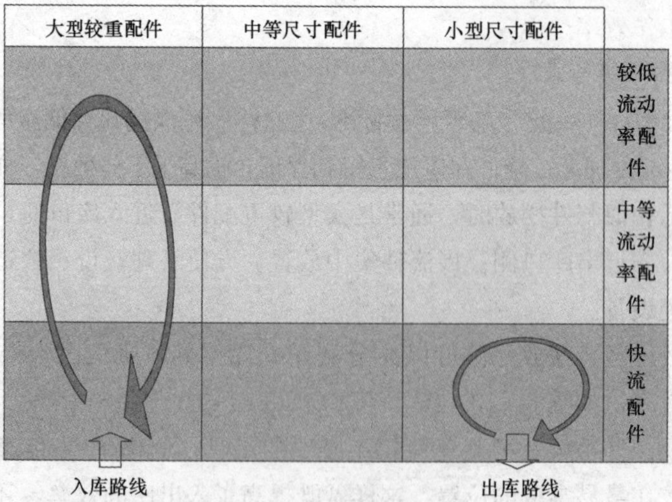

图 6—12　相似配件摆放原则

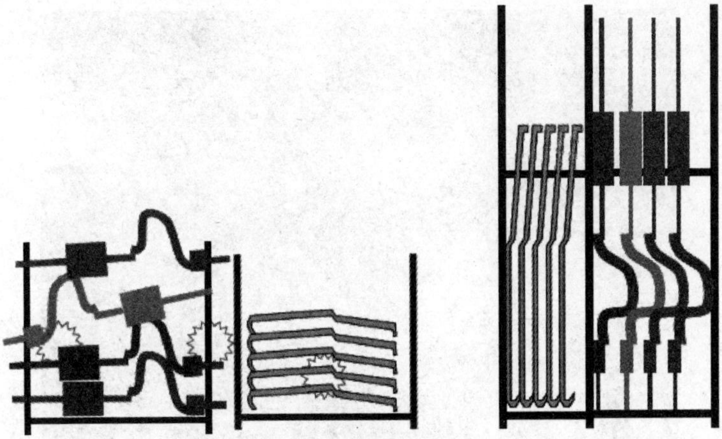

a)　　b)

图 6—13　配件竖直放置前后

a）竖直放置前　b）竖直放置后

图 6—14　竖直放置的配件

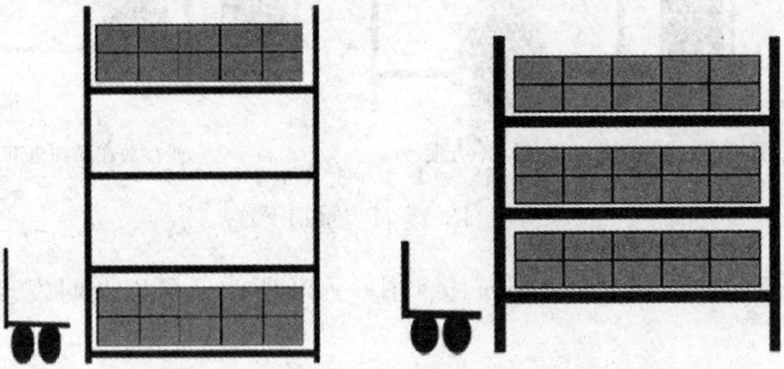

a)　　b)

图 6—15　配件尽量放在伸手可及处

a）不易拿取的摆放　b）容易拿取的摆放

图 6—16　伸手可及实图

（4）重物下置。轮毂、蓄电池等较重的配件存放在高处不安全、不方便，要存放在腰部以下。这样做使出入库操作更容易，也为员工提供了更安全的工作环境，消除了安全隐患，如图 6—17、图 6—18 所示。

图 6—17　重物下置

（5）有利于目视数量。如图 6—19、图 6—20 所示，可以及时发现异常配件，避免库存积压。

2. 特殊汽车配件的存放

（1）减振器。减振器在车上是承受垂直载荷的，若长时间水平放置会使减振器失效，因此，存放减振器时要将其竖直放置。水平放置的减振器在装上汽车之前，要在垂直方向上进行几次手动抽吸。

图 6—18　重物下置实物图

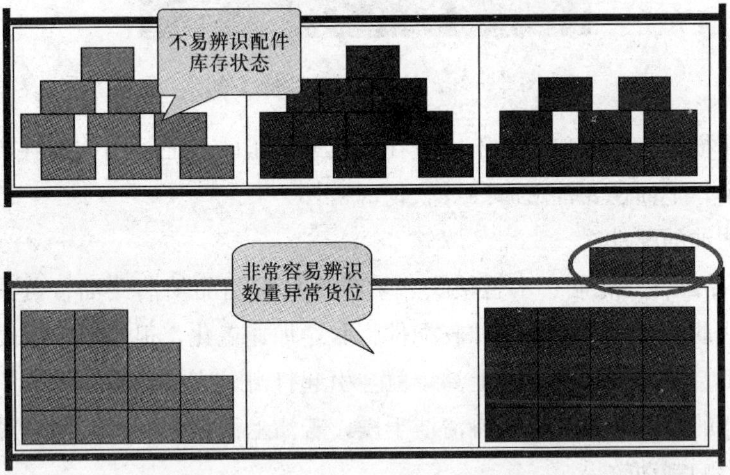

图 6—19　有利于目视数量示意图

（2）塑料油箱。为减轻整车装备质量，越来越多的车型采用塑料油箱。塑料油箱在存放过程中有两个方面值得注意：

1）因为塑料易变形，应将有塑料螺纹的安装孔（如燃油浮子的安装孔）的塑料盖子盖上并拧好，防止长时间储存变形后盖子拧不上，或者拧上后密封不好而发生燃油泄漏事故。

2）所有的孔都应盖上防尘盖以防灰尘杂质进入油箱。因为塑料油箱上没有放油螺塞，一旦带有灰尘杂质的油箱装上车后，如要将杂质排出来，只有将油箱拆下来才能清洗。

（3）爆震传感器。爆震传感器受到重击或从高处跌落后就会损坏。为防止取放配件时

图 6—20　有利于目视数量实物图

不慎失手跌落而损坏，爆震传感器不应放在货架或货柜的上面，而应放在底层，且应分格存放，每格一个，下面还要铺上海绵等软物。

（4）不能沾油的配件

1）橡胶制品配件。轮胎、水管接头、V 带等橡胶制品怕沾柴油、黄油，尤其怕沾汽油，若常与这些油类接触，就会使橡胶配件膨胀，加速老化，很快损坏报废。

风扇传动带、发电机传动带沾上油，就会引起打滑，影响冷却和发电。

干式离合器的各个摩擦片应保持清洁干燥，若沾上油就会打滑。制动器的制动蹄片若沾上油，则会影响制动效果。

另外，为防止轮胎受压变形，也需要专门货架保管，这种货架有固定的，也有可以拆装的，每隔 3 个月将轮胎旋转 90°左右，以防止轮胎受压变形；避免阳光照射与防水，在日光的直射下或淋雨，可能导致变色、产生细小裂纹等；轮胎若长时间放置在室外时，则会加快橡胶的老化速度，应放置于仓库内阴暗凉爽的地方并放掉轮胎内的空气。

2）其他不能沾油的配件。干式纸质空气滤清器的滤芯不能沾油，否则灰尘、砂土黏附在上面，会糊住滤芯，这样会增大气缸的进气阻力，使气缸充气不足，影响发动机功率的发挥。

发电机、起动机的电刷和转子沾上黄油、机油，会造成电路断路，使工作不正常，甚至致使汽车不能起动。

散热器沾上机油、黄油后，尘砂黏附其上，不易脱落，会影响散热效果。

（5）玻璃制品配件。玻璃制品配件不能碰撞和重压，否则将发生破碎，使这些配件丧失工作性能，尤其是对它的四边及棱角要严格保护，故应设立专用仓库储存，而且在堆垛时应十分注意配件的安全。

（6）要防霉的配件。对于软木纸、毛毡制油封及丝绒或呢制门窗嵌条一类存储期超过半年的配件，除应保持储存场地干燥外，在毛毡油封或呢绒包装箱内，应放置干燥剂，以防止霉变和虫蛀。

二、配件的科学堆码

商品验收入库，根据仓库储存规划确定货位后，即应进行堆码、苫垫（苫是指在货垛上加上遮盖物，垫是指在商品垛底加衬垫物）。妥善的堆码、苫垫是商品保管保养中的一项重要工作，也是确保商品质量和提高仓库利用率的必要措施。

商品堆码是商品堆垛操作方式、方法的总称。它是根据商品的包装、外形、保管要求，结合仓库设备条件、储存时间长短，将商品（或货物）按一定规律堆成各种形状货垛的方法。商品的堆码方式直接影响着商品的保管。合理的堆码，能使商品不变形、不变质，保证商品质量的完好及储存安全，同时还能提高仓容的利用率、便于商品的保管保养和收发。

1. 堆码的技术要求

（1）合理。垛形必须适合商品性质特点，便于货物保管保养，并有利于货物的先进先出。

（2）牢固。货垛必须不偏不斜，不能压坏底层货物和地坪。

（3）定量。堆码货物不得超出有效面积范围，其重量不得超过地坪最大承压能力，高度不得超出可用高度。货垛的每层数量也应定量，如实行“五五化”堆码，码成“五”的倍数，便于记数和发货。

（4）整齐。堆码货物的包装标识必须一致向外。货物沿走道、支道画线堆码，排列整齐、有序、清洁、美观。

（5）节省。要节省货位，提高库容利用率，减少作业环节，提高作业效率。

2. 对堆码商品与场地的要求

（1）对堆码商品的要求。商品在正式堆垛时，必须具备以下条件：

1）商品的数量、质量已彻底查清；包装完好，标识清楚。

2）外表的沾污、灰尘、雨雪等已清除，不影响商品质量；受潮、锈蚀及已发生某些质量变化或质量不合格的部分，已经加工恢复或者已剔除另行处理，与合格品不相混杂。

3）为便于机械化操作，金属材料等物品该打捆的须打捆，机电产品和仪器仪表等该集中装箱的须装入适用的包装箱。

（2）对堆码场地的要求

1）库房内堆码，货垛应在墙基线和柱基线以外，垛底须垫高。

2）货棚内堆码须防止雨雪渗漏，棚内两侧或四周必须有排水沟或管道，棚内地坪应高于棚外地面，最好铺垫砂石并夯实，堆垛时要垫垛，一般垫高 20～40 cm。

3）露天堆垛，堆垛场地应坚实、平坦、干燥、无积水及杂草，场地必须高于四周地面，垛底部还应垫高 40 cm，四周必须排水畅通。

3. 汽车配件的堆码

汽车配件进入仓库储存，应按一定的要求存放，不许任意平摊或堆叠。

（1）汽车配件堆码的具体要求

1）保证人身、汽车配件与仓库的安全。堆码严禁超载，即不许货垛重量超过仓库地面或货架结构的设计负重。

货垛不宜过高，垛顶与库房梁、灯要保持安全距离。货垛与墙、柱及固定设备之间，以及货垛与货垛之间都应有一定的间隔距离，以适应汽车配件检查、养护、操作和消防安全的需要。

2）要便于汽车配件出入库操作。为了使在库汽车配件符合先进先出、快进快出的要求，货垛不可阻塞通道或堆成死垛。货垛的位置应统筹安排，以切实保证收发货及汽车配件检查养护等作业。

（2）常用的汽车配件堆码形式

1）重叠式（见图 6—21a）。重叠式即按入库汽车配件批量，视地坪负荷能力与可利用高度来确定堆高的层数，先摆正底层汽车配件的件数，然后逐层重叠加高，上一层每件汽车配件直接置于下一层每件汽车配件之上并对齐。重叠法适用于硬质整齐的汽车配件包装、正方形的包装和占用面积较大的配件等。垛体整齐、稳固，操作较易。但不能堆太高，尤其是孤立货垛、以单件为底的货垛，若直叠过高易倒垛。

2）压缝式（见图 6—21d）。压缝式指对包装成长方形且长度与宽度成一定比例的汽车配件可采用每层交错压缝堆码的方法。即上一层汽车配件跨压住下一层两件以上的汽车配件，下纵上横或上纵下横，货垛四边对齐，逐层堆高。用此法使每层汽车配件互相压缝，既使堆身稳固、整齐、美观，又可按小组出货，操作方便，易于腾出整块可用空仓；每层和每小组等量，便于成批标量，易于核点数量。

3）通风式。凡是需要通风散热、散潮的汽车配件，为了防止出现发霉、潮湿锈蚀等情况，堆放时件与件之间不能靠紧，前后左右都要留一定空隙。对这类配件宜采用堆通风垛的方法。常见的通风式堆码有旋涡形、“井”字形，“非”字形等，如图 6—22所示。

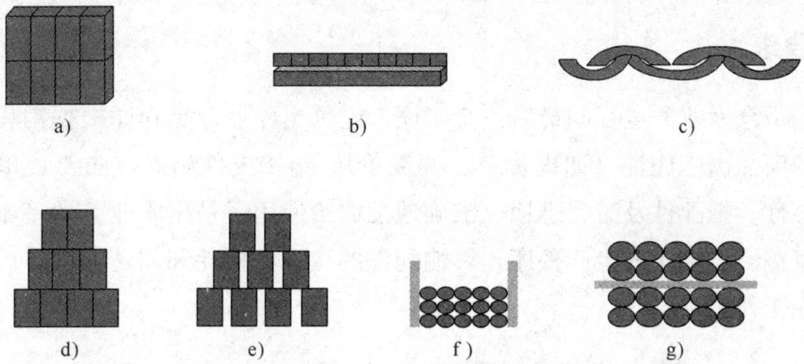

图 6—21　常见的堆码方式

a）重叠式　b）纵横交错式　c）仰伏相间式　d）压缝式　e）通风式　f）载柱式　g）衬垫式

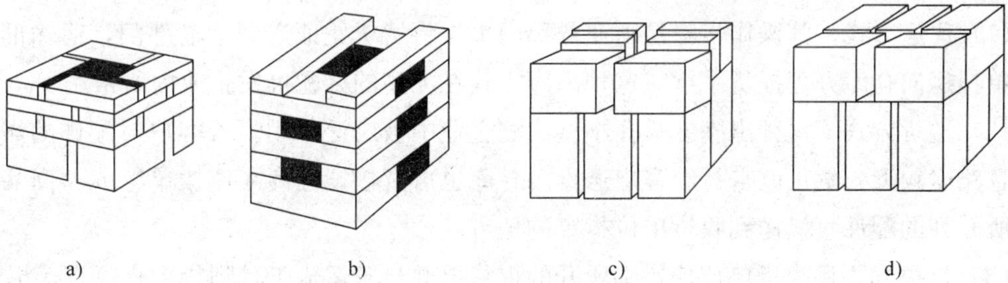

图 6—22　通风式堆码

a）旋涡形　b）“井”字形　c）“非”字形　d）“示”字形

桶装、听装的液体汽车物品排列成前后两行，行与行、桶与桶间都应留有空隙；上层对下层可压缝堆高，即上一件跨压在下两件“肩”部，以便于检查有无渗漏。

第 3 节　出 库 管 理

学习目标

了解汽车配件出库管理程序

掌握汽车配件出库管理单据及凭证的填写

知识要求

配件出库是仓库业务过程的最后一个工序。配件出库业务是仓库根据销售部门或者批发部门开出的商品出库凭证（如提货单、调拨单），组织配件出库，向要货单位发货的一系列工作的总称。把配件及时、迅速、准确地发放给使用者是出库业务的基本要求。出库工作的质量直接影响企业的生产秩序，影响配件的盈亏、损耗和周转速度，因此，仓库应努力做好出库工作。

一、配件的出库方式与出库原则

1. 出库方式

配件出库的主要方式有代运、送货、自提等方式。

（1）代运方式。其操作步骤是由业务部门事先将发货凭证送到运输部门，运输部门经过制单托运向仓库办理提货手续。这种出库方式在大型的汽配批发企业内所常用。

（2）送货方式。这种出库方式在小型汽配企业中被广泛采用。若客户对配件的需求量较少且路途较近，货主就自行给客户送货。仓库也可直接把“商品调拨单”或“商品提货单”所开列的配件直接送到收货单位指定的地方。

（3）自提方式是收货单位持货主所开的提货单并自备运输工具到货主仓库直接提货。

2. 配件的出库原则

配件出库不论采取何种方式，都必须按照配件出库制度办事，贯彻“先进先出、推陈储新”“单据手续齐全”“节约用料”的原则，做到配件出库准确及时，为企业创造最大化的经济效益。

二、出库凭证与手续

出库程序是：出库前准备→核对出库凭证→备料→复核→发料和清理。

配件出库前的准备就是根据出库任务量安排好所需的设备、人员及场地等，保证配件出库的及时、准确，使出库工作尽量一次完成。

1. 常用进出库凭证

为了明确出库的汽车配件的品名、规格型号、数量等，正确计算产品成本，所有的商品出库都必须有一定的凭证手续。这种凭证手续既要符合制度上的严密性，又要力求简便易行；既便于经营，又有利于仓库管理。

对外销售企业的进出库凭证常用的有出货单、退货单。企业内部对用品（货物）领用的凭证主要是领料单，如图 6—23、图 6—24、图 6—25 所示。

________________公司出货单

开单日期：　　　　　　　　　　　　　　　　　　单号：

整单折扣：

送货地址：　　　　　　　　出货仓库：　　　　　收款期限：

购货单位	名称		税务登记号			
	地址电话		开户银行及账号			
品名规格	单位	数量	单价	货款	税率	税金
合计						
价税合计	<大写>			<小写>		
备注						

用户签名：　　　　　　仓管：　　　　　　业务员：　　　　　　开单人：

*凭此单：自商品出库之日起5日内，在商品外包装良好和产品完好的前提下可以更换或退货，逾期一概不退换。
*凭此单：本公司对上述商品根据厂方的保修承诺，执行保修。特别提示：清仓库存商品出库后一概不退不换。

图 6—23　出货单

2. 配件出库凭证的审核

配件出库时要求库房做到未接到出库凭证不翻账、不备货、不出库。

（1）对出库凭证的审核。主要审核出库凭证的合法性和真实性。仓库保管员要认真审查：

1）单上所列发货仓库名称。

________________公司销售退货单

开单日期：　　　　　　单号：

付款方式：　　　　　　退款类型：　　　　　　票号：

退入仓：　　　　　　付款账户：

退货单位	名称			税务登记号		
	地址电话			开户银行及账号		
品名规格	单位	数量	单价	货款	税率	税金
合计						
价税合计	<大写>				<小写>	
备注						

客户：　　　　　　仓管：　　　　　　业务员：　　　　　　开单人：

图 6—24　退货单

2）印鉴签名是否齐全。

3）配件品名、规格、等级、型号、单价等与库存配件是否相符。

4）凭证字迹是否清楚，有无涂改现象。

5）提货日期是否逾期等。

（2）企业内部配件出库领料单上的“名称及规格”“请领数量”“实领数量”等栏必须如实填写。

（3）对自提商品，还需检查有无财务部门准许发货的签章。

如发现出库凭证有问题，必须经原开证单位重开或有更正盖章方为有效。“白条”和手续不符的，仓库要拒绝发货。

3. 备料与复核

库房保管员只有在保证出库凭证的有效性与准确性后才能开始备料。

领　料　单

№…………………… .

物质类别	

日期:　　年　　月　　日　　　连续号…………………

领用部门或车间			工作令号生产单号			产品名称及项目		
编号	名称及规格	单位	数量		单价	总值	分页	用途
			请领	实领				
	合计							

财会部门主管　　记账　　发料　　领料部门主管　　领料　　制单

图 6—25　领料单

在出库配件准备妥当以后，还应根据出库凭证，对已经备好的配件进行复查，保证出库的配件品种数量准确、质量完好。

4. 点交包装

配件经过复核后，将配件和相关单据当面点清，交给提货人，办理配件交接出库手续。

配件点交后，库房管理员应该根据配件外形特征，选用合适的包装材料，根据配件的材质、重量及尺寸进行包装，保证配件在运输过程中便于装卸、搬运，与此同时，还需要在包装后标明配件的名称、数量、收货单位、发货单位等信息。

5. 登账

配件经过点交、包装后，库房管理员应在出库单上填写配件的实发数、出库日期等，并签上自己的姓名，然后将出库单连同相关凭证及时交给客户。

在配件的整个出库手续中，复核和点交是最为关键的两个环节，复核可以防止库房管理员的差错与失误，点交则可以划清企业与客户之间的责任。

三、配件出入库管理制度

汽车配件库房的出入库管理制度因企业的规模、经营范围的不同而不同，但其基本内容大同小异，主要有：

1. 设置专人管理，负责配件的验收、入库、保养和出库工作。
2. 配件的入库验收与登记作业方面的要求。
3. 配件的领用与归还方面的要求。
4. 配件的出库作业方面的要求。

测试题

一、判断题（下列判断正确的画“√”，错误的画“×”）

1. 配件出厂时的各种凭证和技术资料是重要的配件档案资料。（　　）

2. 配件仓储中的质量检查，就是检查配件的技术证件是否齐全，证物是否相符。（　　）

3. 配件仓库造成短少、溢余的主要原因就是自然损耗。（　　）

4. 汽车配件出库应贯彻“先进先出、储陈推新”“单据手续齐全”“节约用料”的原则。（　　）

5. 对于汽车配件的贵重商品，只要专储，不需要指定专人保管。（　　）

二、单项选择题（下列每题的选项中，只有1个是正确的，请将其代号填写在括号处）

1. 检查保管条件是否与各种商品的保管要求相符，属于（　　）检查。

A. 质量　　B. 数量

C. 计量工具　　D. 保管条件

2. 汽车配件出入库管理中需要设置专人管理，主要负责配件的验收、入库、保养和（　　）工作。

A. 采购　　B. 销售

C. 退货　　D. 出库

3. 企业内部配件商品出库的凭证主要是（　　）。

A. 退货单　　B. 代运单

C. 送货单　　D. 领料单

4. 储存周期不长、进出量较大的中转仓库或转运仓库，适合按（　　）进行分区分类储存。

A. 商品种类和性质　　B. 备品或备件

C. 中转或转运　　D. 整机和配件商品

5. 汽车配件出库时，保管员要把货位号注明在（　　）上，以便按号找货。

A. 出库凭证　　B. 入库凭证

C. 发票　　D. 货卡

测试题答案

一、判断题

1. √　2. ×　3. ×　4. ×　5. ×

二、单项选择题

1. D　2. D　3. D　4. A　5. A

7

第 7 章

电子商务和网店销售

第 1 节　电子商务基础

学习单元 1　电子商务概述

学习目标

了解电子商务的概念

熟悉电子商务的职能及分类

知识要求

一、电子商务概念

1. 传统商务与电子商务

人类社会自从有了交换，就有了商务。商务的形态随着通信方式的发展而不断演变与发展，使得商务的效率也越来越高。

商务的形态经历了面对面的直接销售、店面销售和邮购、电话营销、电视购物等无店铺销售的业态，直到以网络为主的电子商务。

（1）传统商务的形式

1）商家与客户面对面接触进行营销和交易。常见的有：①直接销售。如上门推销、电话销售、直销、保险代理等都属于直接销售的方式。②店面销售。从摆地摊发展成夫妻小店到小百货店、专卖店、大型百货店、超市、大卖场和便利店等。银行、电信和邮局的营业厅也属于店面销售的范畴。

2）商家与客户无须面对面接触就能完成营销和交易。常见的有邮购、电话营销、电视购物。

随着互联网发展兴起的电子商务也是商家与客户无须面对面接触就能完成营销和交易。

(2) 电子商务的基本概念。简单地讲，电子商务是指利用网络进行的商务活动。电子商务的定义至今仍然没有一个非常清晰的概念。各国政府、学者、企业界人士都根据自己所处的地位和对电子商务的参与程度，给出了许多表述不同的定义。1997年国际商会举行的世界电子商务会议（The World Business Agenda For Electrontc）对电子商务给予最权威的概念阐述：电子商务是指对整个贸易活动实现电子化。从涵盖范围方面可以定义为：交易各方以电子交易方式而不是通过当面交换或直接面谈方式进行的任何形式的商业交易。从技术方面可以定义为：电子商务是一种多技术的集合体，包括交换数据（如电子数据交换、电子邮件）、获得数据（共享数据库、电子公告牌），以及自动捕获数据（条形码）等。

电子商务涵盖的业务包括信息交换、售前与售后服务、销售、电子支付、运输、组建虚拟企业、公司和贸易伙伴可以共同拥有和运营共享的商业方法等。

2009年3月1日起施行的上海市第十三届人民代表大会常务委员会第七次会议表决通过的《上海市促进电子商务发展规定》中指出“本规定所调整的电子商务，是指通过互联网进行销售商品、提供服务等的经营活动。”“本规定所称的从事电子商务的企业，包括在互联网上建立电子商务应用服务平台的企业、在电子商务平台内从事经营活动的企业、在互联网上建立网络销售商品或者提供服务的企业以及其他通过互联网从事经营活动的企业。”

2. 广义与狭义的电子商务概念

广义的电子商务（Electronic Business，EB），就是通过电子手段进行的商业事务活动。通过使用互联网等电子工具，使公司内部、供应商、客户和合作伙伴之间，利用电子业务共享信息，实现企业间业务流程的电子化，配合企业内部的电子化生产管理系统，提高企业的生产、库存、流通和资金等各个环节的效率。

狭义的电子商务（Electronic Commerce，EC），是指通过使用互联网等电子工具（包括电报、电话、广播、电视、传真、计算机、计算机网络、移动通信等）在全球范围内对整个贸易活动实现电子化，也可称为电子业务。

无论是广义的还是狭义的电子商务概念，都涵盖了两个方面：一是离不开互联网这个平台，没有了网络，就称不上电子商务；二是通过互联网完成的是一种商务活动。

二、电子商务的职能与分类

1. 电子商务的职能

通俗地讲，商务就是做生意，就是把商品卖出去，收到钱，把商品交付给客户，并服务好。无论是电子商务还是传统商务，必须具备五个要素才能称为商务。这五个要素分别是营销、订单、支付、商品交付和售后服务。

（1）营销。营销就是让客户知道、了解产品，产生购买的行动。营销又分为品牌型营销和销售型营销。品牌型营销主要是为了提高品牌和产品的知名度，而销售型营销主要是为了马上开展销售活动，如电视购物节目就是典型的销售型营销。

（2）订单。订单本质上就是企业与客户签订的合同，主要内容包括产品、价格、支付时间和方式、付款方式、服务保障等。传统的订单可能是在一手交钱、一手交货的过程中，几个要素一起完成。或者对于价值比较大的商品，先签订购货合同。电子商务处理订单的效率是最高的，通过网络和电话可快速完成一个订单的确定。

（3）支付。传统的支付主要是面对面交付现金或者银行转账。电子商务的支付更多地采用网络第三方支付（如支付宝等）的手段完成，单位订单的支付成本更低。

（4）商品交付。电子商务由于不是面对面的交易，所以实体商品的交付通过物流和快递完成，滞后于订单的确定。但是虚拟产品是可以实现立即交付的，如电子票务等。

（5）售后服务。传统商务主要由客户经理或者客服通过柜台、上门或者电话（客户服务中心）的方式为客户提供售后服务。电子商务除了传统的服务方式外，网络客户服务成为低成本、高效率的重要服务手段。例如，淘宝的阿里旺旺，独立商城通过网上客户窗口、电子邮件或QQ等开展客户服务。传真不是电子商务常采用的售后服务方式。网络客服大大降低了客户服务的成本。

2. 电子商务的分类

（1）按电子商务的交易对象分类。按电子商务的交易对象分类，可以分为企业面向企业的B2B、企业面向消费者的B2C及个人的C2C。

B2B是商家（泛指企业）对商家的电子商务模式，即企业与企业之间通过互联网进行产品、服务及信息的交换。

B2C即通常所说的商业零售，直接面向消费者销售产品和服务。B2C即企业通过互联网为消费者提供一个新型的购物环境——网上商店，消费者通过网络在网上购物、在网上支付。

C2C（Customer to Customer）是个人对个人的电子商务模式，最早由个人通过第三方交易平台进行在线交易。

（2）按电子商务所依托的信息网络分类。按电子商务所依托的信息网络分类，可以分为基于互联网的电子商务、基于Extranet（企业外部网）的电子商务、基于Intranet（企业内部网）的电子商务。目前，又出现了基于移动互联网与手机的移动电子商务。

（3）按承担的责任和角色分类。按承担的责任和角色分类，可以分为电子商务的第三方电子商务平台和自营电子商务。

第三方电子商务平台，典型的就是阿里巴巴和淘宝网。平台为商家提供一个开展电子商务的平台。自营电子商务也称直营电子商务，典型的就是京东商城、一号店。电子商务负责全部的商务活动和技术平台。

(4) 按商品种类覆盖面分类。按商品种类覆盖面分类，可以分为综合类电子商务、垂直类电子商务和区域电子商务。如淘宝网就是最典型的综合类电子商务平台。

(5) 按照商务活动的运作方式来分类。按照商务活动的运作方式来分类，电子商务可以分为间接电子商务和直接电子商务。

第三方电子商务平台和自营电子商务是按电子商务的交易对象来进行的。

学习单元 2　计算机技术在汽配营销领域的应用

学习目标

熟悉汽车配件的信息查询

熟悉汽车配件的库房管理

能进行汽车配件的电子商务活动

知识要求

一、汽车配件信息查询

计算机技术在汽车配件管理和商务管理上的应用是近十几年的事，应用时间短，但是发展相当迅速，从最初的配件信息查询、管理发展到现在的配件订购、销售的网络化。

汽车配件信息查询是指根据配件的某些信息，掌握配件准确资料的过程。如客户订购时提供配件编号或配件所在车辆的 VIN，配件销售人员即可通过这些信息确定配件的其他相关信息，如配件名称、适用车型、维修更换工时等。

汽车配件信息包括两部分内容：基本信息和附加信息。基本信息一般包括配件名称、编号、价格、工时、图形、适用车型（年、厂、型）等，附加信息主要包括进货价格、进货渠道、销售价格、制造厂家等。

配件基本信息的准确描述是对汽车配件销售工作的最基本要求。配件基本信息的细微差别可能导致所销售（订购）配件完全不能使用，即使能够安装，也有可能对车辆造成损伤。编号不同的配件差异非常大，则可能是不同车型使用的不同零件。

车型和车辆结构的复杂性导致汽车配件信息的描述越来越专业，必须通过相应的配件目录（手册），以检索的方式进行查询，最终确定配件的准确信息，订购配件。传统的印刷形式（包括胶片类等形式）的配件目录已经基本被计算机和网络形式的配件目录取代。

二、汽车配件库房管理

汽车配件库房管理的具体任务包括两方面内容：配件的保管养护和配件的库存管理。其中配件的库存管理是库房管理人员的首要工作，它直接关系到汽车配件经营企业的生存和发展，配件库存过大，必然导致企业资金的占用，需要承担巨大的风险，而配件库存过少，常常会导致无法及时向客户提供相应的配件，经常需要进行临时组织订货，导致配件运营成本增大。

早期的配件库房管理通过书面化的账卡管理方式，需要库房管理人员每天、每周或每月将配件的出入库情况进行登记，这种方式对库房管理人员的要求相当高，不仅工作量大、容易发生错误，而且无法进行及时查询、统计和分析工作，根本无法实时掌握配件库存量的动态变化。只有使用计算机的配件库房管理系统，才可以很好地掌握配件的库存量，而且能够随时根据需要对配件库存量、销售量进行统计，为准确掌握当前的配件市场供求情况提供可靠数据，从而为企业在经营和生产需求之间找到平衡点。

计算机和数据库技术发展到现在，Windows（XP、7、8）操作系统环境下的功能日趋完善，并出现了网络化（局域网、广域网）的综合管理信息系统（MIS）。

仅就库房管理工作而言，配件管理系统的主要功能有：配件基础数据管理、配件的入库管理、配件的出库管理、工具和设备管理、配件的盘点功能、配件的采购决策控制、查询与统计分析。

国内市场上的汽配营销管理系统很多，市场占有率较高的有清华怀远、西讯等国内品牌管理软件，也有美国米切尔的 Series Ⅰ 等国外产品。汽配企业可以根据自身需要进行选择。

三、汽车配件的电子商务

作为新一代的信息存储与交换的媒体，互联网为汽车配件行业的发展创造了新的契机，带动汽车配件行业的进步。网络电子商务技术的日趋成熟和为配件商务的网络化提供技术支持，使客户完全可以通过电子商务交易平台实现配件的直接订货、直接付款等。

客户（如二级配件批发商、汽车维修企业等）可以通过互联网登录到网络化的电子配件商务平台，使用网络化的电子配件查询系统查找本企业需要采购的配件，在网上进行咨询并确认，同时向配件供货商发送配件电子订单，最终通过网上电子银行将配件货款划拨给配件经销商。配件经销商在收到客户的电子货单和货款以后，向客户发货。这就完成了整个配件的采购工作。客户的付款方式除了通过网上银行、第三方支付外，还有货到付款的方式。

第 2 节　汽配网店的建立

学习单元 1　网店功能

学习目标

了解网店的基础知识、类型。

熟悉网店前台与后台功能。

知识要求

一、网店基础知识

1. 网店的基本概念

（1）网店的概念。网店是指开设在互联网上的网上商店，它可以让消费者通过互联网浏览器或 APP 应用客户端完成商品浏览、选购、下订单等功能。

（2）网店前台的概念。网店前台是指网络消费者登录网店以后看到的界面。

（3）网店后台的概念。网店后台是指网店经营者在网店后方操作管理网店的各类功能及内容等的界面。

2. 网店备份与安全

一个网店只要开设起来，就有了用户的数据、用户交易的数据、网店的商品信息数据、支付及物流等数据，这些都很重要，因此网店必须有相应的备份机制，以应对意外（如自然灾害、黑客攻击和硬件损坏等）事故的发生。

如果有了备份，在意外发生后，可以用备份数据尽最大可能地恢复原有数据。当然，恢复的完整性与备份的策略和时间间隔有关。

二、网店的类型

网店可以分为第三方平台网店与独立网店。

第三方平台网店是指在第三方电子商务平台上建立起来的网店，通常使用第三方平台提供的统一的网店前台及后台管理程序。第三方平台网店又分为 B2B 网店、B2C 网店和 C2C 网店，相应的第三方平台也有三类。例如，在阿里巴巴上的卖家即 B2B 网店，在天猫（原“淘宝商城”）上的卖家即 B2C 网店，在淘宝上的卖家即 C2C 网店。国内目前比较知名的 B2B 网站综合类的有阿里巴巴、慧聪网、环球资源网、中国制造网等；比较知名的 B2C 网站有天猫、京东商城、1 号店、东方财富、亚马逊中国、当当网和凡客诚品等。

独立网店是指由企业自己建立起来的网店，拥有独立的店标、品牌、企业形象，它通常使用自己平台提供的后台程序进行管理。这类网店可以自行或交由软件开发公司完成，也可以使用专门的建站程序完成。如企业可以购买通用的商店管理软件系统来搭建满足自己个性化需求的网上商店。网上商店建设前的准备包括选择合适的网上商店生成系统、收集有关产品的相关文字和图片信息、平台的选择。典型的如第一汽车商城等。

三、网店前台功能

天猫网站是一个典型的 B2C 网站，其前台页面如图 7—1 所示。

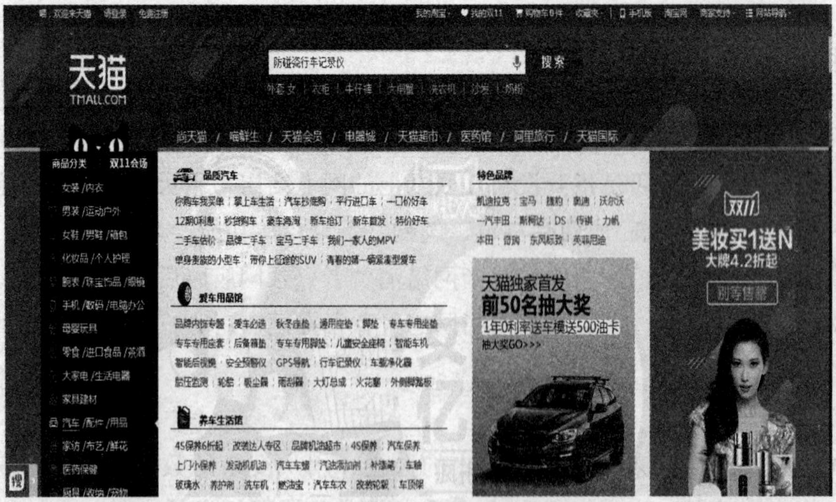

图 7—1　天猫网站

B2C网站的网上购物流程：会员注册→商品搜索选购→下订单→结算金额→选择送货方式→网上支付→购物完成→订单查询。

1. 未注册用户

未注册用户是指系统中没有其注册信息的用户，这部分用户大多数是初次浏览网站。此类用户可浏览商品，并可将商品放入购物车，但无法进行结账，一旦需要结账，则须完成注册后方可购买。

2. 已注册用户

已注册用户是指系统中已有其注册信息的用户，此类用户可完成整个购买流程。用户注册时须填写真实信息，用户名和密码由用户自行设置并进行妥善保管，认真阅读《注册规定》或类似章程等并确认同意。

3. 会员服务

新会员注册，填写同意书并输入个人信息表和送货信息表；注册会员修改会员基本资料；提供使用者查询密码，忘记密码并以电子邮件的形式通知；可查询订单详细信息并查看订单处理状态；可登录后查看已有积分余额情况；用户在目标网站注册成为会员并设定权限时，网站的会员服务可以免费或收费。会员制度可以给企业带来长期稳定的客源、会费的收入，并且便于零售企业进行销售统计和客户管理。

4. 营销服务

通过商品浏览及搜索，可浏览商品详细信息，并能提供搜索引擎，根据商品名称、型号等信息查询指定的商品信息。如果是折扣商品，显示其折扣价格。

5. 产品搜索和比较

特色产品一般呈现在主页，用户可以通过商品的特性查询商品信息，也可以通过关键字和参数搜索所需物品。产品搜索的方法有核心产品搜索、形式产品搜索、延伸产品搜索等。

6. 产品评级

用户可以为每件商品评级，与其他用户交流自己的看法和观点。管理者可以通过查看用户的评级和观点加以管理。

7. 提醒功能

提醒功能是指通过告诫的方法引起用户的注意。

8. 购物车功能

购物车是指应用于网店的在线购买功能，类似于超市购物时使用的推车或篮子，可以暂时把所挑选的商品放入购物车内，删除或更改购买数量，并对多个商品进行一次结款，是网上商店里的一种快捷购物工具。

9. 订单管理

已经交付的订单会被存储起来，方便用户以后搜索和查看，用户也可以通过此方式跟踪已购商品的状态。订单管理内容包含送货方式管理、订单状态管理和订单流程管理。

四、网店后台功能

B2C 网站网上购物的后台处理主要流程：网上客户订单→订单受理→库存查询→销售单生成→出库确认→发货确认→结算，如图 7—2 所示。当碰到库存无货时要增加进货过程，当然还会有一些其他管理内容。

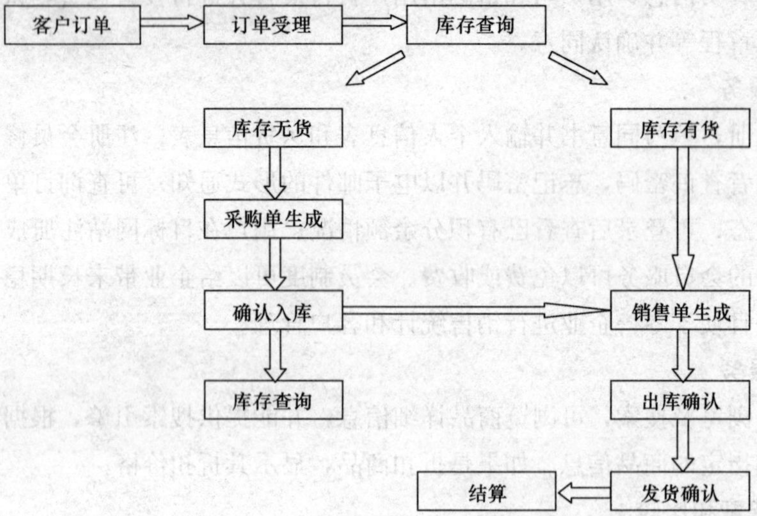

图 7—2　B2C 网站的后台处理流程

图 7—2 所示为后台的一个示例，其常用功能见表 7—1。

表 7—1　　后台处理常用功能

序号	功能管理	详细内容
1	客户管理	客户管理一般由客户渠道经理建立和维护注册的客户信息，并管理客户群。提高客户满意度是保持客户忠诚的前提
2	角色分类	系统管理角色包括系统超级管理员、系统管理员、普通用户。客户角色中包含未注册用户、已注册用户、会员用户
3	会员管理	是指会员信息管理，可将积分到一定限额的已注册用户升级为会员，也可直接生成会员信息。会员管理的内容包括会员库建立、会员数据分析及挖掘、分类和实时更新
4	角色管理	包括新增角色信息、修改角色信息、角色分配、为角色关联用户、删除角色信息

续表

序号	功能管理	详细内容
5	在线营销	在线营销的功能是用来弥补前端的销售活动。管理针对不同用户或用户群的设计，分配不同的促销手段
6	查询商品信息	可按关键字查询商品详细信息
7	商品价格管理	设定商品价格、税率，设定商品不同币种的换算价格
8	促销商品管理	定义促销商品及促销商品组合
9	畅销产品管理	系统根据销售情况列出畅销产品列表。凡是畅销的产品都有一个共同的法则，那就是畅销产品的卖点完全吻合消费者的买点
10	在线商店管理	由于网络营销具有跨时空性的特点，网上商店需要每天 24 小时、每周 7 天随时随地提供全球性营销服务
11	折扣管理	设定活动期限和折扣规则，根据购买商品数量、购买商品总金额来为不同的会员设定折扣。有些品牌商的库存积压很多，通过网络进行打折销售是处理库存积压的一种重要方式。网店以低廉的价格买入库存商品，可以获得丰厚的利润
12	品牌管理	通过品牌管理应用，可以方便地调整用户前端展示画面，而不必担心底层的模块和应用
13	目录管理	渠道目录管理涉及渠道内容目录库的管理，包括位于渠道目录管理顶层的目录结构
14	内容管理	内容信息存储在渠道内容知识库里，包括产品报告、产品规格、图像信息或其他可以被连接到产品和目录的相关数据
15	订单管理	订单管理主要涉及收集、显示、查询订单内容，可根据订单号、用户名查询订单，并显示订单详细信息。确认从前台发送过来的订单，或者直接导出至外部系统
16	付款方式管理	可新增付款种类、修改付款种类、删除付款种类并设定各角色提供的付款种类。付款种类包括网上银行卡支付、邮局汇款、银行电汇、银行转账和支票、货到付款

学习单元 2　第三方电子商务平台与交易模式

学习目标

了解第三方电子商务平台

了解第三方电子商务平台的交易模式

知识要求

一、第三方电子商务平台

所谓电子商务平台，是一个为企业或个人提供网上交易洽谈的平台。第三方电子商务平台也称第三方电子商务企业，是指在电子商务活动中为交易双方或多方提供交易平台及相关服务的信息网络系统的总称。第三方电子商务平台具有独立性，它不是买家也不是卖家，而是作为交易的平台，像实体买卖中的交易市场。电子商务平台的基本功能是企业、商家可充分利用第三方电子商务平台提供的网络基础设施、支付平台、安全平台、管理平台等共享资源有效、低成本地开展自己的商业活动。第三方电子商务平台最基本的服务是提供交易配套服务。

二、第三方电子商务平台的交易模式

第三方电子商务平台的交易模式类似于电子商务，按参与交易主体的不同模式分类，至少可以分为四种模式，即 B2B（Business to Business，商家对商家）、B2C（Business to Customer，商家对个人）、C2C（Customer to Customer，个人对个人）和团购模式。

三、典型的第三方电子商务平台

国内最著名的第三方电子商务平台有淘宝、天猫、阿里巴巴、慧聪网等。

1. 淘宝

淘宝网（www.taobao.com）成立于 2003 年 5 月 10 日，是国内最大的第三方 C2C 电子商务平台，也是亚洲第一大网络零售商圈。

2. 天猫

天猫（原淘宝商城）是从淘宝网分离出来的第三方 B2C 电子商务平台。天猫成立于 2008 年 4 月，是我国浏览量最高的 B2C 零售网站。

3. 阿里巴巴

阿里巴巴是 B2B 第三方电子商务平台。

4. 慧聪网

慧聪网是以汽车配件与用品为主的第三方电子商务平台，是 B2B 第三方电子商务平台。

学习单元 3 在第三方商务平台上进行网店的开设与维护

学习目标

了解网店开设的前期准备

能够根据网店模板对店铺进行装饰

掌握网店的基本促销和信息维护方法

知识要求

一、网店开设的前期准备

电商决定经营项目后，就要进行开网店的前期准备。前期准备工作包括准备商品资料，网店素材的收集，租用图片空间，设计店铺模板、店标、公告图片，设计商品分类、关键词导航和商品介绍的模板。

1. 店铺商品类型选择

网店竞争激烈，尤其是商品价格战更是残酷。店铺经营项目的选择至关重要。

（1）商品的选择。网店销售的商品需要适合电子商务的销售模式。

（2）店铺的经营优势。店铺的经营优势直接关系到未来的发展，主要体现在货源、价格、客户、专业知识等方面。

2. 素材收集方法

素材有图片、文字、表格等类型，具体包括商品文字介绍、商品图片、商品实物图片、商品数据、商品质量检测报告、工厂信息、工厂照片、车间照片、原料信息、荣誉证书、竞争对手对比信息等。对一些素材有时候要经过反复修改、多次确认后才能发布到网上，这就需要对素材按照不同的更新状态进行分类管理。

电商不仅需要准备与商品性能、质量相关的资料，还要收集与商品设计理念、品牌特色、品牌文化等相关的知识。成功的销售不仅是交易成功，更重要的是销售与商品相关的理念，传递商品的文化、创意、价值，获得客户对产品更深层次的认同。

3. 准备网店装修素材

网店装修素材是指用于店铺装修和商品介绍的素材，如图片素材、音乐素材和网页特效代码等。网上有很多提供免费素材下载的专业网站，可以通过搜索引擎搜索到相关素材。

开网店，需要随时留意那些适合自己店铺和商品的素材，因此对装修素材的收集是一个持续的过程。

4. 图片空间的选择

现在免费风格相册都不提供免费链接到第三方电子商务平台。电商如果想要获得高质量、稳定的图片存储及外部链接服务，就需要购买付费空间。

一般首先选择第三方电子商务平台提供的收费图片空间。第三方电子商务平台提供的图片空间是针对电商需求开放的，使用和管理图片非常方便；图片链接打开速度快，价格也比较优惠。电商也可以选择网络相册网站的收费服务。选择时主要考虑三个要素，即图片链接速度、图片外链流量限制、图片空间的大小。

二、网店店铺的装修

互联网上进行商品营销所需要的网店店铺界面是相当人性化的。店铺的装修可以由懂得美术和设计的电商本人或电商所在公司的美工制作完成。网店也可委托专业网店设计人员设计和装修。

店铺装修包括店铺模板设计、店招（Banner）、促销广告、商品分类、导航栏、店铺公告、收藏商铺图标、商品描述模板、客服栏、鼠标特效、背景音乐和文字特效设计等主要工作。

店铺装修的风格可以多种多样，但是网页颜色搭配、页面加载时间和网页布局规划三个要素不容忽视。

三、网店的基本促销

1. 网店商品类和关键词设置

为了让客户能检索到网店销售的商品，首先要设置商品的类别与关键词。在第三方电子商务平台设置分类比较容易，但为商品设置关键词则需要一些技巧。设置关键词时，要考虑商品的名称、属性和特色，还需要重视客户的搜索习惯，尽可能多地把客户会用的关键词包括进来。

2. 店内商品分类导航

商品分类方法很多，可以根据商品的材质、品种、品牌、功能、色彩等进行分类；也可以根据商品的用途、使用目的、使用季节、价格、消费人群、销售情况（如热销、打折）等进行分类。不同方式的分类不仅为买家提供便利，还能起到导航作用。

3. 新品和促销

网店的促销手段五花八门，主要包括节日促销、会员折扣、特价处理、优惠套餐、秒杀、包快递等。促销手段和新品信息都是客户最关注的店铺资讯，应该放在店铺的首页，以清晰、有序的方式展示出来，使客户在第一时间就能获得。

店铺以固定频率或时间定期推介新品，进行促销，能方便客户定期到店铺查看，吸引回头客。如每周登录新品、每月特惠促销等。

四、网店内容维护

网店内容维护包括网店介绍、店铺公告、商品信息、促销信息和服务保障。

1. 网店介绍

网店给客户的最初印象除了网店模板的风格、网店销售的产品及图片外，就是网店介绍。网店介绍的文字要精辟、简洁，自然、流畅、有亲和力，能突出店铺或品牌的形象。网店介绍的文字属于正式的说明，最好不要掺杂网络流行的语言或符号。在介绍文字中巧妙地插入与产品相关的关键字，有利于网站被检索到。如需在网店介绍中加入图片，应选择真实可信的图片，有利于赢得客户的信任。

2. 店铺公告

店铺公告通常放在店铺最醒目的位置，是客户来店铺时首先会关注的内容之一。公告文字要简明扼要。可以发布促销活动、企业或店铺的新闻、问候语等。

3. 商品信息

商品信息由商品的名称、价格、特性、文化内涵、提示、商品的使用、保养与售后等内容组成。商品特性涉及商品的材质、大小、性能等内容，是客户最关注的商品信息之一，需要特别重视。

4. 促销信息

网店的促销信息是网店内容中维护最频繁的部分，包括文字和图片。

5. 服务故障

服务保障包括质量承诺、售后维修、退换货政策、会员优惠等信息。

五、网店的进货渠道

1. 批发市场进货

不管是实体店铺还是网店，大多数的卖家都是从批发市场或者厂家进货的。但是一般的厂家都有一些大客户，通常不会和小卖家合作。

（1）批发市场的商品比较多，品种数量很充足，进货时能有较大的挑选余地，而且很容易实现“货比三家”。

（2）批发市场很适合兼职卖家，这里进货时间和进货量都比较自由。

（3）批发市场的价格相对很低，对于网店来说容易实现薄利多销，也能有利于网店交易信用度的累积。

2. 在阿里巴巴网站批发

阿里巴巴作为一个网络批发平台，充分显示出其优越性，为很多卖家提供了很大的选择空间。它不仅查找信息方便，也专门为小卖家提供了相应的服务，且起拍量很小。

（1）阿里巴巴不仅有批发进货，还有小额的拍卖进货，这都是淘宝卖家很喜欢的进货方式。

（2）在网站进货时最好选择支持支付宝或是诚信通会员的产品。

（3）阿里巴巴有很强大的搜索功能，进货时可以最大限度地进行货比三家。

（4）和商家商量时尽量使用贸易通，如果有什么纠纷也好将聊天记录作为证据之一。

网络进货不比批发市场，因为存在着一定的虚拟性，所以选择商家的时候一定要谨慎。

测试题

一、判断题（下列判断正确的画“√”，错误的画“×”）

1. 狭义的电子商务是指对整个贸易活动实现电子化。（ ）
2. 在线商店的管理，要求网店每天 12 小时、每周 7 天提供全球性营销服务。（ ）
3. 第三方电子商务平台不是买家也不是卖家。（ ）
4. 网店开设前的店铺经营项目选择至关重要。（ ）
5. 网店店铺的装修不可委托专业网店设计人员来进行。（ ）

二、单项选择题（下列每题的选项中，只有 1 个是正确的，请将其代号填写在括号处）

1. 电子商务的五个要素是营销、订单、支付、（ ）和售后服务。

A. 商品交付　　B. 商品运输
C. 商品购买　　D. 商品保管

2. 淘宝网是最典型的（ ）电子商务平台。

A. 垂直类　　B. 汽配商品类
C. 区域　　D. 综合类

3. 将积分到一定限额的已注册用户升级为会员，属于（　　）。

A. 用户管理　　B. 会员管理

C. 角色管理　　D. 订单管理

4. 为了让客户能检索到网店销售的商品，首先要（　　）。

A. 设置商品的类别与关键词　　B. 进行店内商品分类导航

C. 控制页面加载时间　　D. 进行网页布局规划

5. 网店内容中维护最频繁的部分是（　　）。

A. 网店介绍　　B. 店铺公告

C. 商品信息　　D. 促销信息

测试题答案

一、判断题

1. √　2. ×　3. √　4. √　5. ×

二、单项选择题

1. A　2. D　3. B　4. A　5. D

参考文献

李京申．汽车零配件供应与经销［M］．北京：教育科学出版社，2004.

赵亚男，赵福堂．汽车配件销售员（中级　高级）［M］．北京：中国劳动社会保障出版社，2007.

中国汽车维修行业协会．技术质量管理（模块 B）［M］．北京：人民交通出版社，2013.

水从芳．汽车配件销售员（初级）［M］．北京：中国劳动社会保障出版社，2006.